미래 경제
지식 사전

50만 왕초보의 경제 교사 김민구의 생존 필수 지식

미래 경제 지식 사전

김민구 지음

한스미디어

머리말

새로운 시대를 살아가기 위해
꼭 알아야 할 지식들

동화 속에 등장하는 마녀들은 커다란 수정 구슬(crystal ball)을 들여다보며 미래를 예측합니다. 이들은 수정 구슬이 보여 주는 영상을 보며 미래를 알아맞혀 주위 사람들을 놀라게 합니다. 신비로운 분위기를 자아내는 마녀들의 이러한 행동에서 'crystal ball gazer'라는 말이 나왔습니다. '수정 구슬을 들여다보는 사람'이라는 뜻으로, 미래를 점치는 이들을 뜻합니다.

그러나 안타깝게도 현실에서는 수정 구슬을 가진 사람이 없습니다. 또한 오늘 하루 무슨 일이 일어날지 모르는 게 엄연한 현실입니다. 이런 가운데 한 달 뒤의, 혹은 1년 뒤의 상황을 내다본다는 것은 결코 쉽지 않은 일입니다. 주식시장에서 주가를 예측하는 것은 불가능하다고 설파한 '랜덤 워크(random walk) 이론'이 힘을 얻는 것도 같은 맥락입니다.

미래는 이미 정해진 것이 아니라 만들어 가는 것이지요. 만약 미래가 이미 정해져 있다면 인류는 지난 수천 년간 발전하려는 의지와 노력을 펼치지 않았을 것입니다. 그렇다면 알 수 없는 미래를 어떻게 대비해야 할까요? 이에 대한 현실적인 답은 '미래는 현재의 연장선'이라는 것입니다. 현재 일어나는 모든 사회현상의 결과물이 미래로 이어 진다는 것입니다.

이번에 내놓는 《미래 경제 지식 사전》도 이러한 관점에서 기획했습 니다. 정보기술(IT)의 급속한 발달, 이에 따라 앞으로 각광받게 될 분 야와 업종, 첨단 금융투자 기법, 지구온난화 등 기후변화 대책, 미래 라이프스타일 등을 분야별로 나눠 집중 분석하고, 이를 통해 우리 주변에서 벌어지는 경제·사회·문화·환경의 현주소와 미래상을 점칠 수 있도록 했습니다.

책 내용을 조금 더 자세하게 살펴보면, 1장에서는 '4차 산업혁명', 더 나아가 '5차 산업혁명'의 미래상을 다뤘습니다.

우리는 빅데이터, 인공지능(AI) 등 첨단 정보기술에 토대를 둔 초연 결 시대인 4차 산업혁명 시대에 살고 있습니다. 이에 따라 산업계와 과학계는 물론 우리 일상 속을 깊숙이 파고들어 있는 생성형 AI의 현주소와 미래 전망을 심도 있게 설명했습니다. 챗GPT 등 챗봇(채팅 로봇)을 상대로 지식을 얻거나 상담하는 진풍경이 펼쳐지고 있으며,

생성형 AI가 작사와 작곡을 하거나 3차원 가상현실(VR) 메타버스에서 콘텐츠를 만들어 내는 것이 더 이상 낯선 이야기가 아니기 때문입니다. 이제 누구도 부인할 수 없는 시대적 흐름으로 자리매김한 생성형 AI, 메타버스 등 첨단 기술 시대의 도래와, 이에 따른 산업계–과학업계의 영향 및 이를 토대로 앞으로 등장하게 될 업종도 조심스럽게 짚어 봤습니다.

또한 최첨단 기술의 등장은 교통수단에도 대변혁을 가져오고 있습니다. 서울에서 부산까지 가려면 자동차로 5시간 이상, 비행기로는 1시간이 걸립니다. 그런데 이제는 옛날이야기입니다. 서울~부산을 시속 1200km라는 믿을 수 없는 속도로 불과 20분 만에 주파하는 꿈의 교통수단 '하이퍼루프'가 눈앞에 다가와 있습니다.

지구 밖 광활한 우주 공간도 새로운 사업의 무대로서 기회의 문이 활짝 열려 있습니다. 기존 통신위성은 최대 3만 6000km 상공에 떠서 통신 서비스를 제공하였는데, 최근에는 상공 300~1500km 사이 저궤도에 소형 위성을 띄워 놓고 항공, 해양, 극지, 사막 등 지구 곳곳에 초고속인터넷을 공급하는 '저궤도 위성통신 사업'이 미래 사업으로 관심을 얻고 있습니다. 일명 '우주인터넷'으로 불리는 저궤도 위성통신 사업은 고산지대·바다·사막 등지까지도 사각지대를 벗어나게 해서 지구촌 정보격차(디지털 디바이드)를 해소시켜 주는 주요 역할을 할 것으로 보입니다. 이와 함께 드론(drone, 무인항공기)이나 자율주행차의 등장도 우리 일상을 바꾸고 있습니다.

금융시장도 예외는 아닙니다. 최신 정보기술(IT) 인프라와 블록체인 기술을 활용한 NFT, STO 등 첨단 금융상품이 등장하고 있습니다. 이른바 '웹3.0 융합금융 생태계'의 등장으로 기존 금융 서비스에 디지털 기술이 반영된 미래 금융 솔루션이 모습을 드러내고 있습니다. 특히 NFT와 블록체인은 기존 금융 분야는 물론 예술 분야에까지 진출해서 '미술품 조각 투자'라는 신(新)풍속도를 펼쳐 보이고 있습니다. 2장에서는 여기에다 투자 관련 지식까지 더해서 다루어 보았습니다.

3장에서는 지구온난화에 따른 기후와 환경의 변화에 대한 이야기를 심도 있게 다뤘습니다. 환경보호와 관련해 최근 자주 등장하는 탄소중립을 비롯한 그린수소와 순환경제, GHG 프로토콜 등의 친환경 포트폴리오를 최신 정보와 연구 자료를 활용해서 자세하게 설명했습니다. 기업에게 이제 환경보존은 더 이상 외면할 수 없는 숙제가 됐습니다. 이를 보여 주듯 전 세계 대다수 기업은 환경·사회·지배구조(ESG) 경영에 관심을 보이면서 투자를 아끼지 않고 있습니다. 기후변화는 이제 범세계적인 관심사가 된 것입니다.

4장에서 주목한 부분은 우리가 마주하게 될 '미래의 삶'에 관한 것입니다. 첨단 정보기술의 등장으로 라이프스타일 역시 크게 바뀌고 있습니다. 공유경제의 확산으로 최근 본격화되고 있는 '긱 이코노미'를 비롯해 첨단 푸드테크와 에듀테크, 하이퍼로컬 플랫폼, 리퀴드 소비, 버티컬 커머스는 기존 비즈니스 풍속도를 송두리째 바꿔 놓고 있습니다. 이러한 현상들과 더불어, 최근 심각한 사회적-경제적 문제로 떠오르고 있는 인구 고령화 이슈도 집중적으로 분석했습니다. 우리나라는 65세 이상 노인 인구가 2024년이면 1000만 명에 이르게 됩니다. '1000만 노인 시대'를 앞두고 있는 것입니다. 이런 가운데 옥토제너리언의 등장은 고령화가 '저주가 아닌 새로운 기회'가 될 수 있다는 신선한 시각을 제시해 눈길을 끌고 있습니다.

이번 책을 쓰기 위해 필자는 세계 유명 대학교와 각종 연구소의 홈페이지와 논문, UN 등 각종 국제기구 자료, 글로벌 시장조사기관의 보고서와 최신 뉴스 등을 꼼꼼히 살펴서 관련 내용들을 반영했습니다. 그래서 이 책에는 각 분야의 최신 정보와 학술 자료 내용이 풍성하게 담겨 있습니다. 이는 경제, 사회, 과학, 문화 등 각 분야의 국내외 최신 트렌드를 공부하려는 일반 독자는 물론 각종 시험을 준비하는 수험생들에게도 큰 도움을 줄 수 있으리라 자부합니다.

끝으로 이 책이 나올 때까지 저를 도와준 가족에게 다시 한번 감사의 마음을 전합니다.

경기도 용인 수지에서
김민구

CONTENTS

1장

미래 비즈니스가
보이는 경제 지식

2장

미래 금융과 투자가 보이는 경제 지식

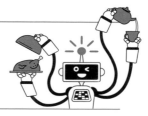

4장
미래 라이프스타일이
보이는 경제 지식

1장

미래 비즈니스가
보이는 경제 지식

인구 고령화 시대의 상생과 협력의 대안
로보틱스·협동로봇

- 체코 작가 카렐 차페크가 1920년 내놓은 희곡에서 '로봇' 용어 처음 사용
- 일본 자동차업체 혼다, 2000년 인간 닮은 로봇 '아시모' 선보여
- '인간의 제3의 팔' 협동로봇 향후 성장 잠재력 커져
- 전 세계 협동 로봇 시장, 2026년 약 10조 원으로 성장 전망

인류의 역사를 되돌아보면 로봇(robot)만큼 많은 이들을 매료시킨 것을 찾기도 쉽지 않습니다. 고대 중국, 고대 그리스, 그리고 고대 이집트 시절에 스스로 움직이는 원시형 로봇을 제작하려 노력한 흔적이 남아 있기 때문이죠.

고대 그리스 시대에 원시 형태 로봇 처음 등장

기원전 400년경 그리스의 도시국가 타렌툼(Tarentum)에 살던 수학자 아르키타스(Archytas)는 수학 원리를 활용해서 지상에서 600피

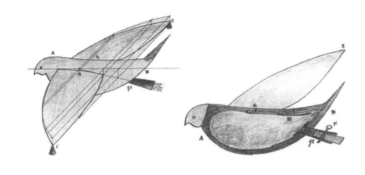

트(약 183미터) 높이까지 날아오르는 로봇 새(robot bird)를 만들었습니다. 증기를 활용해서 비행하는 능력을 갖추고 있던 이 비행 물체는 인류 역사상 최초의 로봇 새이자 최초의 드론(drone, 무인항공기)이라고 할 수 있습니다. 그 후 기원전 280년경, 그리스 과학자 '비잔티움의 필로(Philo of Byzantium)'는 원시 형태의 자동 세면대(washstand automaton)를 만들어 눈길을 끌었습니다.

이처럼 혁신적인 발명품이 이미 고대에 등장했지만 당시에는 로봇이라는 용어로 불리지 않았습니다. 수천 년간 인류 상상력을 자극해온 로봇이라는 명칭이 처음 사용된 것은 1920년 체코 작가 카렐 차페크(Karel Čapek)가 발표한 희곡 『R.U.R.(Rossum's Universal Robots, 로섬의 만능 로봇)』에서입니다. 이 희곡에서는 로섬이라는 사업가가 인공 원형질(artificial protoplasm)을 이용해서 게으르지 않고 이기심도 없이 묵묵히 일하는 인조인간을 만들어 판매하는데, 이 인조인간이 바로 로봇입니다. 로봇(robot)의 어원은 체코어 '로보타(robota)'이며, 로보타는 '힘들고 어려운 일'이라는 뜻이지요.

그 후로 약 1000년이 지나 인간을 닮은 로봇(휴머노이드, humanoid)이 등장했습니다. 2000년에 일본 완성차업체 혼다(本田)가 내놓은 '아시모(ASIMO, アシモ)'입니다. 아시모는 세계 최초의 이족보행(두 발로 걷는) 휴머노이드였는데, 일본의 로봇 발표에 충격을 받은 우리나라도 2004년 한국과학기술원(KAIST)에서 국내 최초의 이족보행 휴머노이드 '휴보(HUBO)'를 내놓음으로써 일본의 로봇 개발 독주에 도전장을 내밀었습니다. 휴보는 휴머노이드(humanoid)와 로봇(robot)의 합성어로, 휴보의 등장으로 국내에서도 로보틱스(robotics) 발전의 토대를 마련할 수 있었습니다. 로보틱스는 로봇을 만드는 데 필요한 기계적인

▶ 협동로봇 구상도

자료: 셔터스톡

특성과 전기-전자 기능 등 각종 하드웨어(H/W)와 소프트웨어(S/W)를 갖춘 장치를 말합니다.

로봇 산업의 블루칩, 협동로봇 시대 활짝 열려

로봇공학은 컴퓨터과학, 전자공학, 기계공학 등 관련 분야와의 협력으로 최근 다양한 종류의 로봇을 내놓고 있습니다. 앞서 언급한 사람의 모습을 닮은 휴머노이드를 비롯해 의료용 로봇, 구조용 로봇, 탐험용 로봇 등 사용 목적에 따라 다양한 형태의 로봇이 등장하고 있는 셈이지요. 로봇 기술력이 그만큼 진전을 이루고 있다는 얘기입니다.

기업 등 재계에서도 최근 로봇에 대한 관심이 갈수록 커지고 있습니다. 특히 지난 수년간 지구촌을 뒤흔든 신종 코로나바이러스 감염증(코로나19) 팬데믹(pandemic, 대유행)으로 사람이 직접 접촉하지 않는 이른바 '비대면(非對面)' 문화가 확산되었고, 이러한 비대면 문화의 대안으로 로봇이 우리 삶 곳곳에 깊숙이 파고들고 있습니다. 이에 따라 식당에서 커피·아이스크림·샐러드를 만들어 고객에게 내오거나 군 훈련소에서 반찬을 튀겨 내는 등의 일까지도 로봇이 하는 시대가 열렸습니다.

기업체가 눈길을 두고 있는 로봇 분야는 크게 두 가지입니다. 산업용 로봇과 서비스용 로봇이죠. 그리고 산업용 로봇은 다시 기존의 산업용 로봇과 협동로봇(collaborative robot, COBOT)으로 나뉩니다. 그

렇다면 산업용 로봇과 협동로봇에는 어떤 차이가 있을까요.

산업용 로봇은 말 그대로 산업현장에 설치된 로봇입니다. 공장의 고정된 위치에서 제품을 만드는 데 투입되는 산업용 로봇은 주로 제조업 현장에서 사용됩니다. 이에 비해 협동로봇은 '인간과 함께 일하는' 산업용 로봇입니다. 협동로봇은 기존의 산업용 로봇과 달리 안전 펜스 없이 작업자와 같은 공간에서 일할 수 있습니다. 이를 통해 부족한 인력을 보완해서 업무 효율성을 높이는 것이 장점이죠.

협동로봇은 공장자동화(factory automation)와 다릅니다. 공장자동화는 조작자나 근로자 등 사람이 필요하지 않지만, 협동로봇은 사람과 로봇이 함께 일하죠. 또한 로봇에 바퀴를 달아 이동할 수 있게 해서 공장 어느 곳에든 배치할 수 있습니다.

좀 더 쉽게 설명하면, 협동로봇의 등장은 인간과 로봇이 '매우 근접해서(humans and robots are in close proximity) 일하도록', 즉 인간과

로봇이 같은 공간에서 협업할 수 있도록 만들었습니다. 작업자인 인간에게는 팔이 하나 더 생기는 셈이 되었지요. 이렇게 근로자 바로 옆에서 업무를 돕기 때문에 제품 생산성과 생산 속도를 높일 수 있다는 장점이 있습니다. 협동로봇은 병원, 음식점 등 의료—서비스 영역에 등장해서 스스로 움직이며 인간과 함께 업무를 하고 있습니다.

공장 작업대에 설치되지 않고 산업현장에서 자유롭게 활동하며 업무를 지원한다는 특성 때문에 협동로봇은 향후 성장 가능성이 가장 큽니다. 또한 생산성을 높여 주고 심각한 인력난을 해소해 주며 산업재해를 줄이는 효과까지 불러올 것으로 보입니다. 특히 인구 고령화에 따른 생산성 감소를 겪고 있는 한국 기업에서 산업경쟁력을 한 단계 도약시킬 수 있는 대안이 바로 협동로봇인 셈입니다.

협동로봇의 시장 규모와 전망은

협동로봇의 향후 시장 전망도 매우 밝은 편입니다.

한국과학기술정보연구원(KAISTI) 자료에 따르면, 국내 협동로봇 시장은 2020년 5900만 달러(약 760억 원) 규모에서 2025년 3억 6658만 달러(약 4800억 원)로 연평균 44.1% 성장할 것으로 예상되고 있습니다. 전 세계 협동로봇 시장 역시 2020년 8억 3624만 달러(약 1조 700억 원)에 머물렀던 것이 해마다 44.1% 성장해서 오는 2025년이면 50억 8849만 달러(약 6조 5100억 원)로 커질 전망입니다.

또한 시장조사업체 인터액트 애널리시스(Interact Analysis)가 발간

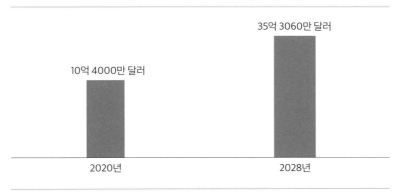

한 보고서에서는 2027년이면 전 세계 협동로봇 시장의 규모가 56억 달러(약 7조 3360억 원)에 달해 전체 로봇 시장의 약 30%를 차지하게 될 것이라고 전망하기도 했습니다.

또 다른 시장조사업체 마케츠앤드마케츠(Markets and Markets)는 더 낙관적인 전망을 내놨습니다. 이 업체는 전 세계 협동로봇시장이 해마다 41.8% 성장해서 2026년에는 79억 7200만 달러(약 10조 4433억 원)에 이를 것이라고 전망했습니다.

이에 따라 국내외 주요 기업들은 '차세대 먹거리'로 등장한 협동로봇 시장 공략에 가속 페달을 밟고 있습니다. 현재 글로벌 협동로봇 업계 1위는 시장 점유율 40%를 차지한 덴마크 기업 유니버설로봇(Universal Robots)이며, 일본의 화낙(FANUC), 대만의 테크맨(Techman) 등이 그 뒤를 잇고 있습니다. 국내에서는 두산로보틱스, 현대로보틱스, 한화정밀기계 등이 협동로봇 시장에서 선전하고 있습니다.

　일각에서는 로봇 산업이 발전하면서 인간의 일자리를 빼앗게 될 것이라는 우려의 목소리도 나오고 있습니다. 물론 장기적인 관점에서 볼 때 로봇이 단순반복적인 일자리를 대체하게 되리라 생각됩니다만, 그렇다고 해서 이러한 추세가 근로자의 직장을 위협하는 상황으로 치달을 것이라고 보기는 어렵습니다. 이미 지금은 인구 고령화에 따른 노동력 감소가 불거지고 있으며 이른바 '3D 업종'에서는 더더욱 일할 사람을 찾는 것이 힘들어지고 있습니다. 이러한 상황에서 로봇은 인간을 대체하여 양질의 노동력을 제공하게 될 것입니다. 로봇의 등장으로 노동생산성이 높아지면 더 많은 물건을 생산하고 서비스가 다양화해짐으로써 전체 경제 규모가 커진다는 장점도 있습니다. 결국 경제성장으로 이어지는 것이지요.

운전으로부터의 완벽한 해방
자율주행·자율운항

- 1925년 미국 '아메리칸 원더', 자율주행차의 효시
- 2000년대 구글 등 IT업체 참여로 '자율주행차 춘추전국시대' 맞아
- 한민홍 고려대 교수 1993년 한국 최초의 자율주행차 선보여 눈길
- 전 세계 자율주행차 시장 2030년에 2040조 원대로 크게 성장할 듯
- -300조 원대 자율운항선박도 향후 '기업 먹거리'로 발돋움

이런 장면을 상상해 보죠. 자동차를 타고 있는데, 운전석에는 사람이 없습니다. 탑승자들은 스마트폰으로 게임을 즐기거나 심지어 낮잠을 자고 있습니다. 실로 위험하기 짝이 없는 상황이지요. 그러나 이제 자동차가 운전자 없이 알아서 길을 찾아 달리는 광경이 현실로 다가오고 있습니다.

이른바 '자율주행자동차', 줄여서 '자율주행차(自律走行車)' 시대의 개막이 눈앞에 왔습니다. 자율주행차는 운전자가 조작하지 않아도 스스로 알아서 달리는(주행하는) 자동차를 말합니다. 영어로는 'self-driving car', 'autonomous car', 'driver-less car', 'robotic car(robo-car)' 등으로 불립니다.

자율주행차는 사람의 도움 없이 움직이다 보니 운전에 따른 정밀한 보조장치가 필요합니다. 디지털카메라처럼 햇빛을 활용하는 광학카메라(optical camera)를 비롯해 전파를 이용해서 물체를 파악하고 거리를 측정하는 레이다(radar), 레이저 광선을 이용해서 사물을 분간하는 라이다(lidar), 초음파 센서를 활용한 소나(sonar, 음파탐지기),

위성 위치 확인 시스템(GPS), 주행거리 측정 장치, 차량 위치와 방향을 탐지하는 관성 측정 장치, 갑작스러운 충돌 상황을 감지해서 차량을 멈추는 충돌 방지 시스템 등이 대표적입니다. 차량에 설치된 고성능 컴퓨터는 이러한 장비들을 통해 얻은 각종 정보를 토대로 차를 어느 방향으로 얼마나 빠르게 달리게 할 것인지를 결정합니다. 이런 정보에 따라 자율주행차가 방향과 속도를 조절하며 앞으로 나아가는 셈이지요.

차량에 설치된 각종 첨단 장치와 함께 사물인터넷(IoT)도 자율주행차에 큰 도움을 줍니다. 자율주행차가 도로교통 시스템은 물론 다른 자동차들과 인터넷으로 연결되어 도로를 달린다면 더욱 안전하고 원활하게 주행할 수 있기 때문이죠.

1925년부터 시작된 '자율주행차'의 꿈

운전자 없이 도로를 달리는 자동차에 대한 인류의 염원은 오래전부터 있었습니다. 1925년, 사람이 타지 않는 차량 한 대가 미국 뉴욕 브로드웨이와 5번가를 질주했습니다. 라디오 주파수로 움직이는 이 차량의 이름은 '아메리칸 원더(American Wonder)'였습니다.

아메리칸 원더는 '후디나 라디오 컨트롤(Houdina Radio Control)'이라는 업체가 선보인 자동차로, 이 업체는 미국 육군 소속 전기엔지니어 프랜시스 P. 후디나(Francis P. Houdina)가 운영하고 있었습니다. 당시 후디나는 미국 자동차 브랜드 '챈들러(Chandler)' 차량 한 대에 전

▶ 1925년에 등장한 자율주행차 '어메리칸 원더'

파송신기와 회로차단기를 설치한 후, 바로 뒤에 있는 또 다른 차량에 올라타고 무전신호를 보내 챈들러를 움직였습니다. 이 차량은 운전자가 없이 움직여 인류 최초의 자율주행차라는 타이틀을 거머쥘 수 있었습니다만, 스스로 주행을 결정하지 못하고 인간이 전파를 통해 조정해야 했다는 점에서 '유사 자율주행차'라고 할 수 있겠습니다.

1977년, 후디나가 선보인 차량보다 더 진전된 자동차가 등장했습니다. 일본 쓰쿠바기계공학연구소(Tsukuba Mechanical Engineering Laboratory)에서 개발한 반자동 형태의 자율주행차인 이 차량은 차체에 아날로그 컴퓨터와 카메라 두 대를 탑재한 채 특별하게 설계된 도로 위를 시속 30km로 달렸습니다. 그러나 이 차량은 속도와 기술 수준이 초보 단계에 머물렀고 운전자가 개입해야만 했습니다.

자율주행차 연구가 본궤도에 오른 시점은 1980년대입니다. 미국 카네기멜런대학(Carnegie Mellon University) 소속 '국제로봇공학연구소(NREC)'는 1984년 트럭을 개조해서 만든 자율주행차 '내블랩(Navlab)'을 선보였고, 같은 해 미국 국방부 산하 방위고등연구계획국(DARPA, Defense Advanced Research Projects Agency)은 자율주행차 'ALV'를 내놓았으며, 1987년 독일 완성차업체 메르세데스 벤츠는 독일연방군사대학(Bundeswehr University Munich)과 손잡고 '유레카 프로메테우스 프로젝트(EUREKA Prometheus Project)'라는 자율주행차 개발사업에 뛰어들었습니다.

자율주행차가 '미래 자동차의 꽃'이라는 분위기가 확산되어 가자 2000년대 들어 기존 완성차업체 외에 세계 최대의 검색엔진인 구글 등 내로라하는 IT업체들까지도 시장에 뛰어들어 '자율주행차 춘추전국시대'가 활짝 열렸습니다.

그렇다면 여기에서 퀴즈 하나, 자율주행차가 전 세계 완성차업체들과 IT업체들의 '미래 먹거리'로 등장한 가운데 우리나라는 언제 최초의 자율주행차가 등장했을까요? 정답은 1993년입니다.

1993년, 한민홍 고려대학교 산업공학과 교수가 개발한 자율주행차가 도심 구간을 달려 눈길을 끌었습니다. 1993년은 '대전 엑스포'가 열리는 시점이었습니다. 당시 아시아자동차 '록스타'를 개조해서 만든 자율주행차 '카브이 1호'는 차량에 탑재한 카메라를 통해 영상을 수집하고 분석함으로써 앞차와의 거리를 유지할 수 있었습니다. 비록 차선을 자유자재로 바꾸는 기술은 없었지만 이 차량은 서울 시내 약 17km 구간을 주행하는 데 성공했습니다.

사진: 고려대학교 박물관

자율주행시장 2400조 원대로 커진다

전 세계 자동차업계 미래의 화두가 된 자율주행차 시장 규모는 얼마나 될까요? 글로벌 시장조사업체 프레시던스 리서치(Precedence Research)에 따르면, 세계 자율주행차 시장 규모는 2020년 71억 달러(약 9조 3649억 원)였으며 연평균 41% 성장해서 2030년에는 1조 8080억 달러(약 2384조 7520억 원)로 커질 전망입니다. 약 2400조 원대에 이르는 거대시장이 되는 셈이지요. 이에 따라 완성차업계는 물론 전기차에 들어가는 각종 부품을 만드는 다른 업체들도 자율주행차 시장 공략에 본격적으로 나서고 있습니다.

먼저, 현대자동차그룹과 카카오모빌리티 등 국내 자동차·IT업체들은 2400조 원대 세계 자율주행 시장을 공략하기 위해 속도를 내고 있습니다. 현대차그룹은 2023년 무인자율주행차를 이용한 로보택시 서비스 상용화를 목표로 기술 개발을 하고 있으며, 이와 함께 현대차와 현대모비스, KT, 카카오모빌리티 등 국내 자동차·IT업계 대표기업들은 국내 자율주행산업의 경쟁력을 높이기 위해 '한국자율주행산업협회' 설립에 나섰습니다.

이와 관련해 국내에는 자율주행버스가 등장해 눈길을 끌었습니다. 서울시가 서울 청계광장–세운상가–청계광장을 순환하는 자율주행버스를 시범적으로 운영하고 있는 것입니다. 8인승인 이 자율주행버

▶ 2020~2030년 전 세계 자율주행차 시장 규모

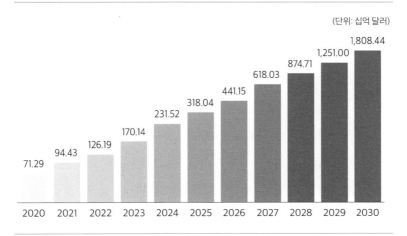

(단위: 십억 달러)

자료: 프레시던스 리서치(Precedence Resarch)

사진: 서울시

스는 총 3.4km 구간을 20분 간격으로 운행합니다. 이 버스는 자율
주행차기업 포티투닷(42dot)이 제작했습니다.

청계천 자율주행버스를 시작으로 서울시는 2023년 10월부터 합정
역~종로~동대문의 9.7km 구간에 일반 시민이 탑승하는 자율주행
버스를 운행할 예정입니다. 서울시가 자율주행버스를 도입한 목적은
야간시간대 교통난을 완화하기 위해서였습니다. 자율버스 3대가 밤
12시부터 다음 날 새벽 5시까지 중앙차로를 달리며 승객 이동을 돕
게 됩니다. 청계천 자율주행버스는 무료이지만 합정역~종로~동대
문 구간은 요금을 받습니다.

완전 자율주행차 상용화까지는 갈 길 멀어

전 세계 완성차업체와 부품업체들이 자율주행차 시장을 놓고 발빠른 행보를 보이고 있지만 명실상부한 완전 자율주행차 시대를 열기 위해서는 보완기술 개발 등 갈 길이 멀기만 합니다.

자율주행차 기술 수준은 레벨0에서부터 레벨5까지 모두 6단계로 나뉩니다. 레벨0은 자율주행 기능이 전혀 없는, 사실상 운전자가 직접 운전대를 잡아야 하는 기술 수준입니다. 이에 비해 레벨5는 운전자 없이 차량이 스스로 가는, 말 그대로 '완전 자동화' 단계이죠. 그렇다면 현재 한국을 비롯해 전 세계 자동차업체들의 자율주행차 개발 수준은 어느 정도일까요? 국제자동차기술협회(SAE[Society of Automotive Engineers] International)에 따르면 차선과의 간격을 자동으로 유지하는 2단계 자율주행 수준까지는 이미 상용화를 마친 상태이고, 지금은 '레벨3'의 상용화에 속도를 내는 단계입니다. HDP(자율주행) 기술을 개발한 현대차를 비롯해 독일 자동차업체 메르세데스-벤츠, 일본 혼다, 스웨덴 볼보 등이 자율주행 '레벨3' 상용화에 들어서고 있습니다.

자율주행차가 레벨3 혹은 레벨4 초기 단계를 벗어나 레벨5로 올라서기 위해서는 갈 길이 많이 남아 있습니다. 우선 자율주행 기술에 대한 불안감을 없애야 합니다. 자율주행차가 다른 차량을 들이받는 사고가 아직도 자주 발생하고 있기 때문입니다. 또한 자율주행차가 사고를 낼 경우 이를 책임질 운전자가 없다는 점도 지적해야 할 대목

▶ 자율주행 단계

구분	정의	특성
레벨0	비자동화 (No Automation)	• 운전자가 모든 운전 업무 담당 • 자율주행 및 운전 지원 기술 없음
레벨1	운전자 지원 (Driver Assistance)	• 운전자가 운전 업무 담당 • 비복합적 운전 지원 기술 장착
레벨2	부분 자동화 (Partial Automation)	• 운전자가 운전 업무 담당 • 복합적 운전 지원 기술 장착
레벨3	조건부 자동화 (Conditional Automation)	• 제한된 조건에서 시스템이 주행 • 시스템 주행 시 운전자는 전방주시, 차량제어 의무 없음 • 운전자는 상시 제어권 회수 대기
레벨4	고도 자동화 (High Automation)	• 제한된 조건에서 시스템이 주행 • 운전자 없이 운행 가능
레벨5	완전 자동화 (Full Automation)	• 모든 조건에서 시스템이 주행 • 운전자 없이 운행 가능

자료: 보험연구원

입니다. 만약 자율주행차가 일으킨 사고 책임을 자동차업체에 돌린다면 어떤 자동차업체도 더 이상 자율주행차를 출시하려고 하지 않을 것입니다. 사고에 따른 피해자 보상 문제가 해결되고 자율주행 기술력이 더 발전했을 때라야 자율주행차의 출현이 소비자와 제조업체 모두에게 큰 도움이 될 수 있습니다.

레벨5 수준의 자율주행차가 출시되면 자동차 운전면허증 없이도 운전을 할 수 있게 되겠지요. 그렇게 되면 나이가 어린 계층이나 노년층도 쉽게 차량을 구입할 수 있기 때문에 자동차업체로서는 매출에 따른 수익이 더 커지게 될 것입니다.

1장. 미래 비즈니스가 보이는 경제 지식

330조 원대 자율운항선박 시장 활짝 열린다

자율주행 기술은 자동차는 물론이고 이제는 선박에도 적용되고 있습니다. 이른바 '자율운항선박'이 대표적인 예입니다. 자율운항선박은 Autonomous Cargo Ships, Autonomous Container Ships, Maritime Autonomous Surface Ships(MASS) 등으로 불립니다. 국제해사기구(IMO, International Maritime Organization)에서는 자율운항선박을 '다양한 자동화 수준으로 사람의 간섭 없이 독립적으로 운용되는 선박'이라고 규정하고 있습니다. 즉 자율운항선박은 기존 선박에 첨단 센서와 각종 스마트 기술, 정보통신기술(ICT) 인프라를 설치해서 사람의 개입 없이 스스로 운항될 수 있게 만든 선박입니다. 구체적으로 설명하면 자율운항선박은 인공지능 기술을 비롯해 가상현실, 로봇공학, 사물인터넷 등의 첨단 기술들이 필요합니다. 이는 자율운항선박이 선박의 위치와 각종 운항 정보 등을 토대로 조수 간만의 차이, 파도의 높이, 태풍 같은 예상치 못한 기상 환경 등을 종합 분석해서 선박을 운항해야 하기 때문입니다.

자율운항선박의 자율화 등급은 자율주행차량의 경우처럼 기술 수준과 시스템 능력 등을 토대로 크게 4단계로 나뉩니다.

자율운항선박의 다른 업종에 대한 파급효과도 기대되고 있습니다. 선박 시스템의 첨단화는 물론 항만, 물류, 통신, 보안 등 조선해양과 관련된 여러 업종의 기술력을 크게 끌어올릴 수 있기 때문입니다. 특히 조선업계는 자율운항선박의 등장으로 고질적인 인력 부족 문제도

▶ 자율운항선박 자율화 등급 4단계

등급	항목	내용
1단계	선원 의사결정 지원 (AAB, Autonomy Assisted Bridge)	선원 의사결정을 돕는 등 보조적 역할을 하는 수준
2단계	선원 승선 원격제어 (PUB, Periodically Unmanned Bridge)	선원이 승선하고 원격제어 기능을 갖추고 있지만 시스템 고장 등 응급상황에만 선원이 직접 대응
3단계	선원 미승선(최소인원 승선) 원격제어와 기관 자동화 (PUS, Periodically Unmanned Ship)	선원이 승선하지 않지만 원격제어와 장애 예측 및 진단이 자동화
4단계	완전 무인 자율운항 (CUS, Continuously Unmanned Ship)	항해하는 모든 과정에서 선원 없이 선박이 상황을 판단하고 필요한 제어를 하는 자동화 단계

자료: 보험연구원

해결할 수 있을 것으로 보입니다. 또한 자율운항선박에 설치된 AI 등 첨단 기술에 힘입어 최적 경로로의 운항에 따른 연료 절약의 효과도 기대됩니다.

향후 성장 전망도 밝습니다. 해양수산부에 따르면 자율운항선박의 시장 규모는 2015년 544억 달러(71조 4400억 원)에서 오는 2030년이면 2541억 달러(약 333조 7000억 원)까지 성장할 것으로 보입니다.

현재 전 세계 자율운항선박 분야에서 가장 앞선 나라는 노르웨이와 일본입니다. 노르웨이는 2011년 11월 세계 최초로 '야라 버클랜드'라는 자율운항 컨테이너 선박을 선보인 바 있으며, 일본은 2022년 1월 연안항로용 자율운항 컨테이너선 '마카게'를 운항했습니다.

서울에서 부산까지 30분이면 OK?
하이퍼루프

03

- '하이퍼루프'로 서울에서 부산까지 16분 만에 간다
- 로버트 고더드, '하이퍼루프 설계한 창시자'로 평가 받아
- 시속 1200km 속도 내는 한국형 하이퍼루프 '하이퍼튜브' 눈길
- 하이퍼루프 상용화되면 인류는 엄청난 '교통혁명' 맞이할 것

먼 거리를 매우 빠른 시간에 이동하는 것은 인류의 오랜 염원입니다. 1초에 지구를 7바퀴 반(30만 km)을 도는 빛의 속도에 비교할 수는 없 겠지만 매우 빠른 교통수단을 이용해서 이동 시간을 줄일 수 있다면 이보다 더 좋은 일은 없을 겁니다. 특히 사람이 들어갈 수 있는 크기 의 기송관(氣送管, pneumatic tubes)에 사람을 넣어 빠른 속도로 이동 시킨다는 생각은 18세기부터 시작됐습니다. 기송관은 서류 등을 캡 슐에 담아 파이프에 넣은 후 압축공기의 힘으로 다른 장소로 보내는 장치를 뜻합니다.

조지 메드허스트와 로버트 고더드가 펼친
'하이퍼루프'의 꿈

영국의 기계공학자이자 발명가인 조지 메드허스트(George Medhurst)는 하이퍼루프를 처음 고안한 사람으로 알려져 있습니다. 메드허스트는 1799년 화물을 튜브에 넣어 보낼 수 있는 특허를 얻었기 때문이죠. 그는 또 1812년의 한 책에서 공기 추진력(air propulsion)을 사용해서 밀폐된 튜브를 통해 사람과 화물을 운송하는 아이디어를 선보여 눈길을 끌기도 했습니다. 메드허스트가 선보인 기술은 결국 하이퍼루프의 초기 형태입니다.

하이퍼루프(hyperloop)는 '음속'을 뜻하는 '하이퍼소닉(hypersonic)'과 '연결고리'를 뜻하는 '루프(loop)'의 합성어입니다. 하이퍼루프는 공기 저항을 줄인 진공관에서 열차가 빠르게 이동하는 것이 특징입니다. 구체적으로 설명하면, 공기 저항이 거의 없는 아(亞)진공(0.001기압) 상태의 튜브 내부를 자기부상 캡슐이 초고속으로 이동하는 신개념 운송수단입니다.

메드허스트의 '하이퍼루프'가 세상을 놀라게 한 지 얼마 되지 않아 새로운 개념의 화물역이 등장해 눈길을 끌었습니다. 이것은 레일과 열차 사이에서 발생하는 진공을 활용한 공기압으로 철도가 이동하는 화물역이었습니다. 1845년에 설립된 런던-크로이든 철도(the London and Croydon Railway)가 대표적인 예입니다. 런던-크로이든 철도는 비록 2년 후인 1847년에 사업이 멈췄지만 철도사업 추진에

따른 파급효과가 컸습니다. 다른 나라의 하이퍼루프 개발 의지에 불을 붙였기 때문이죠.

이를 보여 주듯 1850년 아일랜드 더블린과 프랑스 파리 등 다른 유럽 지역에서 공기압을 추진력으로 삼은 화물철도가 등장했습니다. 그러나 더블린과 파리의 철도 역시 기술적 한계에 부딪혀 몇 년 후 사업이 멈추고 말았습니다. 1860년대 중반에는 런던 남부지역의 크리스털 팰리스 파크(Crystal Palace Park)를 운행하는 크리스털 팰리스 공기압철도가 등장했습니다. 이 철도는 가로 22피트(6.7m)의 대형 프로펠러를 장착해서 열차를 앞으로 보내는 방식이었습니다. 열차를 되돌리려면 대형 프로펠러를 역회전시켜 터널에서 열차를 빨아들이는 방식을 활용했죠.

▶ 로버트 고더드

그러나 지금까지 얘기한 내용들은 하이퍼루프의 초기 단계에 불과합니다. 하이퍼루프를 통해 열차가 비교적 먼 거리를 달릴 수 있게 된 것은 미국의 물리학자 겸 로켓 개발자 로버트 고더드(Robert Hutchings Goddard)가 등장하면서부터입니다. 고더드는 1909년 「고속 수송 체제의 한계(The Limit of Rapid Transit)」라는 논문을 통해 보스턴과 뉴욕을 불과 12분 내 주파할 수 있는 기차를 제시했습니다. 보스턴과 뉴욕 간의 거리는 214마일(약 344km)로, 시속 100km로 달리면 약 4시간 정도 걸립니다. 또한 그는 1914~1916년 사이에 로켓 비행 기초이론을 세워 작은 고체연료 로켓으로 실험했으며 1926년에는 첫 액체연료 로켓을 발사해 눈길을 끌었습니다.

비록 고더드의 야심 찬 계획이 현실로 이뤄지지는 못했지만 그가 제시한 프로젝트는 '자기부상열차(levitating pods)', '진공 튜브(vacuum-sealed tube)' 같은 하이퍼루프 개념을 담고 있습니다. 그래서 최근 일론 머스크(Elon Musk) 미국 전기자동차기업 테슬라(Tesla) 최고경영자(CEO)는 고더드를 하이퍼루프의 창시자로 높이 평가하기도 했습니다.

일론 머스크와 리처드 브랜슨으로 이어진
'하이퍼루프' 고도화

조지 메드허스트와 로버트 고더드가 펼친 하이퍼루프의 꿈은 현재진행형입니다. 이들 혁신가에 이어 프랑스 과학자 장 베르탱(Jean Bertin)이 이끄는 '아에로트렝(Aérotrain) 프로젝트'와 미국 하이퍼루프 전문업체 'ET3 글로벌 얼라이언스'가 진보된 기술을 내놓았습니다. 비록 이들은 상용화라는 결실에는 이르지 못했지만, 이런 가운데 고더드의 도전정신에 영감을 얻은 테슬라의 CEO 일론 머스크도 하이퍼루프 개발에 도전장을 내밀었습니다.

2012년 머스크는 하이퍼루프에 대한 자신의 아이디어를 처음 선보였습니다. 그는 또 다음 해인 2013년 8월에 57페이지 분량의 기술 문서를 통해 하이퍼루프의 세부 디자인을 공개해서 또다시 세간의 이목을 끌었습니다. 머스크가 공개한 문서에는 밀폐형 캡슐 그림이 등장합니다. 이 캡슐은 28명까지의 탑승객을 태우고 공중 위를 떠다닙니다.

머스크의 하이퍼루프 프로젝트가 허무맹랑한 얘기라고 생각할 수도 있습니다. 그러나 그는 세계 최대의 전기차업체와 민간 우주개발업체 스페이스X(Space X)를 운영하며 첨단 기술을 축적해 왔습니다. 특히 스페이스X는 한 번 발사한 로켓을 버리지 않고 다시 회수해서 사용할 수 있는 혁신 기술까지 갖췄을 정도입니다. 이러한 기술력에 힘입어 머스크는 2012년 지상에서 초음속여객기 콩코드와 같은 속도로 달리는 하이퍼루프 개념을 처음 제시했습니다. 콩코드는 약 1만 8000미터 상공에서 최고 마하 2.04의 속도로 납니다. 이 속도는 음속(시속 1224km)의 약 2배인 시속 2200km입니다.

머스크는 또한 2015년 하이퍼루프 캡슐형 탑승차량 '팟(Pod)'의 설계에 나섰습니다. 캡슐 형태의 열차 '팟'은 강철보다 10배 이상 튼튼하면서도 무게는 강철의 5분의 1 수준이며, 첨단 이중 구조 신소재로 만들어져 내구성이 뛰어난 것으로 알려져 있습니다. 공기압의 압력 차를 이용하는 하이퍼루프 차량 '팟'은 최고 속도가 음속에 맞먹는 시속 1200km에 이릅니다. 이 기술이 상용화되면 서울~부산 간 거리(약 400km)를 16분 정도면 주파할 수 있게 되는 거죠.

'팟' 설계가 속도를 내는 가운데 2021년 3월 31일 미국 첨단기술업

▶ **머스크의 하이퍼루프 '팟' 이미지**

1장. 미래 비즈니스가 보이는 경제 지식

체 '하이퍼루프 트랜스포테이션 테크놀로지(HTT)'가 하이퍼루프 정거장과 터널 등 시설 디자인을 처음 선보여 눈길을 끌었습니다. 길이 약 32m, 중량 약 5t인 '팟'은 이미 아랍에미리트(UAE)에 건설 중인 총 10km '두바이~아부다비' 구간의 일부를 운행할 예정입니다.

HTT는 UAE에서의 시험 운행이 성공하면 2023년 미국에서 착공하는 하이퍼루프 시설에도 이 기술을 적용할 예정입니다. 하이퍼루프 기술을 활용한다면 가장 먼저 신설되는 '오하이오주의 클리블랜드와 일리노이주의 시카고를 잇는' 약 506km의 구간을 31분 만에 주파할 수 있습니다. 이를 통해 HTT는 매일 16만 4000명에 이르는 승객을 실어 나를 계획입니다.

▶ 버진하이퍼루프 건설 현장

자료 : Virgin Group

이에 질세라 리처드 브랜슨(Richard Branson) 버진그룹 회장도 화물용 하이퍼루프인 '버진하이퍼루프' 개발에 속도를 내고 있습니다. 기존 하이퍼루프 개발이 사람의 이동에 무게중심을 뒀다면, 버진하이퍼루프는 화물 운송이 주목적입니다. 이를 통해 속도는 비행기처럼 빠르면서도 가격은 트럭처럼 저렴한 물류 서비스를 제공하겠다는 얘기지요.

브랜슨 회장과 합작 투자한 두바이 국영 물류업체 DP월드가 대주주로 있는 버진하이퍼루프는 2020년 세계 최초로 사람이 타는 하이퍼루프 시험 운행에 성공했습니다. 당시의 운행 속도는 시속 172km에 불과했지만, 시속 1200~1300km에 이르는 하이퍼루프 상용화에 한 발짝 다가섰다는 평가가 나옵니다. 화물 수송에 초점을 맞추고 있는 버진하이퍼루프는 2026년 사우디아라비아 등 중동 지역에 첫 하이퍼루프를 구축한 후 그 수익을 활용해서 2030년에 여객용 하이퍼루프 시스템을 내놓을 예정입니다.

머스크나 HTT, 브랜슨의 야심 찬 프로젝트가 아직은 상용화되지 못하고 있지만 하이퍼루프가 완성되고 나면 인류의 물류 및 교통 체계는 상상도 하지 못했던 기술혁명을 맞이하게 될 것입니다.

한국 '꿈의 이동수단' 청사진 내놔, '하이퍼튜브'로 서울~부산 30분

미국 외의 다른 나라들도 하이퍼루프 개발에 속도를 내고 있습니다. 유럽연합(EU)은 2029년 하이퍼루프 상용화를 목표로 'EU 네트워크 프로젝트'를 선보이고 현재 2.5km 구간의 시범선 건설에 한창입니다. 또 일본은 하이퍼루프와는 조금 거리가 멀지만 2027년 개통을 목표로 도쿄~나고야 구간에 시속 500km급 자기부상열차 노선을 짓고 있습니다.

전 세계가 하이퍼루프 개발에 속도를 내는 가운데 우리나라도 최근 하이퍼루프 프로젝트를 진행 중입니다. 공기 저항이 없는 진공에 가까운 튜브 안에서 자기력으로 열차를 부상시켜 시속 1200km 속도로 달리는 한국형 하이퍼루프 '하이퍼튜브(Hyper Tube)'가 대표적

▶ **한국형 하이퍼루프 '하이퍼튜브'**

자료: 한국철도기술연구원

인 예입니다. 머스크가 하이퍼루프를 제안하기 4년 전인 2009년부터 한국철도기술연구원에 의해 개발되고 있는 하이퍼튜브는 0.001기압의 '아진공(진공에 가까운 상태)' 튜브에서 시속 1200km의 '아음속(음속에 가까운 속도)'으로 운행하는 것을 목표로 하고 있습니다. 이 열차는 서울에서 부산까지 걸리는 시간이 30분에 불과합니다. 대전을 중심으로 서울·속초·광주·부산이 'X자'로 연결된다면 전국을 30분 안팎으로 이동할 수 있습니다. 실제로 한국철도기술연구원은 2020년에 하이퍼루프를 17분의 1로 축소한 모형 시험을 통해 시속 1019km 주행에 성공했습니다.

이렇듯 전 세계가 앞다투어 하이퍼루프 개발에 나서는 이유는 무엇일까요?

앞서 설명했지만 하이퍼루프는 '아진공' 상태의 튜브(공기저항을 줄인 진공관) 등에서 빠른 속도로 사람과 물체를 운반하는 기술로, 흔히 '꿈의 이동수단'이라 불립니다. 열차는 대부분 자기부상 형식의 캡슐입니다. 열차가 진공 상태에서 달리게 되면 공기저항을 받지 않아 빠르게 이동할 수 있습니다. 결국 하이퍼루프는 진공 상태와 공기압을 이용한 일종의 '음속자기부상열차'인 셈입니다.

하이퍼루프 기술을 활용하면 열차가 시속 1200km 속도로 이동할 수 있습니다. 또한 배기가스가 발생하지 않으며 항공기 대비 약 10% 수준의 에너지로 운행할 수 있죠. 기존 고속철도 대비 건설비용이 절반 정도이며, 첨단 자율주행시스템이 장착되어 높은 안전성과 정확성을 자랑합니다.

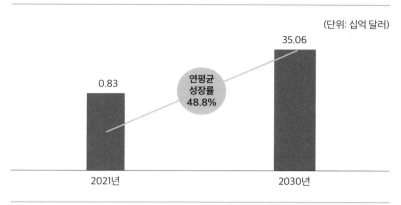

▶ 전 세계 하이퍼루프 시장 규모

(단위: 십억 달러)

0.83 / 2021년

연평균
성장률
48.8%

35.06 / 2030년

자료: 베리파이드 마켓 리서치(Verified Market Research)

그렇다면 하이퍼루프의 시장 규모는 어느 정도일까요? 시장조사 업체 마케츠앤드마케츠에 따르면 하이퍼루프 시장 규모는 2026년 63억 4000만 달러(약 8조 3954억 원)로 예상됩니다. 일각에서는 하이 퍼루프 기술을 개발해서 향후 50년간 전체 시장의 25%를 차지하게 되면 하이퍼루프 기술 수출에 따른 금액이 250조 원이 넘을 것이라 고 얘기하기도 합니다. 하이퍼루프 시장의 성장 전망을 더 밝게 보는 의견도 있습니다. 과학기술저널 《코리아사이언스(KoreaScience)》에 게 재된 「대륙간 초고속철도시스템 개발사업 기획연구」 보고서에서는 향후 전 세계 하이퍼루프 시장은 2경 3000조 원이 넘는 규모가 될 것이라고 예상하였습니다.

물론 하이퍼루프가 상용화되려면 승객 안전도 확보 등 해결해야 할 과제가 수두룩합니다. 하이퍼루프는 속도가 매우 빨라서 사고가

나면 자칫 대형 참사로 이어질 수 있습니다. 또 철도가 진공 상태의 긴 관으로 연결돼 있어 열차 내에서 응급환자가 발생할 경우 신속한 대응이 어렵습니다. 그러나 미래 교통혁명을 가져다줄 하이퍼루프의 부정적인 면만 강조할 필요는 없습니다. 한 가지 분명한 점은, 하이퍼루프가 상용화되면 특정 국가에만 하이퍼루프 인프라가 구축되지 않고 인접국으로 연결되어 국가 간 거리가 좁아짐으로써 명실상부한 '지구촌 시대'가 열릴 수 있다는 사실입니다.

마침내 인간의 삶으로 들어온 인공지능
챗GPT

- 챗GPT, 첫선 보인 지 5일 만에 사용자 100만 명 돌파…
  두 달 만에 1억 명 '기염'
- 오픈AI에서 만든 대규모 AI 모델 'GPT-3.5', 언어 기술 토대로 탄생
- 단어 간 관계 활용해 인간과 자연스럽게 대화할 수 있는 기능 갖춰
- 잘못된 정보를 토대로 진실을 호도할 수 있는 '환각' 등 단점 드러나
- AI가 향후 25년 내 사람 일 80% 처리 전망 나오지만 과도한 공포 피해야

최근 전 세계를 뒤흔들고 있는 화두가 하나 있습니다. 챗GPT입니다.
챗GPT는 'Chat Generative Pre-trained Transformer'의 머리글자
를 따서 만든 약어입니다.

　미국 인공지능업체 오픈AI(OpenAI)가 내놓은 기술인 챗GPT는
2022년 11월 30일 첫선을 보인 후 불과 5일 만에 사용자 100만 명
돌파라는 기염을 토했습니다. 스트리밍업체 넷플릭스(Neflix)의 사용
자 100만 명 달성에 소요된 시간이 3.5년, 소셜네트워크서비스(SNS)

업체 페이스북이 10개월, SNS업체 인스타그램이 2.5개월이었으니 그 야말로 타의 추종을 불허합니다. 이뿐만이 아닙니다. 챗GPT는 출시 두 달 만인 2023년 1월에 사용자가 1억 명을 넘어서서 세계를 또한 번 놀라게 했습니다. 전 세계에서 가장 빠르게 성장한 소셜미디어(SNS) '틱톡(TikTok)'이 회원 1억 명을 모집하는 데 걸린 시간이 9개월 이었다는 점을 감안하면 챗GPT에 대한 세계적인 관심이 얼마나 뜨거운지를 잘 알 수 있습니다.

그렇다면 챗GPT가 이처럼 선풍적인 인기를 얻게 된 이유는 무엇일까요? 챗GPT는 일반 AI에 일상적인 대화 기능을 접목해서 인간과 자연스러운 대화(문자 대화)를 나눌 수 있도록 했기 때문이죠. 사실상 대화 전문 AI 챗봇(대화형 로봇)인 셈이지요.

챗GPT는 오픈AI에서 만든 대규모 AI 모델 'GPT-3.5' 언어 기술을 토대로 만들어졌습니다. 챗GPT는 단어의 구조를 수학적 방식으로 분석해서 미리 학습(Pre-trained)한 후 대화를 생성할 수 있는(Chat

1장. 미래 비즈니스가 보이는 경제 지식

▶ 사용자 100만 명을 돌파하는 데 걸린 시간

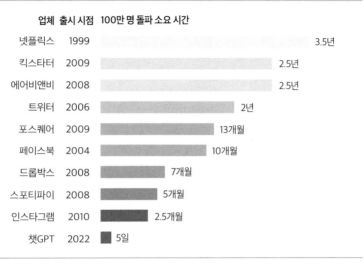

업체	출시 시점	100만 명 돌파 소요 시간
넷플릭스	1999	3.5년
킥스타터	2009	2.5년
에어비앤비	2008	2.5년
트위터	2006	2년
포스퀘어	2009	13개월
페이스북	2004	10개월
드롭박스	2008	7개월
스포티파이	2008	5개월
인스타그램	2010	2.5개월
챗GPT	2022	5일

자료: 업체 자료 종합

Generative) 기능을 갖췄습니다. 좀 더 자세하게 설명하겠습니다.

　'생성할 수 있는(Generative)'이라는 표현은 텍스트(text, 문자)를 만들어 낼 수(생성) 있는 능력을 뜻합니다. '미리 학습(Pre-trained)'한다는 것은 챗GPT가 광대한 분량의 텍스트 데이터(a large corpus of text data)를 미리 학습한 후 인간과 대화(chat)할 수 있도록 했다는 뜻입니다. 이에 따라 챗GPT는 인간의 질문에 자연스럽게 문자로 대답하고 각종 콘텐츠를 작성할 수 있지요.

자료: 오픈AI

기존 AI와 챗GPT의 차이점은

그렇다면 여기에서 질문이 하나 있습니다. 기존 AI와 챗GPT의 차이점은 무엇일까요?

기존 AI는 입력된 데이터를 통해 내용을 분석하고 사용자가 원하는 맞춤형 결과물을 문서로 내놓습니다. 이에 비해 챗GPT는 입력된 데이터를 통해 AI가 인간과 직접 문자를 주고받아 소통하는 능력을 갖췄습니다. 조금 더 자세하게 설명하면, 챗GPT는 AI가 스스로 학습한 콘텐츠(알고리즘)를 활용해 인간과 대화하면서 인간이 원하는 형태의 콘텐츠를 만들어 줍니다. 만들 수 있는 콘텐츠는 텍스트를 비롯해 이미지, 영상, 코딩 등이며, 심지어 신문 기사도 작성할 수 있습니다.

챗GPT가 이처럼 차별화된 능력을 발휘하는 것은 습득한 지식을 활용해서 텍스트나 이미지 등 다른 콘텐츠를 생성해 내는 딥러닝(Deep Learning) 알고리즘 'LLM(Large Language Model, 거대언어모델)'을 갖췄기 때문이죠. 챗GPT는 LLM을 활용해 인간 텍스트를 분석하여 문자로 대화하며 인간이 던질 향후 질문 내용을 예측해서 대답합니다. 구체적으로 설명하자면, "겨울에는 날씨가"라는 말을 던지면 그 다음에 나오는 단어는 "춥다"입니다. 이는 문장을 이루는 단어 간의 상호 연관성 때문이죠.

이렇게 챗GPT는 문장 속에 있는 단어의 순서와 연관성을 토대로 학습하고 방대한 데이터를 통해 문장을 더욱 고도화하는데, 특히 대화를 통해 드러난 문제점을 수정해서 더욱 개선된 대화를 이끌어 낼 수도 있습니다. 이처럼 챗GPT가 인간과의 대화를 통해 대화 모델을 더욱 정밀하게 고쳐 가는 과정을 가리켜 'RLHF(Reinforcement Learning from Human Feedback, 인간 피드백 기반 강화학습)'라고 합니다.

챗GPT는 AI가 지닌 방대한 데이터를 활용해서 인간과 직접 글로 대화하고 인간이 원하는 이미지를 만들어 낼 수 있습니다. 그래서 지금은 AI가 인간 감성에 많이 근접했다는 평가도 나오고 있습니다. 챗GPT의 이런 능력 때문에 과학자들은 세계 최대 검색엔진인 구글의 자회사 '딥마인드'가 2016년 AI 바둑 프로그램 '알파고'로 대한민국의 프로기사 이세돌 9단을 꺾었던 충격을 다시 떠올리고 있습니다.

샘 알트만 이끄는 '오픈AI'에 눈길

챗GPT를 탄생시킨 오픈AI는 AI 언어모델인 'GPT-3', 그림을 그리는 '달리2(DALLE 2)', 다국어 음성인식 시스템 '위스퍼(Whisper)' 등을 선보인 AI 연구기관입니다. 챗GPT는 오픈AI가 보유한 GPT-3를 발전시켜 탄생한 결과물이지요.

미국 캘리포니아주 샌프란시스코에 본사를 둔 오픈AI는 2015년 12월 10일, 세계의 내로라하는 과학자와 기업인들이 모여 설립한 회사입니다. CEO 샘 알트만(Sam Altman)을 비롯해 AI 과학자 일리야 수츠케버(Ilya Sutskever), 오픈AI의 회장 겸 대표인 그렉 브로크만(Greg Brockman), 컴퓨터과학자 보이시에크 자렘바(Wojciech Zaremba), 테슬라 CEO 일론 머스크, AI 과학자 존 슐만(John Schulman), 컴퓨터과학자 안드레이 카사피(Andrej Karpathy) 등 7명이 오픈AI의 공동창업자들입니다. 이 가운데 일론 머스크는 2018년 오픈AI와 결별하고 테슬라의 자율주행차량용 AI 개발에 주력하고 있습니다.

오픈AI는 2023년 4월 현재 그렉 브로크만 회장을 비롯해 샘 알트만 CEO, 미라 무라티(Mira Murati) 최고기술책임자(CTO) 등이 회사 경영을 진두지휘하고 있습니다. AI의 중요성을 눈여겨본 미국 IT업체 마이크로소프트(MS)는 오픈AI에 2019년에 100억 달러(약 12조 원)를 투자하고 2023년에 100억 달러를 추가 투자해서 오픈AI의 지분 49%를 거머쥠으로써 눈길을 끌기도 했습니다.

챗GPT 폭발적 인기를 얻는 배경은

챗GPT 열풍으로 AI에 대한 관심은 더욱 커지고 있습니다. 그러나 엄밀하게 말하면 챗GPT가 뜨거운 화두로 등장하기 이전부터 AI는 이미 우리 일상에 깊숙이 들어와 있었습니다. 대표적인 예가 스마트폰의 지문인식, 얼굴인식 같은 기능들입니다. 스마트폰은 이미 사용자의 지문이나 얼굴을 파악해서 기기 접근을 허용하는 '생체인식'이라는 AI 기술을 사용하고 있었던 것이죠.

챗GPT는 기존 산업계에도 돌풍을 일으키고 있습니다. 인간과의 문서 대화는 물론 번역, 논문 작성, 심지어 작사·작곡 등 지금까지 인간의 고유한 영역이라고 알려져 왔던 분야에서 챗GPT가 맹활약하고 있기 때문입니다. 오는 2030년경에는 챗GPT 등 AI가 제작한(시나리오 및 영상) 블록버스터 영화가 개봉될 것이라는 얘기도 나오고 있습니다. 그뿐만 아니라 의약품 설계, 재료과학, 반도체 설계, 데이터 생성 등 다양한 산업 영역에서 AI 기술이 활발하게 사용될 것으로

▶ **2019 vs. 2024년 지역별 세계 챗봇 시장 규모**

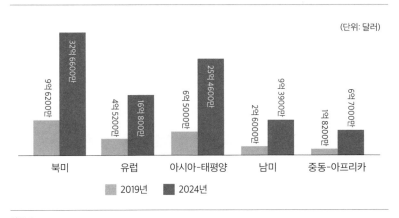

(단위: 달러)

	2019년	2024년
북미	9억 6200만	32억 6600만
유럽	4억 5200만	16억 800만
아시아-태평양	6억 5000만	25억 4600만
남미	2억 6000만	9억 3900만
중동-아프리카	1억 8200만	6억 7000만

자료: Reogma

보입니다. 이러한 인기를 반영하듯 빌 게이츠 MS 공동창업자는 "챗GPT는 1980년 그래픽 사용자 인터페이스(GUI, 그림 위주 컴퓨터 운영 방식)가 등장한 이래로 가장 중요한 혁신 기술"이라며 "앞으로는 모든 산업이 AI 중심으로 바뀌어 AI는 사람의 업무, 소통, 여행, 교육, 건강 등 거의 모든 분야에 변화를 가져올 것"이라고 전망했습니다.

챗GPT의 한계와 논란

물론 그렇다고 챗GPT가 만능인 것은 아닙니다. 인간의 질문에 정확한 답을 하지 못하는 등 오류가 나오고 있기 때문입니다. 우리가 알고 있는 챗GPT는 2021년까지 알려진 각종 데이터를 중심으로 학습이 이뤄져 있습니다. 2022년 이후 최신 정보가 부족하다는 지적이 나오는 것도 이러한 이유 때문입니다. 물론 챗GPT는 이러한 오류까지 학습해서 향후 대화 능력을 향상하는 기능을 갖추게 될 것입니다.

지적재산권(지재권) 침해 논란도 무시할 수 없는 사안입니다. 챗GPT는 이미 만들어져 있는 콘텐츠 등 다양한 데이터를 학습한 후 이를 통해 인간의 요구에 따른 결과물을 만들기 때문에 자칫 저작권 침해 등 각종 법적·윤리적 논란을 일으킬 수 있습니다.

또한 챗GPT가 인간의 질문에 대한 콘텐츠를 내놓을 때, 최신 정보에 뒤떨어진 내용 때문에 자칫 거짓 정보를 만들어 내는 '환각(hallucination)'을 일으킬 수 있다는 점도 지적하지 않을 수 없습니다.

챗GPT 등장으로
'21세기판 러다이트 운동' 일어날까

오픈AI는 2023년 3월 14일 'GPT-4'를 탑재한 신형 챗GPT를 선보였습니다. 'GPT-3.5'를 탑재한 기존 모델이 2022년 11월 30일에 등장한 점을 감안하면 불과 4개월 만에 새로운 기술을 내놓은 셈이지요. 이처럼 챗GPT 성능이 갈수록 고도화되면서 이 기술을 활용하려는 기업들이 늘어나고 있습니다. SNS업체 페이스북의 모회사 메타(Meta)를 비롯해 캐나다 전자상거래 플랫폼기업 쇼피파이(Shopify), 미국 온라인 식료품 배달업체 인스타카트(Instacart) 등이 앞다투어 챗GPT 기능을 도입하겠다고 발표하고 있는 것입니다.

그러나 챗GPT라는 최첨단 AI의 등장으로 일각에서는 사람들의 일자리가 사라지게 될 것이라는 우려의 목소리도 나오고 있습니다. 한 예로 컴퓨터 프로그래밍 언어 '자바(Java)'를 개발한 미국 썬마이크로시스템즈(Sun Microsystems)의 공동창업자 비노드 코슬라(Vinod Khosla)는 "앞으로 25년 안에 사람 일의 80%는 AI가 처리하게 될 것"이라는 충격적인 전망을 내놓았습니다. 또 글로벌 투자은행(IB) 골드만삭스(Goldman Sachs)는 챗GPT의 출현으로 인해 미국과 유럽에서 3억 개의 일자리가 사라질 것이라고 예언했지요. 그런가 하면 AI의 도입으로 인해 해고될 가능성이 가장 큰 직군은 변호사나 일반 사무직이 될 것이라는 영국 일간지 《파이낸셜타임스(FT)》의 경고도 잇따르고 있습니다.

역사를 뒤돌아보면 인류에게 새롭게 등장한 첨단 기술은 언제나 기대감과 공포감을 동시에 안겨 줬습니다. 대표적인 예로, 영국에서 산업혁명이 초래할 실업에 대한 우려가 증폭돼 폭동으로 이어진 '러다이트 운동(Luddite Movement)'을 꼽을 수 있습니다. 러다이트 운동은 18세기 말~19세기 초 영국 공장지대에서 노동자들이 일으킨 기계파괴운동입니다. 네드 러드(Ned Ludd)라는 지도자가 이끌었다고 해서 '러다이트 운동'으로 불리죠. 러다이트 운동을 불러일으켰던 산업혁명기와 마찬가지로 챗GPT가 등장한 현대 또한 결국은 최첨단 정보사회에서 인간이 맞닥뜨린 '티핑포인트(Tipping Point, 급격한 변화기)'인 셈입니다.

그러나 자본주의는 자동화의 역사로 불릴 만큼 첨단 기술이 계속 출현하였고, 첨단 기술의 등장이 오히려 인류에게 새로운 일자리를 창출해 주는 사례가 끊이지 않고 있습니다. 19세기 초 미국이 방직업에 자동화 설비를 도입하자 노동자 일거리가 98% 사라졌지만 자동화로 인해 옷값이 싸지고 소비가 늘어나면서 방직 노동자는 오히려 4배가 증가했다는 점이 대표적인 예입니다. 이와 관련해 필자는 챗GPT에 '챗봇의 등장에 따른 대량실업의 가능성'에 대해 물어봤습니다. 챗GPT의 대답은 다음과 같았습니다.

"인간의 감성과 교감을 필요로 하는 고객 서비스, 사회봉사, 교육 등은 로봇화의 그림자에서 벗어날 수 있습니다. 이들 분야는 감정이입 등 공감과 사람의 손길이 필요하기 때문입니다(Jobs that involve human interaction, such as customer service, social work, or teaching, are less likely to be automated since they require a level of empathy and personal touch that robots can't replicate)."

　결국 첨단 기술의 등장에 따라 일부 일자리의 감소는 불가피하겠지만 첨단 기술을 활용한 새로운 일자리가 탄생하는 등 인류의 삶은 기술 개발에 힘입어 더욱 편리하고 윤택해진다는 점을 잊지 말아야 합니다.

사용자가 데이터와 콘텐츠를
소유하고 공유하는
웹3.0

- 테드 넬슨, '선형적 내러티브' 방식에 의문 제기해 'WWW' 고안
- 웹1.0, 인터넷 접속과 검색이 주목적
- 웹2.0, '사용자 참여형 웹'… 사용자와의 소통 강화
- 웹3.0, 개인이 데이터 소유하고 관리해 '평등한 인터넷 세상' 만드는 데 주력

최근 정보통신(IT)업계에서 자주 등장하는 용어 가운데 하나가 '웹
3.0(Web 3.0)'입니다. 웹3.0을 배우기에 앞서 먼저 '웹'을 공부해 보기로
하겠습니다.

웹은 우리에게 익숙한 '월드와이드웹(World Wide Web)'의 줄임말
입니다. 흔히 'WWW'로 표기되는 월드와이드웹은 문서나 각종 동
영상 등 멀티미디어를 이용할 수 있는 인터넷을 뜻합니다. '세계적인
(World) 규모의(Wide) 거미집(Web)'이라는 뜻처럼, 월드와이드웹은 '하
이퍼텍스트(hypertext)'라는 방식으로 인터넷이라는 '정보의 바다'에서
수많은 정보를 찾아냅니다.

하이퍼텍스트(hypertext)는 'hyper(앞선, 초월한)'와 'text(문서)'의 합성어로, 미국 정보공학 전문가 테드 넬슨(Theodor Holm Nelson)이 1963년 발표한 개념입니다. 테드 넬슨은 우리가 책이나 다른 문서를 통해 정보를 접할 때 위에서 아래로, 혹은 처음부터 끝까지 읽어 가는 방식, 즉 '선형적 내러티브(linear narrative)' 방식에 의문을 제기했습니다. 선형식 내러티브는 독자가 책이나 문서를 이미 정해진 순서대로 읽어 관련 정보를 얻는 형태인데, 읽는 도중에 모르는 내용이나 관심 분야에 대한 정보를 동시에 접할 수 있으면 정보를 더 자세하게 접할 수 있을 것이라고 그는 생각했습니다. 이런 고민 끝에 테드 넬슨이 내놓은 방식이 바로 하이퍼텍스트입니다. 정보를 접하는 과정 속에 추가 설명이나 관련 정보가 삽입된 효율적인 방식이지요.

넬슨은 하이퍼텍스트를 현실에 적용하기 위해 '재너두 프로젝트(Project Xanadu)'를 추진했습니다. 재너두는 '평화롭고 아름다운 이상향(an idealized place of great or idyllic magnificence and beauty)'을 뜻합니다. 즉 '유토피아'나 '무릉도원(武陵桃源)'을 말합니다. 재너두 프로젝트는 세계에 있는 모든 정보를 모아 서로 연결해서 '정보의 유토피아'를 만들자는 취지를 담고 있습니다. 그리고 스위스 제네바에 있는 유럽원자핵공동연구소(CERN) 소속의 영국 컴퓨터과학자 티모시 존 버너스-리 경(Sir Timothy John Berners-Lee)이 재너두 프로젝트에 합류해서 1989년 인터넷의 기초인 월드와이드웹을 개발했습니다.

웹1.0

하이퍼텍스트에 힘입어 탄생한 월드와이드웹은 동영상 등 각종 멀티미디어를 활용할 수 있는 이른바 '웹1.0(Web 1.0)' 시대를 열었습니다. 1989년부터 2004년까지를 흔히 웹1.0 시대라고 부릅니다.

웹1.0은 인터넷 접속 등 검색이 주목적으로 사용됐습니다. 이는 일반 사용자들이 인터넷에 이미 올라와 있는 정보를 접하는 수준에 머물고 있었다는 얘기입니다. 즉 검색과 하이퍼텍스트 링크 형태인 웹1.0에서 사용자는 사이트 운영자가 제공하는 정보를 볼 수만 있었습니다. 웹1.0 시대에는 야후(Yahoo)나 구글(Google) 등 포털사이트가 주로 활용됐습니다.

웹2.0

웹1.0이 세계적인 인기를 얻은 데 힘입어 웹2.0(Web 2.0) 시대가 개막됐습니다. 웹2.0이라는 용어는 웹 디자이너 다시 디누치(Darcy DiNucci)가 1999년 「파편화된 미래(Fragmented Future)」라는 잡지 기사에서 처음 사용했습니다. 디누치는 기사에서 웹2.0의 의미와 사람 간의 관계에 미치는 영향을 분석해 눈길을 끌었습니다. 그녀는 웹2.0이 일반화되면 새로운 소통의 패러다임이 열릴 것이라고 강조했습니다.

디누치가 선보인 웹2.0은 2004년 열린 '웹2.0 회의'에서 데일 도허티(Dale Dougherty)와 팀 오릴리(Tim O'Reilly)에 의해 구체화됐습니다. 데일 도허티는 글로벌 교류 플랫폼업체 메이커 미디어(Maker Media)의 최고경영자(CEO)이고 팀 오릴리는 오릴리 미디어(O'Reilly Media)의 창설자입니다.

▶ 다시 디누치

웹2.0은 흔히 '(사용자)참여형 웹(participative web)' 혹은 '소셜 웹(social web)'이라고 불립니다. 이는 사용자가 직접 정보를 생산해서 쌍방향으로 소통할 수 있다는 얘기입니다. 이 때문에 '개방, 참여, 공유'의 특성을 담고 있는 웹2.0은 사용자가 사이트 정보를 직접 읽고 쓸 수 있습니다. 좀 더 쉽게 설명하면, 웹1.0은 사이트 운영자가 정보를 일방적으로 제공하는 반면 웹2.0은 사용자가 콘텐츠 제작의 열쇠를 쥐고 있는 셈입니다.

웹2.0의 대표적인 예로는 블로그, UCC(User Created Contents, 사용자가 직접 제작한 콘텐츠) 등을 꼽을 수 있습니다. 소셜네트워크서비스인 동영상 사이트 유튜브(Youtube)와 페이스북(Facebook)도 웹2.0의 사례라고 할 수 있겠죠. 특히 웹2.0은 사용자들이 콘텐츠 제작에 적극 참여할 수 있도록 개방형으로 운영된다는 점이 중요한 대목입니다.

웹3.0으로 가기 전에 웹1.0과 웹2.0을 다시 한번 간단히 정리하기로 하겠습니다. '읽기만 가능(Read Only)'이라는 특징을 지닌 웹1.0은 앞서 설명한 월드와이드웹의 탄생과 맞물려 있습니다. 2000년대에 모습을 드러낸 웹2.0은 '읽기와 쓰기(Read& Write)' 특징을 지녀 콘텐츠를 제작하고 콘텐츠 제공자와 소비자가 서로 소통할 수 있는 기능을 갖췄습니다. 콘텐츠 서비스를 제공하는 데 따른 수익을 서비스 제공자가 갖는 형태이죠. 그렇다면 웹3.0은 무엇일까요?

웹3.0은 사용자가 인터넷 정보를 읽고 쓰고 심지어 소유까지 할 수 있습니다. 웹3.0은 '읽고 쓰고 소유(Read, Write, Own)'할 수 있는 시대를 활짝 열어, 소비자로 하여금 콘텐츠를 만드는 것은 물론 콘텐츠 권한까지 지니고서 그에 따른 금전적인 보상도 얻을 수 있게 만든 것이죠. 여기서 웹3.0이 지닌 '소유'라는 개념을 알아 둘 필요가 있습니다.

웹 1.0~2.0은 기존 사이트라는 중개 매체를 활용하지만 웹3.0은 중개 매체를 거치지 않고 직접 개인이 지닌 것을 다른 이에게 전달할 수 있습니다. 즉 중앙집권적인 기존 데이터 구조가 사라지면서 개인이 데이터를 소유하고 거래할 수 있게 된 것입니다. 웹3.0의 이러한 기능을 흔히 '탈(脫)중앙화(Decentralization)'라고 부릅니다. 중앙이 되는 플랫폼에서 벗어난다는 얘기입니다. 더 구체적으로 설명하면, 탈중앙화는 데이터가 사용자에 분산 보관돼 있어 사용자가 직접 관

▶ 웹1.0, 웹2.0, 웹3.0 차이점

구분	웹1.0	웹2.0	웹3.0
기능	읽기	읽기, 쓰기	읽기, 쓰기, 소유
접근 방식	PC	플랫폼	블록체인
사용 방법	인터넷 접속과 검색	콘텐츠 제작	데이터 소유와 거래
대표적인 사례	포털사이트	소셜네트워크서비스 (SNS)	NFT(대체불가토큰), DAO(탈중앙화 자율조직)

리할 수 있는 것(shifting power back from platform holders to the user so that data should be owned and managed by users)을 뜻합니다. 결국 웹3.0은 사용자가 콘텐츠를 개별적으로 소유할 수 있고 이를 이용해 수익을 확보할 수 있다는 얘기지요. 이는 중앙집권적인 기업 혹은 기관이 데이터를 쥐락펴락하는 패러다임에서 탈피, 개인이 데이터를 직접 소유하고 관리해서 평등한 인터넷 세상을 만들고자 하는 취지를 담고 있습니다.

탈중앙화 영향으로 데이터의 소유와 관리가 기업이 아닌 개인이 해야 하는 시대가 열리면서 '시맨틱(semantic)' 기능의 중요성이 커지고 있습니다. '의미와 관련된'이라는 뜻을 지닌 시맨틱은 웹에 있는 콘텐츠 내용을 토대로 의미와 맥락을 분석해서 사용자에게 맞춤형 정보를 제공하는 '시맨틱 기술'로 발전했습니다. 이러한 시맨틱 기술을 담은 웹을 '시맨틱 웹'이라고 부릅니다. 시맨틱 기술은 개인화된 인터넷 환경에 걸맞은 기술 인프라인 셈입니다. '탈중앙화'와 '시맨틱 웹'으로 인해 웹3.0은 데이터에 암호 기능을 추가해서 개인이 직접 데이터를 소유하고 관리함으로써 보안성과 익명성을 확보할 수 있게 됩니다.

웹3.0을 활용하려면 여러 기술이 필요합니다. 그 가운데 대표적인 예가 블록체인, NFT, 메타버스, 인공지능, 클라우드 등입니다. 블록체인은 가상화폐로 거래를 할 때 해킹을 막는 기능을 지녔고, NFT(대체불가토큰)는 블록체인 기술을 이용해서 디지털 자산의 주인임을 입증하는 가상의 토큰입니다. 메타버스는 마치 현실 세계처럼 사회·경제·문화 활동이 이뤄지는 3차원 가상세계를 뜻하고, 클라우드는 데이터를 인터넷과 연결된 중앙 컴퓨터에 저장해 두었다가 인터넷에 접속하면 언제 어디서든 데이터를 이용할 수 있게 한 기술을 뜻합니다. 여기서는 이 정도로 간략히 소개만 하고, 이들 기술에 대해서는 나중에 다시 자세하게 다루도록 하겠습니다.

우주인터넷 시대가 열린다
6G

- 1G, 모토로라가 개발한 '다이나택', 단말기 선보여
- 2G, 삼성전자 및 LG전자, 모토로라 아성에 도전해 경쟁구도 갖춰
- 3G, 멀티미디어 기능 갖춘 '스마트폰' 시대 활짝
- 4G, '내 손 안 스마트폰' 신기원 열어
- 5G, AR, VR, 원격진료 등 첨단 기능 뽐내
- 6G, '우주인터넷' 이용하는 시대 개막

최근 수십 년간 이동통신은 눈부신 진화를 거듭해 왔습니다. 이동통신(mobile communications)은 말 그대로 사용자가 집이나 사무실 같은 고정된 장소에서가 아니라 이동하면서 무선으로 다른 사람과 통신할 수 있는 시스템입니다. 처음에는 음성통화만 가능했지만 이제는 첨단 기술에 힘입어서 휴대전화를 통해 다양한 형태의 통신과 멀티미디어가 가능한 시대가 활짝 열렸습니다. 그렇다면 이동통신은 지금까지 어떤 발전을 거쳐 왔을까요?

1G '벽돌폰' vs. 2G '디지털 통화' 개막 vs. 3G '스마트폰' 시대

1세대(1G, 1Generation) 이동통신은 음성을 전송하는 기술입니다. 1G 이동통신은 흔히 '아날로그 이동통신'으로 불립니다. 그 이유는 음성통화만 가능했기 때문인데, 당시 음성을 전송하기 위해 사용하는 주파수 변조 방식이 아날로그였습니다. 아날로그 방식은 음성만 전송하지만 품질이 좋은 편은 아니었습니다. 이러다 보니 통화에 혼선이 생기는 등 통화 품질에 대한 소비자 불만이 많았던 게 사실입니다.

1G 기술이 1983년 미국에서 처음 상용화된 후 우리나라에서는 1984년에 첫 이동통신 서비스가 시작됐습니다. 우리나라에 1G 기술을 이용한 휴대전화가 처음 등장한 시점은 제24회 서울 하계 올림픽(1988년 9월 17일~10월 2일)을 두 달여 앞둔 1988년 7월 1일이었습니다. 당시 처음 등장한 휴대전화 단말기는 미국 IT업체 모토로라(Motorola)가 개발한 '다이나택(DynaTAC)'이었습니다. 다이나택의 등장으로 전화를 집이나 공중전화 부스에서 받지 않고 손에 단말기를 들고 다니면서 통화할 수 있다는 뜻에서 '핸드폰(handphone)'이라는 이름이 생겼습니다.

▶ 모토로라 '다이나택'

자료: 모토로라

그러나 다이나택은 단말기 크기가 크고 무게도 771g으로 무거워 '벽돌폰(벽돌처럼 크고 무겁다는 뜻)'으로 불렸습니다. 2023년 처음 모습을 보인 삼성전자의 스마트폰 갤럭시 S23의 무게가 167g이라는 점을 감안하면 최신 스마트폰보다 4배 이상 무거운 셈이었지요. 또한 완전 충전까지 무려 10시간 넘게 걸리고, 통화를 할 수 있는 시간은 30분 정도에 그쳤습니다. 전화번호 저장 용량도 30개의 번호를 저장하는 정도에 불과했습니다. 그러면서도 가격은 당시 기준으로 소형차 한 대를 살 수 있는 금액에 달했습니다. 단말기 가격이 약 400만 원에 가입비가 60만 원이 넘었으니 이 정도면 당시 소형차 한 대를 살 수 있는 수준이었지요. 이러다 보니 첫해 가입자 수는 800명도 되지 않았다고 합니다. 결국 한국 최초의 휴대전화는 당시로서는 부(富)의 아이콘이 되었던 셈이지요.

1G 휴대전화가 전화에 대한 기존 통념을 바꾼 가운데 2세대(2G) 이동통신 기술이 등장했습니다. 1G가 아날로그 방식의 음성통화만 가능한 단말기 시대였다면, 2G는 디지털 기술을 이용한 이동전화 시대였습니다.

1G의 뒤를 이어 1991년에 등장한 2G는 디지털 방식 이동통신 시스템입니다. 데이터를 전송할 수 있는 디지털 기술 덕분에 음성통화는 물론이고 문자메시지나 이메일 전송, 음악 감상 등이 두루 가능한 시대가 열린 셈이지요. 2G는 1G와 비교해 통화 품질이 좋고 한 손에 들어갈 정도로 휴대전화 크기도 작아져서 휴대성이 탁월했습니다.

우리나라는 1996년부터 2G 서비스가 본격적으로 상용화됐습니다.

특히 기존 '벽돌폰'과 달리 2G는 바(Bar, 막대기 형태), 플립(Flip, 접는 방식), 폴더(Folder, 접는 방식), 슬라이딩(Sliding, 화면이 아래로 내려가는 방식) 등 다양한 형태의 스마트폰이 등장했습니다. 또한 011을 비롯해 016, 017, 018, 019 등 휴대전화 번호도 다양해졌습니다. 특히 1G 시대를 거머쥔 모토로라에 맞서 삼성전자와 LG전자가 휴대전화를 내놓기 시작했습니다.

그런데 2G는 데이터 전송 속도가 느립니다. 또 정지된 화상(이미지)만 전송할 수 있고 동화상은 전송할 수 없는 기술적 한계를 드러냈습니다. 휴대전화가 명실상부한 멀티미디어 시대를 연 것은 3세대(G) 이동통신이 시작되면서부터입니다. 국제전기통신연합(ITU)이 3G 기술로 규정한 기술표준 'IMT-2000'이 탄생했기 때문입니다.

IMT는 'International Mobile Telecommunication'의 약어로 '국제이동통신'을 뜻합니다. IMT-2000은 국가별로 서로 다른 이동통화 시스템을 통일해서 세계 어느 지역에 있더라도 휴대전화 이용이 가능하도록 만든 이동통신 서비스입니다. 우리나라는 2002년부터 MIT-2000 서비스를 상용화해서, 인터넷을 통해 뮤직비디오나 인터넷방송, 뉴스 등 동영상을 서로 주고받을 수 있고 멀리 떨어져 있는 가족이나 친구들과 영상통화도 가능하게 했습니다. 또 이러한 기술력에 힘입어 소비자가 원하는 비디오를 골라서 볼 수 있는 이른바 '주문형 비디오(VOD) 서비스'도 실시간으로 이용할 수 있게 됐습니다.

스마트폰의 역사는 특히 미국 IT업체 애플(Apple)이 3G 기술을 활용한 아이폰을 내놓으면서부터 시작되었다고 할 수 있습니다. 애플이 아이폰을 내놓자 뒤이어 삼성전자, LG전자 등이 뛰어들며 스마트폰 시대를 활짝 열게 된 것입니다.

4G '내 손안에 PC 시대' vs. 5G 'VR, AR, 자율주행차, 원격진료 일상화' 성큼

3G가 스마트폰의 출발점이었다면, 4G는 이른바 '내 손안의 PC 시대'를 활짝 열었습니다. 국제전기통신연합 전파 부문(ITU-R)은 2008년 11월 'IMT-어드밴스드(Advanced)'라고 불리는 차세대 이동통신 서비스의 개막을 알렸습니다. 4G 시대의 막이 열린 것입니다. ITU-R이 밝힌 4G의 데이터 전송 속도는 '이동 중 100Mbps(초당 메가비트), 정지 중 1Gbps(초당 기가비트)급'입니다. 이는 3G 고속영상이동전화(HSDPA)의 전송 속도 14Mbps에 비해 10~100배까지 빨라진 것입니다. 구체적인 예를 들면, 4G는 MP3 음악 파일 100곡을 불과 2.4초 만에, CD 1장에 담긴 800MB짜리 영화 1편을 5.6초 만에 전송받을 수 있습니다.

4G의 전송 속도가 3G보다 수십 배 이상 빨라지면서 이를 활용한 인터넷방송, 동영상 전송, 모바일 쇼핑, 소셜네트워크서비스 등 다양한 멀티미디어 서비스가 가능하게 됐습니다. 이른바 휴대전화에 담긴 앱을 활용해 다양한 경제활동을 하는 '디지털 경제'가 시작된 것입니다. 이 밖에 무선으로 음성·영상·데이터가 한꺼번에 처리되는 트리플 플레이 서비스(Triple Play Service, TPS) 서비스가 가능해져서 음

성통화, HD(고화질)TV 시청을 동시에 할 수 있게 됐죠. 결국 휴대전화 하나로 모든 미디어와 통신을 이용할 수 있으므로 손안에 소형 PC와 전화기를 한꺼번에 가진 셈이 됩니다.

4G가 스마트폰의 효용성을 극대화한 분수령이 된 가운데 2016년 7월 5G 기술이 전 세계 이동통신 시장에 모습을 드러냈습니다. 그러나 이때 등장한 기술은 당장 휴대전화에 사용할 기술적 완성도를 갖추지 못한 상태였고, IT 초강국 우리나라도 2019년 4월 3일에야 비로소 세계 최초로 스마트폰 기반 5G 이동통신 상용화에 성공할 수 있었습니다.

5G는 1초에 최대 20Gbps 속도로 데이터를 주고받을 수 있습니다. 이에 따라 2GB 용량의 HD(고화질)급 영화 한 편을 다운로드하는 데

▶ 1G부터 5G까지의 발전 단계

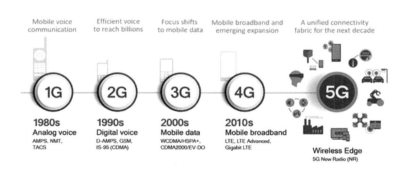

자료: 퀄컴

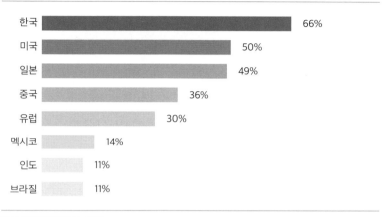

▶ 2025년 국가별 5G 예상 사용 현황

한국	66%
미국	50%
일본	49%
중국	36%
유럽	30%
멕시코	14%
인도	11%
브라질	11%

자료: GSMA 인텔리전스 에릭슨

에도 0.8초밖에 걸리지 않습니다. 또한 5G는 네트워크 용량이나 효율성이 100배나 증가할 정도로 속도와 품질에서 크게 향상됐죠. 이처럼 놀라운 속도와 효율성을 갖춘 5G 서비스가 일반화되면서 더욱 많은 데이터 용량이 필요한 가상현실(VR, Virtual Reality)이나 증강현실(AR, Augmentaed Reality), 자율주행차, 원격진료 같은 최첨단 기술들도 속속 등장하고 있습니다. 결국 5G 시대가 열리면서 IT 인프라가 일상생활에 더욱 깊숙이 파고들어 인간과 사물이 마치 거미줄처럼 촘촘하게 연결돼 있는 사회로 탈바꿈하게 된 것입니다.

6G, 해외 로밍 필요 없는 우주인터넷 시대 급물살

5G가 우리 일상을 조금씩 바꿔 나가고 있는 가운데 차세대 이동통신 기술인 6G의 개발이 최근 활발하게 이뤄지고 있습니다. 이동통신 발전 속도를 고려하면 6G는 이르면 2026년에 기술이 처음 선보여서 빠르면 2028년에 상용화될 전망입니다. 그러나 현재로서는 6G가 어느 정도 수준의 기술력을 갖추게 될지는 확실하지 않습니다.

다만 현재까지 알려진 6G 예상 기술로는 '1테라비트(1Tbps)급 전송속도'를 꼽을 수 있습니다. 1000기가비트(Gbps)가 1테라비트이므로, 5G의 기가비트급 속도로는 6G에 비교조차 되지 않을 것으로 보입니다. 예를 들어 5G 기술을 활용해서 2GB 용량의 HD(고화질)급 영화 한 편을 다운로드하는 데에는 0.8초가 걸리지만 6G에서는 2GB 영화 한 편을 0.016초에 다운로드할 수 있습니다.

예상되는 다른 6G 기술로는 '위성통신시스템'을 꼽을 수 있습니다. 6G는 지상 기지국은 물론이고 인공위성까지도 기지국으로 활용할 수 있습니다. 이에 따라 6G가 일상화되면 지금까지 이동통신의 사각지대로 알려져 있던 해상과 항공에서도 통신을 마음껏 쓸 수 있습니다. 쉽게 말해 '우주인터넷' 시대가 열리는 셈입니다. 우주인터넷 시대에는 해외여행을 갈 때도 휴대전화를 로밍할 필요가 없고, 물속에서 잠수함을 타고 통신을 하는 수중통신도 가능하게 됩니다.

배터리가 모든 사물의 동력원으로

사물배터리

07

- IoT 시대 이어 '사물배터리' 시대 본격화
- 벤저민 프랭클린이 내놓은 라이덴 병 축전지가 세계 최초
- 독일 발명가 카를 가스너, 우리에게 친숙한 건전지 배터리 초기 형태 선보여
- 4차 산업혁명 개막으로 언제 어디에서나 쓸 수 있는 '사물배터리' 인기 얻어
- 전 세계 리튬전지 시장 2030년에 2782억 달러(약 372조 원)로 급성장 전망

불과 얼마 전까지 정보통신(IT)업계 최대 화두 가운데 하나는 사물인 터넷(IoT)이었습니다. IoT는 'Internet of Things'의 줄임말로, 말 그대 로 사물들(Things)을 인터넷(Internet)으로 연결시킨 기술을 말합니다. 기존 인터넷은 컴퓨터나 노트북, 스마트폰 등 IT 단말기기와 무선 인 터넷이 연결되어 필요한 정보를 주고받는 체계입니다. 그런데 사물인 터넷은 앞서 언급한 IT 기기 외에 자동차, 사무실 등 세상에 존재하 는 거의 모든 사물과 인터넷으로 연결할 수 있는 기술을 뜻합니다.

　IoT 기술은 고속도로에서 쉽게 목격할 수 있습니다. 톨게이트에서

카드나 현금을 직접 결제하지 않고 자동차가 지나가면 자동결제되는 '하이패스 시스템'이 대표적인 예입니다. 이는 자동차에 하이패스 전용 단말기를 장착해서 톨게이트 전산망과 연결시킨 IoT 기술이죠.

해외에서도 IoT 기술이 일상생활 속에 녹아 있습니다. 세계 최대 전자상거래업체 아마존(Amazon)이 운영하는 무인 오프라인 매장 '아마존 고(Amazon Go)'가 바로 IoT 기술을 활용한 사례입니다. 아마존 고는 고객이 물건을 구입한 후 계산대로 가지 않고 나가면서 자동으로 계산할 수 있게 한 '저스트 워크아웃 테크놀로지(Just Walk Out technology)'를 활용하고 있습니다. 저스트 워크아웃은 고객이 매장이 들어갈 때 아마존 애플리케이션(앱)이나 신용카드를 한 차례 인식하고 나서 물건을 산 뒤 그냥 나가더라도 자동으로 결제가 되도록 한 방식입니다. 이는 매장에 설치돼 있는 카메라와 센서가 고객이 쇼핑

자료: www.supermarketnews.com

한 물건을 파악해서 자동으로 물건값을 계산하기 때문이죠.

아마존은 또한 미국 최대 커피 프랜차이즈 업체 스타벅스와 손잡고 계산원이 없는 테이크아웃 커피 매장을 뉴욕 맨해튼에 선보이기도 했습니다.

인터넷이 우리 일상 속에 깊이 파고들어 IoT 시대를 연 것처럼 이제는 배터리도 '사물배터리(BoT, Battery of Things)' 시대라는 새로운 역사를 쓰고 있습니다. 사물배터리는 쉽게 설명하면 '모든 사물이 배터리로 작동한다'는 뜻입니다. 이 용어는 『에너지혁명 2030』의 저자인 미국 스탠퍼드대학 토니 세바(Tony Seba) 교수가 "모든 사물이 배터리로 움직이는 시대가 올 것이다"라고 언급하며 모든 사물이 배터리로 구동되는 BoT 시대가 열릴 것이라고 전망하면서부터 사용되고 있습니다.

인류의 배터리 역사를 뒤돌아보면

이미 우리가 일상에서 일반 전기 대신 배터리를 사용하는 사례가 많은 상황에서 BoT가 새롭게 주목받는 이유는 무엇일까요?

배터리라는 말은 미국의 정치가이자 과학자인 벤저민 프랭클린(Benjamin Franklin)이 1749년 라이덴 병(Leyden jar)으로 연결한 축전지(capacitor)를 통해 전기 실험을 하면서 처음 사용했습니다. 인류 최초의 축전지인 라이덴 병은 유리병에 코르크 마개 중앙으로 도선을 삽입해서 물에 접촉시켜 발생하는 전기를 저장한 것이었습니다.

배터리는 1800년대에 접어들어 또다시 발전을 거듭했습니다. 이탈리아의 물리학자 알레산드로 볼타(Alessandro Volta)는 1800년 소금

▶ 벤저민 프랭클린이 라이덴 병으로 연결한 축전지

물에 적신 천으로 분리된 구리(Cu)와 아연(Zn) 디스크를 쌓아서 전기를 저장하는 최초의 전기화학 배터리(the first electrochemical battery)를 선보였습니다. 볼타는 구리, 아연, 소금물에 적신 종이를 쌓아 올린 구조물에서 전기가 흐른다는 점을 확인했습니다. 이것이 배터리의 기원인 '볼타 전지(voltaic pile)'입니다. 볼타 전지의 등장으로 물리학자 볼타는 '배터리의 아버지'라는 칭호까지 얻게 됐습니다.

이후 영국 물리학자 마이클 패러데이(Michael Faraday)는 1932년 '전자기 회전 장치(다이나모, dynamo)'를 선보여 눈길을 끌었습니다. 다이나모는 현재 우리가 쓰고 있는 전기 모터의 이전 단계입니다. 다이나모의 등장으로 일상에서 전기 에너지를 쓸 수 있는 시대가 열린 셈이지요.

배터리 발전은 여기에서 그치지 않았습니다. 프랑스 물리학자 가스통 플랑테(Gaston Planté)는 1859년 납축전지를 개발해서 배터리 기

▶ **가스통 플랑테가 개발한 '납축전지'**

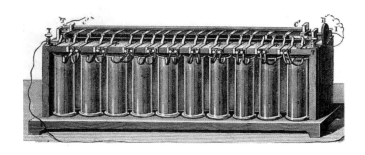

술을 또다시 발전시켰습니다. 납축전지는 납과 황산을 전극과 전해질로 사용해서 충전과 방전을 통해 반복하여 사용할 수 있는 일종의 2차전지입니다. 2차전지는 재충전해서 사용할 수 있는 배터리를 뜻하죠. 플랑테의 이름을 딴, 충전식 배터리의 조상 격인 플랑테 전지(납축전지)는 현재에도 내연기관 자동차에 사용되고 있습니다.

이뿐만이 아닙니다. 우리에게 잘 알려진 발명가 토머스 에디슨도 1913년 니켈과 철로 만든 배터리를 선보인 바 있습니다. 니켈-철 배터리는 에너지 밀도가 높고 충전시간을 단축시켰지만 가격이 비싸고 내구성이 약해 상업적 측면에서는 눈길을 끌지 못했습니다.

그렇다면 여기에서 퀴즈 하나, 우리가 일상생활에서 흔히 접하는 형태의 건전지가 등장한 시점은 언제일까요? 정답은 독일의 발명가 카를 가스너(Carl Gasner)가 1888년에 내놓은 건전지 배터리입니다. 가스너는 기존 습식전지(wet-cell battery)의 단점을 개선한 1차전지인 건식전지(dry-cell battery, 줄여서 건전지)를 발명해서 세계 최초로 건전지 배터리 특허를 얻었습니다. 기존의 습식전지는 액체 물질(전해질의 일종)이 담겨 있어서 액체가 전지 밖으로 자주 나오는 문제점을 안고 있었습니다. 가스너는 이

▶ **카를 가스너가 만든 건전지 배터리**

를 해결하기 위해 배터리 전해질에 석고가루를 섞어서 건전지를 만들었고, 이를 특허 출원했습니다. 전압이 1.5V인 건전지는 1896년 대량생산되면서 널리 보급됐습니다.

사물배터리의 출발점이 된 리튬이온전지

이미 플랑테가 충전식 배터리의 원조 기술을 선보인 바 있지만, 수백 번에 걸쳐 방전과 충전을 할 수 있는 명실상부한 '2차전지'가 등장한 것은 1991년입니다. 이때 모습을 드러낸 배터리가 리튬이온전지입니다.

리튬이온전지는 양극재·음극재·전해액·분리막 등 네 가지 소재로 이뤄집니다. 리튬이온을 만드는 양극재는 배터리 용량과 출력을 결정하고, 음극재는 양극재에서 나오는 리튬이온을 보관하고 방출하면서 전기에너지를 만듭니다. 분리막은 2차전지 내부의 양극과 음극을 분리하는 얇은 막으로, 미세 가공을 통해 리튬이온만 들어오도록 하는 역할을 합니다. 네 가지 소재를 쉽게 정리하면, 양극재는 배터리의 성능을 책임지고 음극재는 전기에너지 생성을 책임지며 전해질은 전기 생성의 매개체가 되고 분리막은 배터리 안전을 책임집니다.

리튬이온전지는 납축전지 등 기존 전지와 비교해 에너지 저장 용량이 크고 수명도 긴 점이 장점입니다. 이처럼 수백 번 충전해서 다시 쓸 수 있는 리튬이온전지를 상용화한 업체는 일본 가전업체 소니입니다. 소니는 1991년 소형 카세트테이프리코더(cassette tape recorder)

'워크맨(Walkman)' 등 소형 가전제품에 이 전지를 사용했죠.

배터리 판도를 뒤바꾼 리튬이온전지는 소니 등 소형 가전제품은 물론 태블릿PC, 노트북컴퓨터, 스마트워치, 무선마우스 등 이른바 모바일·웨어러블(신체에 착용할 수 있는) ICT 기기에 혁신을 불러일으켰습니다. 이미 우리 주변에서는 전동킥보드, 전기자전거, 전기자동차(EV) 등 배터리를 동력원으로 활용하는 사물들을 쉽게 접할 수 있는데, 최근에는 리튬이온전지가 전기자동차에도 탑재되면서 향후 성장 전망을 더욱 밝게 하고 있습니다. 미국에 본사를 둔 글로벌 시장조사 업체 프레시던스 리서치에 따르면 전 세계 리튬전지 시장은 연평균 12% 성장해서 오는 2030년에 2782억 달러(약 372조 원) 규모가 될 전망입니다.

리튬전지 시장이 급성장하면서 이제는 배터리가 모든 사물의 동력원으로 활용되는 '사물배터리' 시대가 본격화되고 있습니다. 인공지능, 5G 등 4차 산업혁명이 우리 일상을 바꾸고 있는 가운데 모든 사물이 시간과 장소에 구애받지 않고 서로 연결되도록 하는 동력원으로서의 배터리의 역할이 더욱 커지고 있는 것입니다. 결국 사물배터리가 미래 에너지 산업을 좌지우지하는 상황을 맞이한 셈이지요.

한 번 사용한 후 버리는 1차전지는 사물배터리가 될 수 없습니다. 배터리를 반복적으로 방전하고 충전해서 원할 때 다시 사용할 수 있는 에너지 장치인 2차전지만이 사물배터리로 활용될 수 있기 때문입니다. 대표적인 2차전지인 리튬이온전지는 전력량을 유지하면서도 크기가 줄어든 소형 리튬이온전지로 탈바꿈하고 있습니다. 전지 형

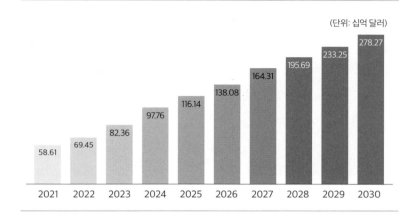

(단위: 십억 달러)

태도 원통형을 비롯해 각형, 파우치(pouch, 내용물을 안에 넣고 밀봉한 주머니 모양)형 등 다양합니다.

원통형 전지는 우리가 흔히 접하는 AA 건전지 형태가 대표적인 예입니다. 이에 비해 각형 전지는 예전에는 착탈식 스마트폰이나 노트북에 주로 사용됐지만 최근에는 전기차용으로 등장하고 있습니다. 각형 전지는 원통형 배터리에 비해 슬림하고 파우치형에 비해 외부충격에 강한 점이 특징입니다. 이 밖에 파우치형 전지는 원통형이나 각형에 비해 배터리를 둘러싼 외관이 얇습니다. 원통형 배터리나 각형 배터리는 금속으로 외관이 둘러싸여 있지만, 파우치형 배터리는 연성이 있는 파우치로 돼 있어 얇고 넓은 배터리를 만들 수 있습니다. 파우치형 전지는 가공도 쉬워 다양한 형태로 만들 수 있고, 크기와 용량도 사용자 수요에 따라 쉽게 바꿀 수 있습니다.

4차 산업혁명 시대 제조혁신의 결정판
스마트팩토리

08

- 공장자동화, '포디즘'으로 기반 다져
- 스마트팩토리, 첨단화와 생산성 높이는 일등공신
- 전 세계 스마트팩토리 2024년 약 328조 2768억 원으로 커져

최근 4차 산업혁명이 급물살을 타면서 등장한 용어 가운데 하나가 스마트팩토리(smart factory)입니다. '똑똑한 공장'이라는 뜻이지요. 그렇다면 기존 공장은 똑똑하지 않다는 얘기인가요? 또한 우리가 흔히 알고 있는 공장자동화(factory automation)와는 어떤 차이가 있을까요?

'포디즘'으로 출발한 공장자동화

공장자동화는 공장에서 컴퓨터를 사용해 작업을 자동화하는 것을 말합니다. 쉽게 설명하면 컴퓨터와 로봇 등이 공장에서 사람의 노동력을 대체하는 것입니다. 로봇 등이 인력의 투입을 대체하여 단순 반복 작업을 맡음으로써 인건비를 절약하고 생산성도 향상시킬 수 있다는 점이 장점입니다.

공장자동화의 출발은 20세기 초로 거슬러 올라갑니다. 1905년 포드자동차를 설립한 미국의 헨리 포드(Henry Ford)는 1908년 'T형 포드'라는 자동차를 처음 선보였는데, 20마력 엔진에 시속 40km를 달릴 수 있는 성능을 갖추고 있었습니다. 시속 310km로 달리는 오늘날의 최신 고급 스포츠카 페라리와 비교하면 초라한 편이지만 T형 포드는 1908년 당시로서는 센세이션을 일으킨 발명품임에 분명했습니다. 그 후 1913년 헨리 포드는 미시간주에 설립한 자동차 공장에서 'T형 포드'를 대량생산할 수 있는 체제를 갖췄습니다. 미시간 공장에 등장한 것은 연속적으로 이동하는 띠 모양의 장치, 즉 컨베이어 벨트(conveyor belt)가 자동차 부품을 싣고 움직이는 가운데 근로자들이 차량을 조립하는 과정인 '어셈블리 라인(assembly line)'이었습니다. 어셈블리 라인을 통해 자동차를 조립해서 차를 대량으로 만들 수 있는 생산 시스템을 갖춘 것입니다.

이처럼 컨베이어 벨트를 도입한 일괄 작업 방식을 흔히 '포디즘(Fordism)'이라고 부릅니다. 쉽게 말해 포디즘은 포드자동차가 일궈 낸 대량생산체제(the system of mass production that was pioneered in the early 20th century by the Ford Motor Company)인 셈입니다. 특히 미시간 공장은 T형 포드자동차 생산공정에 기계화·자동화·표준화 방식을 도입함으로써 생산 작업의 속도를 단축하고 품질도 개선하는

등 업무생산성을 높였습니다.

　포드자동차가 등장하기 전까지 미국 대다수 공장은 소규모 가내수공업 위주였습니다. 그러나 포디즘으로 상징되는 컨베이어시스템의 출현으로 미국은 대량생산·대량소비 시대로 탈바꿈하게 됐습니다.

　포드가 일궈낸 공장자동화는 그 후에도 발전을 거듭해서, 1980년대에 들어서는 컴퓨터와 각종 계측장비를 이용해 공장의 생산공정 전반을 자동화 체계로 바꿨습니다. 이를 통해 자동으로 생산공정을 제어하고 생산설비 오류를 점검함으로써 사람의 개입을 최소화하면서 짧은 시간 내에 품질 좋은 제품을 대량으로 만들어 낼 수 있게 됐죠.

공장자동화는 일반적으로 ① 기계의 부분 자동화를 시작으로, ② 기계의 완전 자동화, ③ 생산라인의 자동화, ④ 모든 공정의 자동화 등 4단계를 거칩니다. 이 4단계에 들어가는 공장자동화 기술은 컴퓨터 기반 디자인(CAD), 컴퓨터 지원제조(CAM), 컴퓨터 통합생산(CIM) 등을 꼽을 수 있습니다.

ICT 기술 총출동한 스마트팩토리

그렇다면 스마트팩토리는 무엇일까요? 스마트팩토리는 첨단 장비를 사용한다는 점에서는 공장자동화와 비슷합니다. 스마트팩토리는 공장에 사물인터넷(IoT)을 비롯해 인공지능(AI), 빅데이터 등 첨단 기술을 활용해서 제품 생산에 필요한 공정을 지원합니다.

그런데 스마트팩토리는 생산공정에만 적용되는 기술이 아닙니다. 앞서 설명한 IoT, AI, 빅데이터 등 정보통신기술(ICT)을 활용해서, 제품 생산을 위한 기획 단계에서부터 설계, 생산, 유통, 판매에 이르기까지 제품의 생산과 판매 전 과정에서 고객의 기호에 따른 맞춤형 제품을 생산하는 첨단 공장을 뜻합니다. 즉 제품 공정에서 생산과 관련된 모든 사물을 서로 연결시켜 필요한 데이터를 교환하고 분석함으로써 생산 효율성을 크게 향상시킨 것입니다. 이러한 이유 때문에 스마트팩토리는 흔히 '초지능·초연결 제어 시스템'이라고 불립니다.

사람에 비유하자면, 공장자동화가 팔과 다리만 갖추었다면 스마트팩토리는 팔과 다리에 두뇌까지 갖춘 셈이지요. 이에 따라 스마트팩토리를 흔히 '4차 산업혁명 시대 제조혁신의 결정판'이라고 부르기도 합니다.

스마트팩토리를 구체적으로 설명하면, 공장 생산라인 곳곳에 IoT 센서가 설치되면 센서가 하루 종일 뿜어내는 수십 테라바이트(TB)급 데이터가 5G(5세대 이동통신)망을 거쳐 실시간으로 수집됩니다. 테라바이트는 컴퓨터에 저장할 수 있는 정보량의 단위로, 1테라바이트는 1기가바이트(GB)의 약 1000배 규모입니다. 1테라바이트는 표준화질(SD)급 영화 500편, 고화질(HD)급 영화 125편, MP3 음악 파일 25만 개를 저장할 수 있는 규모이죠. 수집된 데이터는 AI를 통해 분석된 후 클라우드에 저장됩니다. 또한 스마트팩토리는 사람의 눈에 해당하는 '머신 비전(Machine Vision)'이 설치돼 있어 육안으로 확인하기 힘든 부분을 정확하게 분석하고 점검할 수 있습니다. 스마트팩토리는 이러한 특징에 힘입어 제품의 완성도를 더 높이는 데 일등공신 역할을 하고 있습니다.

중소벤처기업부에 따르면 스마트공장을 도입한 기업은 제품 생산성 30% 상승, 제품 불량률 43.5% 감소, 제품 원가 15.9% 감소, 납기 지연율 15.5% 감소, 산업재해 22% 감소 등의 놀라운 성과를 낸 것으로 나타났습니다.

세계 각국, 스마트팩토리 선점 위해 발 빠른 행보

스마트팩토리는 전 세계적으로 발전이 어느 정도 이뤄졌을까요?

독일, 미국, 일본 등 주요 선진국들은 오래전부터 AI, 빅데이터, 5G를 활용한 스마트팩토리 설립에 속도를 내고 있습니다. 특히 주목할 곳은 독일입니다. 2019년 '2030 인더스트리 4.0'이라는 첨단 제조업 발전방안을 내놓은 바 있는 독일은 4차 산업혁명으로 쏟아진 첨단 기술과 제조업의 접목에 나서고 있습니다. '2030 비전 포 인더스트리(Vision for Industry) 4.0'으로 불리는 스마트팩토리 국가 전략에는 1865년에 설립된 158년 역사(2023년 기준)의 세계 최대 순수종합 화학기업 바스프(BASF)를 비롯해 유럽 최대 소프트웨어기업 SAP, 메르세데스벤츠의 모기업 다임러(Daimler), 그 외 BMW · 보쉬(Bosch) · 인피니언(Infineon Technologies) · 티센크루프(ThyssenKrupp) · 트럼프(TRUMPF) 등 독일의 주요 제조사들이 대거 참여하고 있습니다.

이에 질세라 미국은 조 바이든 행정부 출범 이후 대학–기업–주 정부 간 파트너십 강화, 재정지원을 통한 첨단 분야의 제조혁신 강화

▶ 인더스트리 1.0~4.0 간략한 비교표

분류	내용
인더스트리 1.0	기계화, 수력, 증기발전
인더스트리 2.0	대량생산, 어셈블리 라인, 전기
인더스트리 3.0	컴퓨터와 사무자동화
인더스트리 4.0	스마트팩토리, AI, 클라우드, AR, VR

▶ 스마트팩토리 4단계

분류	기능	특성	주요 관리 대상	주요 도구
기초	모니터링	식별	자재	바코드/RFID (무선주파수식별)
중간 1	제어	분석	작업자, 자재, 설비	센서 등 분석 장비
중간 2	최적화	시뮬레이션	작업자, 자재, 설비, 환경	센서제어기 등
고도화	자율성	고객맞춤형	작업자, 자재, 설비, 환경	AI, VR(가상현실) 등

등을 추진하고 있습니다. 자국 제조업 분야의 혁신을 일궈 내기 위한 조치들이죠. 일본 역시 2017년 '소사이어티 5.0'과 2018년 디지털 전환에 관한 보고서를 통해 스마트팩토리 정책을 강화하는 모습입니다.

스마트팩토리는 일반적으로 기초, 중간 1, 중간 2, 고도화의 4단계로 나뉩니다. 그렇다면 스마트팩토리를 도입한 국내 기업은 어떤 단계에 있을까요?

▶ 국가별 스마트 제조 시장 규모 및 성장률

(단위: 십억 달러, %)

구분	2018	2019	2020 (예상치)	2022 (예상치)	2024 (예상치)	성장률
미국	24.98	27.04	29.32	34.67	41.30	8.83
중국	23.79	26.47	29.51	36.99	46.97	12.16
일본	14.85	16.22	17.77	21.49	26.34	10.18
독일	9.52	10.37	11.33	13.66	16.66	9.94
한국	8.06	8.9	9.86	12.19	15.28	11.41

자료: KDI 경제정보센터

1장. 미래 비즈니스가 보이는 경제 지식

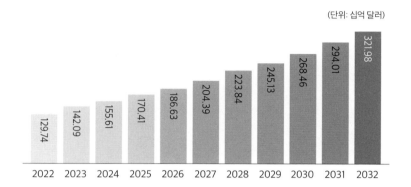

(단위: 십억 달러)

2022	2023	2024	2025	2026	2027	2028	2029	2030	2031	2032
129.74	142.09	155.61	170.41	186.63	204.39	223.84	245.13	268.46	294.01	321.98

자료: 프레시던스 리서치

　국내 최대 기업 삼성전자를 비롯해 현대자동차 등의 대기업들은 각종 첨단 장비와 산업용 로봇, 빅데이터 등을 활용하는 중간 2단계에 있습니다. 이에 비해 중소기업들은 대부분 기초 혹은 중간 1단계에 머물고 있는 것으로 알려져 있습니다. 이에 따라 정부는 국내 기업의 스마트팩토리 전환을 독려하기 위해 2022년 국내에 스마트팩토리 3만 개, 스마트 산업단지 10곳을 만들겠다는 야심 찬 목표를 제시했습니다. 정부는 이를 통해 중소·중견 제조업체의 30%를 첨단 스마트팩토리로 바꾸어 2024년까지 수출 1조 달러 및 제조업 분야 세계 4강 도약이라는 목표를 달성하겠다는 청사진도 내비쳤습니다.

　스마트팩토리의 향후 전망도 매우 밝은 편입니다. 글로벌 시장조사 기관 마케츠앤드마케츠의 보고서에서는 전 세계 스마트팩토리 시장이 2019년 1537억 달러(약 206조 1117억 원)에서 2024년 2448억 달러 (약 328조 2768억 원)로 불과 5년 사이에 1.6배 이상 늘어날 것으로 내다보고 있습니다.

전 세계가 벌이는 주도권 싸움
양자컴퓨터

09

- 더 이상 나눌 수 없는 에너지량의 최소단위 '양자' 최대 관심사
- 양자중첩 활용한 '큐비트' 기술, 시간 많이 걸리는 난제 해결에 도움
- 양자얽힘 기술, 도청 등 해킹 불가능한 '양자암호통신'의 활용
- 전 세계 양자컴퓨터 시장, 2030년에 약 166조 원 규모로 성장 예상

최근 컴퓨터업계에서 가장 관심을 불러 모으는 분야 가운데 하나가 양자컴퓨터입니다. 우리에게 다소 생소한 개념인 양자컴퓨터는 무엇일까요? 우선 '양자'에 대한 개념부터 배우기로 하겠습니다.

양자(量子)는 더 이상 나눌 수 없는 에너지량의 최소단위입니다. 영어로는 퀀텀(quantum)이라고 합니다. 양자와 관련해 자주 등장하는 개념으로는 '복사(radiation)'가 있습니다. 복사는 입자나 파동(wave)의 형태로 에너지를 방출하는 것을 뜻합니다. 따라서 에너지가 입자 혹은 파동의 방식으로 방출돼 퍼지는 것을 복사에너지(radiation energy)라고 합니다. 복사에너지를 통해 처음 발견한 양자를 '에너지양자'라하는데, 복사에너지가 빛의 형태로 이뤄 지면 '광(光)양자'라고 부릅니다. 이와 관련해 1901년에 독일 물리학자 막스 플랑크(Max Karl Ernst Ludwig Planck)는, 빛에너지는 연속적으로 바뀌는 연속체가 아닌 불연속적으로 존재하는 에너지양자로 있다는 이른바 '양자 이론'을 내놨습니다. 또한 플랑크는, 에너지는 연속적으로 흡수되거나 방출되는 것이 아니라

▶ 막스 플랑크

고유 진동수에 비례하는 양자가 전자기파를 통해 물체로 전달되는 복사를 통해 흡수되거나 방출된다는 가설을 내놨습니다. 너무 어려운 내용이니 양자 이론은 이 정도로 정리하고 넘어가겠습니다.

비트 vs. 큐비트

양자(퀀텀)라는 용어는 '얼마나 많이(how much)'라는 의미를 담은 라틴어 '퀀터스(quantus)'에서 유래한 것으로, 이 용어를 처음 사용한 사람은 독일의 물리학자 헤르만 폰 헬름홀츠(Hermann von Helmholtz)라고 알려져 있습니다. 그렇다면 양자컴퓨터는 어떤 의미를 담고 있을까요?

양자컴퓨터는 양자의 원리를 활용한 컴퓨터입니다. 양자컴퓨터는 미국 물리학자 리처드 파인만(Richard Feynman)이 1982년 처음 만들

1장. 미래 비즈니스가 보이는 경제 지식

었습니다. 그러나 파인만이 내놓은 양자컴퓨터는 초기 단계에 그쳤습니다. 양자컴퓨터의 성능은 어느 정도일까요?

　일반 컴퓨터는 0 아니면 1로만 계산합니다. 이때 사용되는 연산 단위는 1비트입니다. 그런데 양자컴퓨터는 정보 단위로 '비트(bit)' 대신 '큐비트(qubit)'를 씁니다. 큐비트는 양자(量子)를 뜻하는 '퀀텀(quantum)'과 컴퓨터의 정보저장 최소단위 '비트(bit)'를 합성한 단어로, 양자컴퓨터에서 정보를 저장하는 최소단위를 말합니다. 1큐비트는 0과 1을 동시에 계산합니다. 즉 0과 1이 분리되지 않습니다. 이에 따라 큐비트는 1개 값만 가진 1비트에 비해 2배 빠르게 정보를 처리할 수 있습니다. 2큐비트는 00, 01, 10, 11 등 4개 상태를 동시에 지녀 2비트보다 4배 빠르고, 3큐비트는 8배, 4큐비트는 16배 신속합니다.

　1997년 미국 매사추세츠공과대학(MIT) 컴퓨터과학부와 물리학과

양자 컴퓨터

겸임교수 아이작 추앙(Isaac Chuang)이 2큐비트 양자컴퓨터를 최초로 개발했습니다. 이것은 파인만이 내놓은 양자컴퓨터에 비해 조금 더 진전된 형태였습니다. 그 후 1999년, 일본 가전업체 NEC는 양자컴퓨터의 고체회로 소자(素子)를 최초로 개발하는 데 성공했습니다. 그렇다면 우리나라는 어떤 수준일까요? 한국에서는 한국과학기술원(KAIST) 연구팀이 2001년 3큐비트 양자컴퓨터 개발에 성공했습니다.

양자컴퓨터는 큐비트 수가 늘어날수록 처리 가능한 정보량도 기하급수적으로 늘어나게 마련입니다. 이러다 보니 2019년에는 슈퍼컴퓨터가 푸는 데 1만 년 걸릴 문제를 세계 최대의 검색엔진 구글이 개발한 양자컴퓨터가 단 3분 만에 해결하는 기염을 토하기도 했습니다. 그래서 양자컴퓨터는 우주 블랙홀, 생명의 근원 연구 등을 비롯해 난치병 치료와 같이 슈퍼컴퓨터로는 시간이 많이 걸릴 수밖에 없는 각종 난제들 해결하는 데 사용될 전망입니다.

양자역학의 핵심 개념 '중첩'과 '얽힘'

앞서 설명한 것처럼 양자역학에 따르면 이 세상에 있는 모든 물질은 입자인 동시에 파동입니다. 결국 모든 물질이 파동이라는 현상에서 나타나는 특성을 띠고 있다는 얘기지요. 이 가운데 대표적인 것이 '중첩(重疊)'입니다. 중첩은 여러 개가 겹치거나 포개어진다는 뜻입니다. 즉 하나의 입자가 여러 가지 상태로 존재하고 있다는 의미입니다. 이러한 개념이 양자역학의 기본 원리인 '양자중첩(quantum

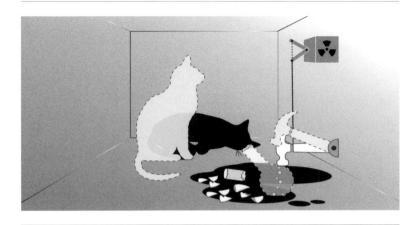

자료: Welt der Physik/Britta von Heintze

superposition)'이죠. 쉽게 설명하면 양자중첩은 여러 가능성이 동시에 존재하는 것입니다. 양자중첩과 관련해 가장 대표적인 사례가 '슈뢰딩거의 고양이(Schrödinger's cat)'입니다.

오스트리아 물리학자 에르빈 슈뢰딩거(Erwin Schrodinger)는 양자역학이 완전하지 않다는 점을 증명하기 위해 '슈뢰딩거의 고양이'라는 실험을 했습니다. 슈뢰딩거는 철로 만든 밀폐된 상자 안에 고양이를 가둔 뒤 방사성물질이 들어 있는 가이거 계수기, 계수기와 연결된 망치, 독가스가 들어 있는 유리병을 넣어 두었습니다. 방사성물질 원소 한 개가 한 시간 내에 붕괴될 확률이 50%이고, 원소가 한 개라도 붕괴하면 망치가 떨어져서 유리병을 깨뜨리고 독가스를 방출시켜 고양이가 죽습니다. 그렇다면 한 시간 후 고양이는 죽어 있을까요, 살아 있을까요?

　정답은 상자 속을 확인하기 전까지는 고양이가 "죽어 있을 수도 있고 살아 있을 수도 있다"입니다. 이러한 상황을 양자역학에서는 "살아 있는 동시에 죽어 있다"라고 합니다. 물론 생사(生死)가 동시에 존재할 수는 없습니다만, 이 실험에서 고양이는 양자역학의 관점에서 삶과 죽음이 중첩된 상태이기 때문에 직접 문을 열어 고양이 상태를 확인해야만 알 수 있다는 결론이 나옵니다. 결국 슈뢰딩거의 고양이 실험에서 양자중첩이 증명된 셈이지요.

　양자역학에서 양자중첩 못지않게 중요한 또 다른 개념이 있습니다. '양자얽힘(quantum entanglement)'입니다. 말 그대로 양자가 마치 실처럼 서로 얽혀 있다는 뜻입니다.

　양자얽힘의 쉬운 예를 하나 들어 보겠습니다. 100원짜리 동전이

▶ 양자얽힘 이미지

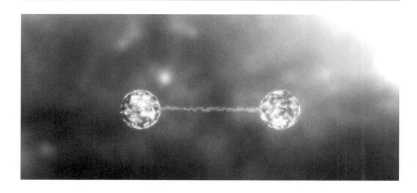

자료: 셔터스톡

　　　　　　　1장. 미래 비즈니스가 보이는 경제 지식

하나 있는데, 동전이 왼손에 있는지 오른손에 있는지를 친구들과 알아맞히는 게임을 한다고 가정해 보겠습니다. 왼손에 펼쳐 동전이 없으면 동전은 오른쪽 손에 있다는 게 결정되지요. 두 손 가운데 한 손만 확인하면 결과를 알 수 있는 것입니다. 결국 양자역학 관점에서는 서로 얽혀 있는 입자들은 거리가 떨어져 있어도 독립적일 수 없다, 즉 100원짜리 동전의 위치처럼 상호관계가 명쾌해서 쉽게 결과를 알 수 있다는 뜻입니다.

그렇다면 앞에서 설명한 양자중첩과 양자얽힘이 양자컴퓨터와 무슨 관계가 있을까요?

앞서 간단히 설명한 것처럼 기존 컴퓨터는 전기가 통하면 1, 통하지 않으면 0으로 표기하는 2진법 구조의 '비트'로 이뤄졌지요. 그런데 슈뢰딩거의 고양이에서처럼 양자컴퓨터는 0과 1이 중첩된 큐비트로 이뤄져 있습니다.

서로 얽혀 있는 입자가 아무리 멀리 떨어져 있어도 서로 연결되는 특성에 따라서 양자얽힘은 한쪽 입자 정보를 확인하면 동시에 다른 입자에 정보가 전송되는 '양자통신'에 활용되고 있죠. 양자통신은 정확한 용어로 표기하면 '양자암호통신'입니다. 더 이상 나눌 수 없는 최소단위인 양자 기술을 활용해서 송신자와 수신자 사이의 통화를 해킹하지 못하도록 한 기술을 뜻합니다. 즉 송신자와 수신자만이 알 수 있는 암호키를 사용하는 기술이죠.

조금 더 자세하게 설명하면, 기존 통신망은 디지털 신호인 '0'과 '1'을 사용해 통화나 데이터를 주고받습니다. 해킹을 막는 보안 기능을

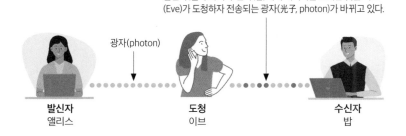

발신자(앨리스)가 수신자(밥)에게 데이터를 보내는 것을 이브
(Eve)가 도청하자 전송되는 광자(光子, photon)가 바뀌고 있다.

광자(photon)

발신자
앨리스

도청
이브

수신자
밥

자료: www.techtarget.com

갖췄다 하더라도 해커의 공세에 완벽하게 대응하기가 힘들죠. 이에
비해 양자암호통신은 정보를 보내는 쪽과 받는 쪽 끝단에 각각 양자
암호키분배기(QKD)를 설치해서 매번 다른 암호키를 이용하는데, 양
자암호키는 송신자와 수신자만 열어 볼 수 있으며 만약 해킹이 시도
되면 암호가 다시 바뀝니다. 그렇기 때문에 해킹이 불가능할 수밖에
없습니다.

한국, 2030년 양자 기술 세계 4대 강국으로 '우뚝'

양자컴퓨터와 양자암호통신이 최근 들어 과학계의 새로운 관심사
로 등장했지만, 앞서 설명한 양자역학은 이미 오래전부터 우리의 일
상 속에 깊숙이 파고들어 있었습니다. 양자역학의 대표적인 예가 반
도체입니다.

일반적으로 물질은 도체(導體)와 부도체(不導體)로 나뉩니다. 도체(conductor)는 전기가 통하는 물질, 부도체(nonconductor)는 전기가 통하지 않는 물질입니다. 이런 물질 특성에다 앞서 배운 양자역학, 특히 양자중첩이 활용되어 반도체(半導體, semiconductor) 기술이 탄생했습니다. 반도체는 전기전도율(전류가 흐르는 비율)이 중간 단계입니다. 즉 낮은 온도에서는 전기가 거의 통하지 않지만 높은 온도에서는 전기가 잘 통합니다.

양자역학이 우리 일상과 떼려야 뗄 수 없는 영역이 되자 전 세계 국가들은 양자컴퓨터 개발에 힘을 쏟고 있습니다. 미국은 양자컴퓨터 분야에서의 주도권을 거머쥐기 위해 2018년 '국가 양자이니셔티브법(National Quantum Initiative Act)'을 만들어서 국방부, 미국항공우주국(NASA), 국방고등연구계획국(DARPA) 등의 정부기관 및 스탠퍼드대학, 매사추세츠공과대학 등의 대학교들이 협력하여 양자컴퓨터를 개발 중입니다. 이에 질세라 영국은 총리 직속 공학 및 자연과학 연구위원회(EPSRC)가 앞장서서 양자 기술 개발 프로그램을 이끌고 있으며, 일본은 문부과학성(일종의 과학기술부)이 양자컴퓨터 개발 계획을 마련하고 있습니다.

우리나라는 한국과학기술원 연구팀이 2001년의 3큐비트 양자컴퓨터 개발이라는 성과를 발판으로 2023년까지 5큐비트 양자컴퓨터를 선보일 계획이며, 또한 삼성전자종합기술원, 삼성SDS, 현대자동차, LG전자 등 국내 대기업도 양자컴퓨터 사업에 뛰어들고 있습니다. 이를 통해 우리나라는 2030년까지 양자 분야 고급 전문인력 1000여

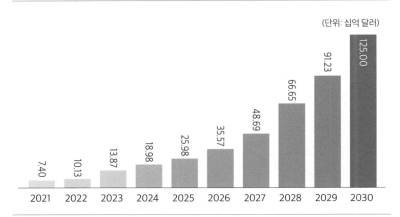

▶ 2021~2030년 전 세계 양자컴퓨터 시장 규모

(단위: 십억 달러)

- 2021: 7.40
- 2022: 10.13
- 2023: 13.87
- 2024: 18.98
- 2025: 25.98
- 2026: 35.57
- 2027: 48.69
- 2028: 66.65
- 2029: 91.23
- 2030: 125.00

자료: 프레시던스 리서치

명을 확보해서 세계 4대 양자 기술 강국으로 부상하겠다는 청사진도 마련했습니다.

양자컴퓨터는 아직 개발 초기 단계에 머물고 있지만 널리 보급되면 빅데이터 시장은 물론 바이오 등 신약(新藥), 우주·항공 등의 사업을 이끌고 심지어 주식투자 같은 금융 분야에도 활용되는 등 '팔방미인' 역할을 톡톡히 할 것으로 예상됩니다. 향후 전망도 밝습니다. 글로벌 시장조사업체 프레시던스 리서치에 따르면, 전 세계 양자컴퓨터 시장은 2022년 101억 달러(약 13조 4128억 원)에서 2030년이 되면 1250억 달러(약 166조 원)로 고속성장할 것으로 보입니다. 한국을 비롯한 전 세계 국가들이 양자컴퓨터 시장에 주력할 수밖에 없는 이유이기도 하죠.

모든 것이 연결되고 융합되는 첨단 정보기술
4차 산업혁명

> - 영국 인클로저 운동, 1차 산업혁명 기폭제 역할
> - 2차 산업혁명, 전기 통한 대량생산 시대 열어
> - 3차 산업혁명, 컴퓨터와 인터넷 통한 정보기술 시대 개막
> - 4차 산업혁명, '초연결'과 '초지능'으로 현실과 가상 융합

최근 각종 업계에서 주목하고 있는 분야 가운데 하나가 이른바 '산업혁명(The Industrial Revolution)'입니다. 산업혁명이라는 용어는 1799년 7월 프랑스 외교관 루이 기욤 오토(Louis-Guillaume Otto)가 처음 사용했으며, 1837년 프랑스 경제학자 제롬 아돌프 블랑키(Jérôme-Adolphe Blanqui)가 다시 언급함으로써 눈길을 끌었습니다. 그 후 독일 경제학자 프리드리히 엥겔스(Friedrich Engels)가 『1844년 영국 노동자 현황(The Condition of the Working Class in England in 1844)』이라는 책에서 거론했으며, 영국 역사학자 아놀드 토인비(Arnold Toynbee)가 1884년 저서 『18세기 영국 산업혁명 강연(Lectures on the Industrial

Revolution of the Eighteenth Century in England)』에서 더욱 자세히 다뤘습니다.

수많은 학자들이 관심을 보인 산업혁명의 뜻은 '인류 경제가 농업혁명의 뒤를 이어 더욱 효율적이고 안정적인 제조과정을 거치는 세계적인 대격변 시기(an period of global transition of human economy towards more efficient and stable manufacturing processes that succeeded the Agricultural Revolution)'입니다. 여기에서 농업혁명(The Agricultural Revolution)을 간단히 공부하고 산업혁명으로 넘어가겠습니다.

1760~1815년, 영국은 이른바 '영국농업혁명(The British Agricultural Revolution)'이라 불리는 대격변을 겪었습니다. 1600년대에 영국은 통제 불능의 번식, 동물 질병의 확산 등을 야기한 기존의 개방형 방목·재배 시스템을 개선하기 위해 농축산업 개선작업을 펼쳤습니다. 이에 따라 더 효율적인 농업생산이 가능해져서 필요한 노동력도 점차 줄어들게 됐습니다. 구체적으로 살펴보면, 농지를 4개로 나눠 '밀→순무→보리→클로버' 순으로 윤작(두 가지 이상 작물을 돌려가면서 짓는 농사기법)해서 휴경기(땅을 농사짓지 않는 기간) 없이 1년 내내 농사를 지을 수 있게 됐습니다.

이처럼 획기적인 농법으로 인해 농산물 수확량이 크게 늘어나면서 이른바 '인클로저(Enclosure) 운동'이 일어나게 되었습니다. 인클로저는 '울타리 치기'라는 뜻이지요. 농산물 걱정이 줄어들자 지주(땅주인)들은 남는 토지에다 울타리를 치고 양을 키우기 시작했습니다. 영국

자료: 서터스톡

은 원래 양털로 만든 직물인 모직물업에 경쟁력을 갖추고 있었는데, 농업혁명 덕분에 여유 있는 땅이 생겨나자 울타리를 치고 양을 기르게 된 것이지요. 이렇게 목축업이 널리 퍼지자 그동안 농경지에서 농사지으며 먹고살던 농민들은 땅에서 밀려나기 시작했습니다.

하루아침에 일터를 잃은 농민들은 직업을 찾아 도시로 대거 이동했습니다. 이른바 '영국판 이촌향도(離村向都)' 현상이 빚어진 것이지요. 이를 보여 주듯 1500년에 영국은 전체 인구의 70%가 농업에 종사했지만 인클로저 운동이 본격화되면서 농업인구 비율이 1700년에는 55%, 1800년에는 35%로 내려갔습니다. 그래서 공상소설 『유토피아(Utopia)』를 쓴 영국의 작가 토머스 모어(Thomas More)는 농부들이 정든 고향을 떠나 대도시를 전전하는 모습을 "양이 사람을 잡아먹었다"라고 표현했죠.

이러한 사회적 아픔이 있었지만 영국은 인클로저 운동에 힘입어 1차 산업혁명에 필요한 노동력을 풍부하게 확보할 수 있게 됐습니다. 결국 앞에서 설명한 농업혁명이 산업혁명을 일으킨 원인이 된 셈이지요.

산업혁명 시대와 주요 특징

농업혁명 얘기를 마치고 다시 산업혁명으로 돌아가겠습니다.

1차 산업혁명은 1760~1840년경에 걸쳐 이뤄졌습니다. 1784년 영국에서 증기기관이 발명됐는데, 증가기관의 발명은 곧 제품의 생산 방식이 수작업(사람 손)에서 기계로 넘어가는 '생산의 기계화'가 이뤄진 시점이죠. 이에 따라 노동생산성은 수작업 시절에 비해 최소 2~3배 급증했습니다.

증기기관의 발명과 철도 건설 등 생산의 기계화는 생산과 소비의 증대로 이어졌습니다. 자연스럽게 세계 인구도 크게 늘어났죠. 그래서 제1차 산업혁명이 시작된 지 불과 100여 년 만에 세계 인구는 20억 명을 넘어서게 됩니다. 세계 인구가 10억 명에 이르기까지 수천 년이 걸렸다는 점을 감안하면 1차 산업혁명은 인류 역사에 커다란 변화를 가져온 분기점이었음이 틀림없습니다.

1차 산업혁명에 이어 1870년 전기와 내연기관이 이끈 기술혁명인 2차 산업혁명 시대가 본격적으로 시작됐습니다. 2차 산업혁명은 전

자료: 셔터스톡

기를 이용한 대량생산의 시대였습니다. 1914년까지 이어진 2차 산업혁명에서는 공장에 전력이 공급되고 컨베이어벨트를 이용함으로써 이른바 '전기 동력을 활용한 대량생산'이 가능해지게 되었죠. 1차 산업혁명이 영국을 중심으로 이뤄졌다면, 2차 산업혁명은 미국과 독일을 중심으로 전기, 자동차, 화학, 철강 등의 분야에서 기술혁신이 이뤄졌습니다.

1969년, 3차 산업혁명 시대가 열렸습니다. 흔히 '디지털혁명(Digital Revolution)'이라고 부르는 3차 산업혁명은 '아날로그'에서 '디지털'로 바뀌는 중대 분수령이 됐습니다. 인터넷과 컴퓨터 등 자동화 시스템의 출현으로 3차 산업혁명은 공장의 생산자동화를 이끌었습니다. 이

자료: 셔터스톡

와 함께 이른바 정보기술(IT, Information Technologies) 시대가 개막해서 컴퓨터 네트워크를 통해 다양한 플랫폼이 등장하는 '지식정보화 사회'가 시작됐습니다.

3차 산업혁명이 아날로그에서 디지털로 전환하는 시점이었다면, 4차 산업혁명은 인공지능(AI), 사물인터넷(IoT), 클라우드 컴퓨팅(Cloud Computing), 빅데이터, 로봇 등 첨단 정보기술이 우리 일상을 크게 바꾸는 기폭제가 됐습니다. 4차 산업혁명의 총아로 불리는 이들 기술에 대한 자세한 설명은 이 책의 별도 항목을 통해 자세히 다루기로 하고, 여기에서는 간단하게 짚어만 보고 넘어가겠습니다.

AI는 학습, 추리능력, 적응력, 논증 등 인간 지능을 갖춘 컴퓨터 시스템을 말합니다.

IoT는 각종 가전장치(사물)에 센서를 부착해서 인터넷으로 서로 정보를 주고받을 수 있게 한 정보기술을 뜻합니다. 이에 따라 사람이 개입하지 않아도 사물이 알아서 판단해 필요한 기능을 선택합니다.

클라우드 컴퓨팅은 인터넷에 있는 서버를 활용한 뒤 사용한 만큼 돈을 내는 방식입니다. 좀 더 쉽게 설명하면, 클라우드 컴퓨팅은 본인 컴퓨터가 아닌 인터넷에 자신의 데이터를 보관(데이터 스토리지)하는 등 컴퓨팅 서비스를 임대하는 것을 뜻합니다.

빅데이터(big data)는 기존의 데이터베이스로는 자료를 저장하거나 분석하기 어려울 만큼 방대한 양의 데이터를 빠르게 분석해서 이를 업무에 활용할 수 있는 기술을 뜻합니다. 빅데이터는 다양성(Variety)을 띤 방대한 규모(Volume)의 데이터를 빠른 속도(Velocity)로 처리할

▶ 빅데이터의 '3V'

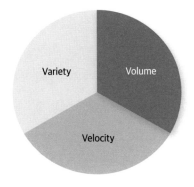

수 있는데, 이는 빅데이터의 3대 속성으로 통하며 흔히 '3V'라고 부르곤 합니다.

4차 산업혁명이라는 말은 2016년 스위스 동부 그라우뷘덴(Graubünden)주의 관광휴양도시 다보스(Davos)에서 열린 세계경제포럼(WEF, World Economic Forum)에서 처음 등장했습니다. 흔히 '다보스 포럼'으로 알려진 WEF는 매년 1~2월 다보스에서 열리는 국제민간회의입니다. 이 회의에는 세계적인 기업인을 비롯해 경제학자, 정치인들이 참여해 주요 경제 현안을 주제로 토론을 합니다.

독일 경제학자로 현재 WEF 회장으로 있는 클라우스 슈밥(Klaus Schwab)은 2106년 WEF에서 4차 산업혁명이라는 용어를 언급했죠. 2016년 WEF에서 슈밥은 4차 산업혁명의 두드러진 두 가지 특징으로 '초연결(hyperconnectivity)'과 '초지능(superintelligence)'을 지목했습니다. 이에 대해 대다수 전문가들은 초연결이 빅데이터를, 초지능이 AI를 뜻한다고 보고 있습니다.

▶ 클라우스 슈밥

그러나 정보혁명 시대에 쏟아지고 있는 첨단 정보기술의 발전 속도를 감안하면 슈밥 회장이 언급한 초연결과 초지능이 비단 빅데이터나 AI에만 국한되지는 않을 것입니다. 스마트폰을 통해 송금, 결제, 대출 등 각종 금융 서비스를 할 수 있는 '핀테크(Fintech)' 기술도 4차 산업혁명의 결과물로 여겨지고

▶ 산업혁명의 시대 구분 및 각각의 특징

분류	1차 산업혁명	2차 산업혁명	3차 산업혁명	4차 산업혁명
시기	1760~1840년	1870~1930년	1969~2000년	2010~현재
기술	증기기관	전기와 내연기관	인터넷, 컴퓨터 등	로봇, 인공지능 등
의미	생산의 기계화	전기 이용한 대량생산정보화와 자동화	현실과 가상의 통합	

있기 때문입니다. 과거에는 상상도 하지 못했던 첨단 기술들이 등장하면서 인류는 4차 산업혁명에 그치지 않고 아직 미지의 영역이지만 5차 산업혁명을 향해 뚜벅뚜벅 걸어가고 있습니다.

가상과 현실의 공존
메타버스·메타노믹스

- 현실과 가상현실 공존하는 세계 일컬어
- 코로나19 창궐에 따른 비대면 확산으로 메타벅스 인기 얻어
- 첨단 기술력 필요한 미래 ICT 분야에서 '핵심 먹거리'로 등장
- 2030년 1694조 원대 거대시장으로 자리매김

최근 정보통신기술(ICT) 영역에서 여전히 뜨거운 감자로 남아 있는 분야가 메타버스(Metaverse)입니다. 메타버스는 가상(假想, 현실이 아님)을 뜻하는 '메타(meta, 초월하는=beyond)'와 현실세계를 뜻하는 '버스(verse, 우주, 즉 universe의 축약)'를 합친 말입니다. 결국 메타버스는 현실과 가상현실이 공존하는(the extension of the universe of physical and virtual reality) 세상을 말합니다.

메타버스를 기술적인 측면에서 설명하면 가상현실(VR)이나 증강현실(AR), 사물인터넷(IoT) 등 ICT가 함께 결합해 낸 결과물이라 할 수 있습니다. 가상현실은 컴퓨터가 만든 가상의 세계에서 사람이 마치

자료: 셔터스톡

실제와 같은 체험을 할 수 있는 컴퓨터 기술입니다. 증강현실은 현실 세계에서 3차원(3D) 가상세계를 경험할 수 있는 기술이지요. 사물인 터넷은 사물(대부분 가전제품)에 센서를 부착해서 정보를 실시간으로 모은 후 사람의 개입이 없이 사물들끼리 인터넷을 통해 정보를 주고 받는 기술을 말합니다.

메타버스의 특징

그렇다면 메타버스와 앞서 설명한 VR, AR은 어떤 차이가 있을까 요? 가상현실과 증강현실이 실제 현실과 거리를 두고 말 그대로 '상상 속의 세상'만을 보여 준다면, 메타버스는 ICT 기술을 통해 가상세계와 현실이 섞여 있는 융합된 형태를 말합니다. 즉 가상현실과 증강현실의 현실이 가상의 공간으로 만들어졌다면 메타버스는 현실세계와 가상공간을 이어 주는 나의 아바타(avatar)가 등장합니다. 아바타는 사람을 대신해서 온라인에서 활동하는 캐릭터입니다. 쉽게 설명하면, 메타버스에서는 현실세계 속의 개개인이 만들어 낸 아바타가 가상세계에서 서로 만나 얘기를 나누고 업무를 보는 세상이 펼쳐집니다. 아바타가 현실세계의 사람을 대신하여 가상세계에서 사람의 지시에 따라 행동하는 것입니다.

이처럼 메타버스는 아바타가 가상의 공간에 들어가서 현실과 가상공간의 경계를 허무는 경험을 할 수 있도록 해 줍니다. 공상과학(SF) 영화에서나 가능할 법한 얘기로 여겨졌던 가상과 현실의 공존이 메타버스의 등장에 따라 실제 사실로 성큼 다가온 것입니다.

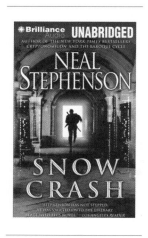

▶ 닐 스티븐슨이 쓴 SF소설
『스노 크래시』

메타버스라는 용어는 1992년 미국의 소설가 닐 스티븐슨(Neal Stephenson)이 쓴 SF 소설 『스노 크래시(Snow Crash)』에서 처음 등장했습니다. 『스노 크래시』에 등장하는 주인공 히로 프로타고니스트(Hiro Protagonist)는 이탈리아계 미국 범죄집단 마피아(Mafia)에 피자를 배달하며 생활해 갑니다. 그러나 히로 프로타고니스트는 근무가 끝나면 특수안경 고글(goggles)과 이어폰을 낀 채 그가 만들어 낸 가상세계 메타버스에 접속한 후 그곳에서 마치 대통령과 같은 존재가 됩니다. 그는 메타버스에서 한때 미국이었던 거대한 영토를 쥐락펴락하는 인물이기 때문입니다. 히로 프로타고니스트의 가상세계에서는 현실 사람들이 아바타로 등장해서 일상적 삶의 모습을 보여 줍니다.

메타버스, 인기 얻는 이유 알고 보니…

AR, VR, 아바타 등이 최근 등장한 기술은 아닌데, 그렇다면 메타버스가 이처럼 각광을 받게 된 이유는 무엇일까요? 가장 큰 이유는 신종 코로나바이러스 감염증(코로나19)에 따른 결과입니다. 2020년 1월 등장한 코로나19가 전 세계 곳곳에서 창궐하면서 직접 대면하지 않고 인터넷으로 접촉하는 이른바 '언택트(untact)', 즉 비대면(非對面) 문화가 확산되면서 특히 스마트폰, 태블릿 등 디지털 기기에 익숙한 이른바 'MZ세대(20~40대 연령층)'가 메타버스 문화를 이끌었습니다. MZ세대는 1980년대 초반~2000년대 초반 출생한 밀레니엄(M)세대와 1990년대 중반~2000년대 초반 출생한 Z세대를 아울러 이르는 말입니다. 이들은 아날로그 기술과 디지털 기술을 모두 경험한 세대이기도 합니다. 첨단 디지털 기기를 능숙하게 다루는 이들 MZ세대는 코로나19에 노출되지 않으면서 또래 집단과 소통하기 위해 메타버스를 적극 활용하고 있습니다.

그렇다면 MZ세대가 메타버스에 환호하는 또 다른 이유는 무엇일까요? 메타버스 세계에 들어가면 평소 좋아하는 걸그룹 가수 아바타와 함께 춤을 추는 세상이 열립니다. 실제로 코로나19로 팬 미팅과 해외투어가 취소된 보이그룹 '방탄소년단(BTS)'은 세계 최대 온라인 게임 플랫폼 '포트나이트(Fortnite)'를 통해 〈다이너마이트〉 뮤직비디오를 먼저 공개하기도 했는데, 포트나이트에 있는 '파티 로얄 모드'에 접속하면 아바타가 등장해서 BTS 뮤직비디오에 맞춰 춤을 추었습니다.

이뿐만이 아닙니다. SKT, KT, LG유플러스 등 국내 이동통신업체들이 국내 여러 대학과 손잡고 이른바 메타버스 입학식을 열어 화제가 됐습니다. 이에 따라 대학 신입생들은 각자 집에서 메타버스 플랫폼을 이용해 메타버스 입학식에 참석할 수 있었습니다. 메타버스 대운동장에 모인 신입생들은 동기들이나 담당 교수의 아바타와 인사를 나눴고, 총장 아바타가 등장해서 함께 입학선서를 하고 대학 소개 영상을 시청하기도 했습니다.

메타버스 등장에 기업 풍속도도 달라져

메타버스의 등장에 따라 이른바 '메타노믹스(Metanomics)'도 큰 관심을 모으고 있습니다. 메타노믹스는 가상을 뜻하는 '메타버스(metaverse)'와 경제학을 뜻하는 '이코노믹스(economics)'의 합성어입니다. 즉 메타버스에서 이뤄지는 생산과 소비, 투자 등 각종 경제활동을 의미하는 것으로, 메타노믹스의 대표적인 예가 기업문화입니다. 메타버스가 기업문화를 바꾸고 있기 때문이죠. 전 세계 곳곳에서 근무하는 직원 아바타가 가상 회의실에 등장해서 실시간으로 사업전략과 대응책 등을 논의하는 회의도 열 수 있기 때문입니다.

메타버스라는 독특한 기술과 이에 따른 새로운 시장의 등장에 주목해서 기업들도 발 빠른 행보를 보이고 있습니다. VR, AR, IoT에 이미 활용 중인 5세대 이동통신(5G) 기술들을 접목한다면 메타버스는 미래 ICT 분야의 '핵심 먹거리'가 될 수 있기 때문이지요. 즉 메타버스는 게임뿐만 아니라 음악 등 연예산업, 기업문화 다양화 등으로 새로 개척해 갈 수 있는 시장이 무궁무진하다는 뜻입니다.

메타버스 인기에 힘입어 미국에서는 게임업체 로블록스(Roblox)가

▶ 로블록스

자료: 로블록스

주목을 받고 있습니다. 데이비드 바수츠키(David Baszucki)가 2014년 설립한 로블록스는 메타버스에 아동용 게임 레고(Lego)처럼 생긴 아바타를 등장시킵니다. 이들 아바타는 메타버스에서 집을 짓고 물건을 사고팔며 때로는 전쟁도 벌입니다. 물건을 거래할 때에는 가상화폐 '로벅스(Robux)'를 씁니다. 코로나19로 등교가 중단되자 미국 초등학생들을 중심으로 16세 미만 청소년의 55%가 이 게임에 가입했을 정도로 로블록스는 선풍적인 인기를 얻었습니다. 하루 평균 접속자가 한때 4000만 명에 육박할 정도로 10대들 사이에서 폭발적 인기를 얻은 로블록스는 2021년 3월 10일에 뉴욕증권거래소(NYSE)에 상장되었는데, 시가총액이 43조 원에 달하는 기염을 토했습니다.

메타버스, 성장 전망 '맑음'

전문기관이 보는 메타버스 시장 전망도 매우 밝습니다. 게임산업에만 국한되지 않고 교육, 통신 등 경제와 산업, 사회의 모든 영역으로 확대되어 가고 있기 때문입니다. 글로벌 시장조사업체 스트래티지 애널리틱스(Strategy Analytics)는 전 세계 메타버스 시장 규모가 2025년이면 2800억 달러(약 316조 원)에 이를 것이라고 전망했는데, 메타버스 시장의 출현으로 기존 VR, AR 시장도 더욱 커질 것으로 보입니다. 세계적인 컨설팅업체 프라이스워터하우스쿠퍼스(PwC) 자료에 따르면 전 세계 메타버스 시장은 2021년 1485억 달러(약 197조 원)에서 2030년이면 1조 5000억 달러(약 1694조 원)로 성장할 전망입니다. 또 다른 시장조사기관 가트너(Gartner)는 2026년에 전 세계 인구의 25%가 회사 업무, 쇼핑, 교육, 엔터테인먼트를 즐기기 위해 하루에 최소 1시간을 메타버스에서 보내게 될 것이라고 점치고 있습니다.

▶ **2021~2030년 전 세계 메타버스 시장 규모 1**

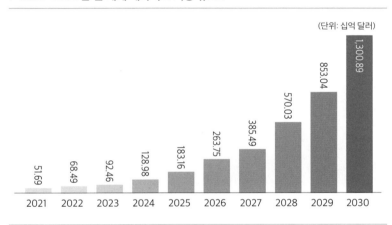

(단위: 십억 달러)

프레시던스리서치닷컴

▶ **2021~2030년 전 세계 메타버스 시장 규모 2**

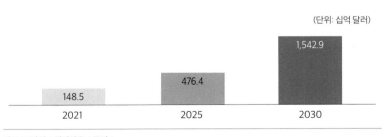

(단위: 십억 달러)

자료: 프라이스워터하우스쿠퍼스

이와 같은 성장 잠재력에 정부도 메타버스 육성에 적극 나서고 있습니다. 과학기술정보통신부가 '신산업 전략지원 태스크포스팀(TF)'을 발족하면서 5대 핵심과제 중의 하나로 메타버스를 선정한 것입니다. 정부의 이러한 움직임에 통신업체인 SK텔레콤을 비롯해서 게임업체 엔씨소프트, 인터넷기업 네이버 등도 메타버스 기술 첨단화에 주력하는 모습입니다.

언제 어디서나, 어떤 기기에서나
마음대로 사용하는
클라우드 컴퓨팅

- 인터넷 '가상 하드디스크'에 자료 올리는 방식
- 클라우드 접속해 언제 어디서나 일하는 '스마트워크' 가속화
- 2025년 1718조 원대 시장으로 고속 성장
- 클라우드 시장 놓고 AWS, MS, 구글 클라우드 치열한 각축전
- 생성형 AI 사업에 3개 업체 주력… '미래 먹거리'로 우뚝

정보통신(IT) 부문에서 최근 그 중요성이 갈수록 커지고 있는 분야가 있습니다. 바로 클라우드 컴퓨팅(Cloud Computing)입니다. '클라우드(cloud)'는 하늘에 떠다니는 '구름'이라는 뜻인데, 여기에 '컴퓨터 사용'을 뜻하는 컴퓨팅이 추가되면 무슨 의미일까요?

일반적으로 클라우드는 '온라인 저장 서비스'를 뜻합니다. 좀 더 내용을 살펴보면, 우리는 일상생활에서 컴퓨터 파일을 저장할 때면 대부분 작업한 데스크톱이나 노트북의 내부에 있는 저장공간을 이용합니다. 그런데 클라우드는 컴퓨터 내부 공간을 사용하지 않고 인터넷을 통해 가상공간에다, 엄밀하게 말하면 가상공간이 있는 중앙 컴퓨터에다 보관(the collection of data and services available through the Internet, storing data in the cloud)합니다. 인터넷에 있는 '가상의 하드 디스크'에다 자료를 올려 두는 것이지요. 한마디로 말하면 클라우드는 컴퓨터 파일 등 각종 데이터를 인터넷에 있는 서버(Server)에 저장해 두었다가 이 정보를 스마트폰, 노트북 등 각종 기기를 활용해서 언제 어디에서나 이용할 수 있게 한 기능을 말합니다. 쉽게 말해 서버가 정보를 저장하고 있다가 사용자가 필요로 하면 그것을 제공해 주는 컴퓨터 시스템입니다. 그리고 수십 혹은 수백 개의 서버가 모여 있는 곳을 흔히 '인터넷 데이터 센터(IDC)'라고 부릅니다.

클라우드, 기존 파일 방식과 어떻게 다르나

그렇다면 클라우드, 즉 '구름'이라는 용어는 어떻게 등장했을까요?

데스크톱이나 노트북 등 일반 개인기기 저장공간을 통해 보관한 각종 자료는 그 기기에서만 접할 수 있습니다. 이에 비해 클라우드는 사용자가 정보를 언제 어디서나 불러올 수 있습니다. 결국 클라우드는 작업한 컴퓨터에서만 자료를 불러올 수 있는 것이 아니라 마치 하늘 위에 떠다니는 구름을 언제 어디서나 볼 수 있듯이 필요한 자료를 수시로 불러올 수 있다는 점이 최대 장점입니다. 대표적인 예가 구글 드라이브(Google Drive)입니다.

2012년 4월 첫선을 보인 구글 드라이브는 세계 최대 검색엔진 구글이 운영하는 클라우드 서비스입니다. 각종 문서 파일을 비롯해 동영상 등을 보관하고 있다가 필요할 때면 언제든 볼 수 있게 한 일종의 자료 저장 서비스죠. 구체적인 예를 들어 보겠습니다. 직장인 홍길동(가명)은 회사 마케팅 전략 회의에 필요한 자료를 집에서 작성했는데, 홍 씨는 작업한 자료를 집에 있는 데스크톱 컴퓨터에 보관하지 않고 클라우드에 저장했습니다. 이럴 경우 홍 씨는 회사에 출근한 뒤 컴퓨터를 켜고 클라우드에 접속해서 마케팅 발표 자료를 열어 볼 수 있습니다. 물론 휴대용 저장장치(USB)에 발표 자료를 담을 수도 있겠지만 자칫 USB를 분실하게 될 위험이 있습니다. 이 때문에 클라우드가 편리합니다.

또한 클라우드는 스마트폰을 통해 이용할 수도 있습니다. 이는 USB로는 할 수 없는 장점이기도 하지요. 그리고 클라우드는 USB에 비해 저장공간이 훨씬 큽니다. 이에 따라 문서는 물론 각종 사진과

▶ 클라우드 컴퓨팅 전체 구조

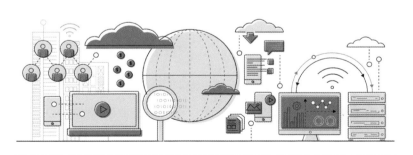

자료: 셔터스톡

도표, 심지어 대용량의 동영상까지 담을 수 있죠. 이처럼 클라우드는 인터넷에 접속할 수 있는 장소에서라면 언제 어디서나 거대 저장자료를 불러와 사용할 수 있습니다.

클라우드가 등장하기 이전에는 각종 파일 등의 문서를 작업한 컴퓨터에만 저장하거나 USB 등 소형 저장장치를 활용할 수 있을 뿐이었습니다. 디지털 환경이 '땅(earth)'에만 머물러 있었던 셈이지요. 그러나 이제는 하늘에 떠 있는 높은 구름과도 같은 중앙 컴퓨터 서버를 활용해서 문서 저장과 활용 같은 각종 서비스를 언제든지 이용할 수 있는 시대가 활짝 열렸습니다.

클라우드 사용으로 누릴 수 있는 특권

클라우드는 사용자에게 여러 가지 혜택을 줍니다.

앞서 설명한 것처럼 클라우드는 마치 하늘에 떠 있는 구름을 항상 볼 수 있듯이 사용자가 언제 어디에서나 인터넷에 접속해서 파일을 열어 사용할 수 있다는 점을 꼽을 수 있습니다.

또한 비용적인 측면에서도 적극 추천할 만합니다. 클라우드를 사용하는 데는 돈이 많이 들지 않기 때문이죠. 예를 들어 기업이 방대한 회사 관련 파일과 동영상 등의 자료를 보관하려면 거액을 투자해서 수십 개 혹은 수백 개의 서버가 딸린 인터넷데이터센터(IDC)를 구축해야 하는데, 문제는 IDC 설립에 따른 비용이 너무 많이 들어간다는 점입니다. 이에 비해 클라우드를 사용하면 파일을 사용한 만큼 돈을 내기 때문에 비용을 줄이고 IDC 마련에 따른 부담도 줄일 수 있습니다.

그리고 '안정성' 문제도 해결할 수 있습니다. 기업이 거액을 들여 IDC를 설립했다가 만약 서버가 다운된다면 업무상 큰 피해를 보게 됩니다. 이에 비해 클라우드 서비스를 사용하면 서버 중단 등으로 업무에 차질을 빚는 일이 없습니다.

물론 클라우드 서비스가 오류 없이 100% 완벽하다고 할 수는 없습니다. 그러나 전 세계의 수많은 개인과 기업을 대상으로 하는 클라우드의 특성을 감안하면 성능에 대한 신뢰도는 매우 높을 수밖에 없습니다.

클라우드 컴퓨팅 종류

클라우드 컴퓨팅 분야는 크게 IaaS, PaaS, SaaS 등 세 가지로 나뉩니다.

IaaS(Infrastructure as a Service)는 인터넷을 통해 최종 사용자에게 IT 인프라를 제공하는 형태의 클라우드 컴퓨팅입니다. 흔히 '클라우드 인프라 서비스'로 불리는 IaaS는 고객이 컴퓨터와 네트워크 자원을 원하는 만큼만 빌려서 사용하는 서비스입니다. 더 쉽게 설명하면, IaaS는 스토리지(데이터 저장), 웹 호스팅(웹 서버를 빌리는 일), 네트워킹 등 각종 IT 인프라를 빌려 이용하고 사용한 만큼 돈을 내는 방식입니다.

PaaS(Platform as a Service)는 기업이 애플리케이션을 설계하고 개발한 뒤에 배포에 필요한 하드웨어와 소프트웨어 등의 각종 플랫폼은 별도로 구축하지 않고 그것을 인터넷으로 제공받는 서비스입니다.

SaaS(Software as a Service)는 소프트웨어 여러 기능 가운데 사용자가 필요로 하는 서비스만 이용할 수 있도록 하는 맞춤형 소프트웨어를 뜻합니다. 이에 따라 사용자는 이용한 만큼만 돈을 냄으로써 비용을 줄일 수 있다는 점이 특징입니다. SaaS는 새로운 소프트웨어 기능을 확보하는 데 드는 비용을 대폭 줄임으로써 인프라 투자와 관리비 등에 대한 기업의 부담을 없애 준다는 점이 장점입니다.

그렇다면 앞서 설명한 IaaS, PaaS, SaaS 등과 기존 소프트웨어 비즈니스 모델의 가장 큰 차이점은 무엇일까요? 기존 기업용 소프트웨어는 각종 파일과 서류를 컴퓨터 내부 서버 같은 기업 소유의 장비에 저장해서 이용하지만 서버를 빌리는 IaaS, 플랫폼을 빌리는 PaaS, 소프트웨어를 빌리는 SaaS 등은 서비스나 소프트웨어를 기업이 소유하지 않고 빌린다는 점이 가장 큰 차이점입니다.

클라우드 컴퓨팅 시장 규모 등 향후 전망

컴퓨터과학자 겸 미국 매사추세츠공과대학 교수인 존 매카시(John McCarthy)는 1961년 "전화 시스템이 주민 모두가 쉽게 이용할 수 있는 공공시설인 것처럼 컴퓨팅 환경도 언젠가는 공공시설이 될 수 있다(Computing may someday be organized as a public utility just as the telephone system is a public utility)"라고 주장했습니다. 그래서 IT업계에서는 매카시 교수를 클라우드 컴퓨팅의 아버지라고 부릅니다. 이후 1995년 미국 소프트웨어 및 전자업체 제너럴 매직(General Magic)은 PDA(휴대용 정보단말기) 등 모바일 기기 운영체제(OS) '매직 캡(Magic Cap)'으로 클라우드 컴퓨팅 방식을 최초로 시작했습니다. 그후 2006년 구글이 클라우드 컴퓨팅 시장에 본격적으로 뛰어들어 아마존 등 내로라하는 글로벌 기업들과 치열한 경쟁을 펼치고 있습니다.

클라우드 컴퓨팅에 대한 관심이 커지면서 향후 시장의 성장 전망도 밝습니다. 시장조사업체 인터내셔널 데이터 코퍼레이션(IDC, International Data Corporation)에 따르면 클라우드 시장은 2025년에 1조 3000억 달러(약 1718조 원) 규모에 이를 것으로 전망됩니다. 그리고 클라우드 컴퓨팅 시장의 성장 잠재력이 커지면서 앞서 언급한 구글, 세계 최대 전자상거래업체 아마존 등은 클라우드 시장을 주목하며 막대한 영향력을 발휘하고 있습니다. 한 예로 세계 최대 온라인 스트리밍업체인 넷플릭스는 아마존의 클라우드 서비스를 활용해서 전 세계에 동영상을 공급하고 있습니다.

클라우드 컴퓨팅은 사무혁신도 가져오고 있습니다. 언제 어디에서나 노트북 등을 이용해 클라우드에 접속하기만 하면 회사의 업무환경을 그대로 가져올 수 있는 '스마트 워크(Smart Work)'가 현실로 다가왔기 때문입니다.

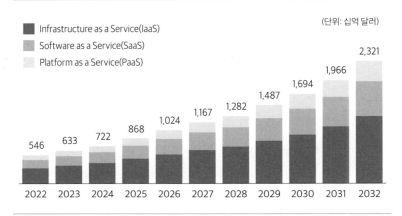

▶ 2022~2032년 전 세계 클라우드 컴퓨팅 시장 전망

■ Infrastructure as a Service(IaaS)
■ Software as a Service(SaaS)
▨ Platform as a Service(PaaS)

(단위: 십억 달러)

546 633 722 868 1,024 1,167 1,282 1,487 1,694 1,966 2,321

2022 2023 2024 2025 2026 2027 2028 2029 2030 2031 2032

자료: market.us.com

'1720조 원 쩐의 전쟁' 놓고 3파전

앞서 말한 것처럼 클라우드 시장, 엄밀하게 말하면 클라우드 컴퓨팅 시장은 향후 성장 전망이 매우 밝습니다. 시장조사업체 인터내셔널 데이터 코퍼레이션의 분석에 따르면 클라우드 컴퓨팅 시장의 규모는 2025년에 1조 3000억 달러(약 1718조 원)에 이를 것으로 보입니다. 그리고 전 세계 클라우드 컴퓨팅 업체들이 클라우드 인프라 구축에 쓴 돈만 해도 2023년 1분기(1~3월)에만 89조 원에 이르는 것으로 나타났습니다. 시장조사업체 카날리스(Canalys)에 따르면, 2023년 1분기 세계 클라우드 컴퓨팅 인프라 서비스 지출은 2022년 1분기와 비교해 18.7% 증가한 664억 달러(약 88조 8764억 원)로 집계됐습니다. 이

는 아마존, 마이크로소프트, 구글 등 세계적인 IT업체들이 클라우드 사업의 유망성을 긍정하며 아낌없이 지갑을 열고 있기 때문입니다.

2023년 1분기에 이뤄진 전 세계 클라우드 인프라 투자액 가운데서는 아마존의 자회사인 아마존웹서비스(AWS, Amazon Web Service)가 3분의 1인 32%의 비중을 차지했고, 그 뒤를 이어 마이크로소프트 클라우드 컴퓨팅 사업 부문의 애저(Azure, 23%)와 구글 클라우드(9%)가 각각 2·3위에 올랐습니다. 전체 클라우드 인프라에 대한 투자액 가운데 이들 3대 클라우드 서비스 업체가 차지하는 비율은 절반이 넘는 64%에 달하고 있는 것이지요. 그렇다면 이들 빅3 업체의 클라우드 컴퓨팅 시장 공략 전략은 무엇일까요?

클라우드 컴퓨팅 맹주 AWS⋯
MS, 구글 맹추격 따돌리기에 올인

클라우드 컴퓨팅 주요 3개 기업 가운데 선두를 달리고 있는 AWS는 2002년 7월에 출범해서 그 뒤인 2006년 3월부터 클라우드 컴퓨팅 사업에 뛰어들었습니다. 이 업체는 경영 측면에서도 선전을 거듭해서 매출액은 2022년 800억 달러(약 107조 5200억 원)에 이르고 영업이익도 228억 달러(30조 6432억 원)에 달합니다. 전 세계 클라우드 부문에서 시장점유율(M/S) 1위를 차지하고 있지요. 글로벌 시장조사기관 스타티스타(Statista)에 따르면 세계 시장에서 클라우드 부문 1위는 AWS(M/S, 32%)로 2위 MS 애저(23%)나 3위 구글 클라우드(10%)에 비해 크게 앞서 있습니다. 또한 AWS는 2023년 5월 현재 전 세계 31곳에 사업본부를 두고 있습니다. 미국과 캐나다 등 북미에 7곳, 남미 1곳, 유럽 8곳, 중동 2곳, 아프리카 1곳, 아태지역 12곳에 해외 영업기지를 두고 있지요.

이에 질세라 MS도 클라우드 사업 공략에 발 빠른 행보를 보이고 있습니다. MS 애저는 2008년 10월에 처음 모습을 드러냈습니다. 첫선을 보인 것은 2008년 10월 27일 프로페셔널 개발자 회의(PDC, Professional Developers Conference)를 통해서였는데, 이때는 '프로젝트 레드 독(Project Red Dog)'이라는 코드네임(암호명)으로였습니다. 그 후 2010년 2월 '윈도 애저(Windows Azure)'로 이름을 바꾸었다가, 2014년 3월 25일 'MS 애저(Microsoft Azure)'로 다시 바꾸었습니다.

후발주자이지만 MS 애저의 성장 속도는 놀라울 정도입니다. MS 애저가 2022년 한 해에 거둬들인 매출액은 753억 달러(약 100조 9396억 원)로, 선두 AWS를 바짝 추격하고 있습니다. 이뿐만이 아닙니다. 미국 경제 격주간지(2주마다 발행) 《포춘(Fortune)》이 해마다 매출 기준으로 선정해서 발표하는 '500대 기업' 중의 85%가 MS 애저를 사용하고 있다는 점도 놀랍습니다. 이는 MS 애저에 대한 주요 기업들의 신뢰도가 높다는 얘기입니다. 또한 MS 애저의 전 세계 고객 가운데 절반에 가까운 40%가 미국인이고 또 7%가 영국인이라는 점도 AWS를 안심할 수 없게 만드는 대목입니다. MS 애저가 영어를 사용하는 주요 국가에서 맹위를 떨치고 있기 때문입니다.

3위 업체 구글 클라우드의 추격도 눈여겨봐야 합니다. 2022년 구글 클라우드 매출액은 263억 달러(약 35조 2551억 원)로 AWS 매출액의 3분의 1 수준입니다. 또한 2022년에 29억 7000만 달러(약 3조 9812억 원) 규모의 영업손실을 기록하는 등 아직까지는 괄목할 만한 경영 성적표를 보여 주지 못하고 있습니다. 그러나 구글 클라우드의 반격은 매섭습니다. 구글 클라우드의 2023년 1분기 매출액은 74억 달러(약 9조 9197억 원)로 2022년 1분기 매출액 대비 28% 늘어났습니다.

매출 규모는 비록 AWS, MS 애저 등에 비해 미미하지만 구글 클라우드가 2023년 1분기에 1억 9000만 달러(약 2546억 9500만 원)의 영업이익을 기록하면서 최초로 흑자로 돌아섰다는 점은 주목할 만한 대목입니다. 이에 힘입어 구글 클라우드는 가상현실, 자율주행차, 웨어러블(Wearables, 사람 몸에 착용하는 기기) 등의 시장 공략에 속도를 내고 있습니다. 이는 향후 예상되는 전 세계 가상현실 시장의 규모가 2023년 311억 달러(41조 6895억 원), 자율주행차 시장이 2030년 2조 3000억 달러(3083조 1500억 원), 웨어러블 시장이 2025년 308억 달러(약 41조 2874억 원) 등으로 커져서 든든한 먹거리가 되어 줄 것이기 때문입니다.

이들 빅3의 클라우드 컴퓨팅 전쟁은 현재진행형입니다. 이들 업체는 새로운 먹거리로 등장한 클라우드 컴퓨팅 시장을 공략하기 위해 지금껏 우리가 경험하지 못했던 첨단 기술과 다양한 소비자 맞춤형 기술 및 마케팅으로 고객 잡기에 나서고 있습니다.

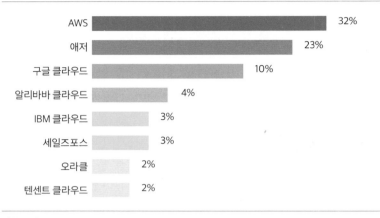

▶ 2023년 1분기 기준 전 세계 주요 클라우드 업체 시장점유율 현황

AWS	32%
애저	23%
구글 클라우드	10%
알리바바 클라우드	4%
IBM 클라우드	3%
세일즈포스	3%
오라클	2%
텐센트 클라우드	2%

자료: market.us.com

클라우드 빅3, 생성형 AI 서비스에 가속 페달

AWS, MS 애저, 구글 클라우드 등 빅3가 최근 새롭게 주력하고 있는 분야가 있습니다. 이른바 '생성형 인공지능(Generative AI)' 서비스입니다. 생성형 AI는 이미지, 오디오, 텍스트 등 이미 존재하는 콘텐츠를 통해 새로운 콘텐츠를 만들어 내는 AI 기술입니다. 생성형 AI의 대표적인 예는 앞에서 이미 다루었던 챗GPT, 달리 등입니다. 그렇다면 생성형 AI는 기존 AI와 어떤 차이점이 있을까요?

기존 AI는 입력된 데이터를 통해 정보를 제공하는 수준에 머물러 있었습니다. 이에 비해 생성형 AI는 정보를 주는 수준에 그치지 않고 기존 데이터를 토대로 AI가 비교학습 과정을 거쳐 새로운 창작물을 만들어 냅니다. 구체적인 예를 들면, 생성형 AI는 입력된 특정 음악을 토대로 새롭게 음악을 작곡할 수 있습니다. 또한 유명 화가의 작품을 토대로 그림을 새롭게 만들거나 존재하지 않는 인간의 얼굴을 제작할 수 있습니다. 이는 기존 데이터를 토대로 새로운 콘텐츠를 만들어 낼 수 있는 능력에 힘입은 것으로, 이 때문에 주요 IT업체들은 생성형 AI 사업에 발 빠른 행보를 보였던 것이지요. 물론 생성형 AI에 문제점이 없는 것은 아니었습니다. 존재하지 않는 사람의 얼굴을 그리거나 유명 여성 연예인의 모습을 조작한 음란물을 만들기도 했고, 심지어 가짜 뉴스를 조작해 내기도 했기 때문이죠.

이렇게 부정적인 측면이 있기도 했지만 지금껏 세상에 없는 새로운 형태의 디지털 콘텐츠를 스스로 만드는 첨단 기술혁신은 간과할 수 없는 것이었습니다. 그래서 전 세계를 대상으로 사업을 펼치고 있는 아마존, MS, 구글 등도 생성형 AI 사업 강화에 주력하는 모습입니

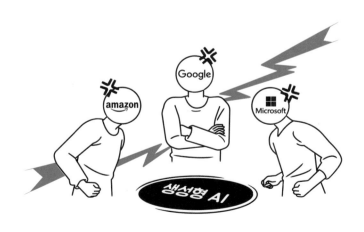

다. 아마존은 상품 검색에 생성형 AI 기술을 도입할 예정입니다. 그들은 아마존 검색을 대화형으로 구상해서 개인에게 특화된 답을 주는 대화형 검색을 시작하겠다는 청사진을 마련했습니다. 쉽게 설명하면, AWS는 소비자들이 쇼핑을 할 때 챗봇을 사용할 수 있도록 하겠다는 얘기입니다. 구글과 MS도 생성형 AI 사업에 속도를 내고 있습니다. 구글은 생성형 AI '바드(Bard)'를 통해 대화형 검색 사업을 시작했습니다. 특히 기존 AI의 답변이 대부분 글자 등 텍스트에 머물고 있지만, 구글은 텍스트는 물론 주요 정보와 링크를 함께 담은 스냅샷을 제공합니다. 이에 따라 사용자 질문에 대한 대답을 그림으로 한눈에 확인할 수 있죠. MS도 직원 경험 플랫폼 '마이크로소프트 비바(Microsoft Viva)'에 AI 비서 '코파일럿(Copilot)'을 탑재해서 직원들에게 각종 피드백을 제공함으로써 업무생산성을 높이는 방안을 모색하고 있습니다.

AI, 특히 생성형 AI의 출현은 특히 유통업계에는 커다란 혁신이 될 것입니다. 고객이 원하는 상품 사양 등을 꼼꼼하게 확인하고 이를 반영할 수 있어 제품 구매 성공률을 높일 수 있기 때문입니다. 결국 소비자의 속마음을 속속들이 파악하는 '똑똑한' 도우미가 등장한 셈입니다.

음성인식

단순한 기계와의 대화에서 사람의 말벗으로

- 1952년 미 AT&T 산하 벨 연구소가 개발한 '오드리'가 음성인식 '조상' 격
- 인구 고령화, 1인가구 급증으로 외로움 달래 줄 '인공 말벗' 노릇 톡톡

얼마 전 TV 광고에 흥미로운 장면이 있었습니다. 독거노인으로 추정되는 한 할아버지가 인공지능(AI) 스피커에 "지니야, 오늘 날씨 알려줘"라고 말을 거는 것이었습니다. 지니는 이동통신업체 KT가 운영하는 '기가지니'를 뜻합니다. 기가지니는 곧 음성비서 서비스를 말합니다. 이 TV 광고는 지니가 독거노인의 '말벗'이 되어 노인들의 외로움을 달래 주고 때로는 119 서비스 이용까지도 도와주는 든든한 'AI 도우미'로 자리매김하고 있음을 보여 줍니다.

기가지니는 이른바 음성인식(speech recognition) 기술을 보여 주는 대표적인 예입니다. 사람의 음성으로 컴퓨터나 기계를 제어(컨트롤)할 수 있는 시대가 활짝 열린 셈입니다. 그렇다면 기계는 어떻게 사람 음성을 이해하고 필요한 조치를 내릴까요?

70여 년 전부터 시작된 '음성인식 시대'의 꿈

음성인식은 컴퓨터나 다른 정보통신(IT)기기에 부착된 마이크 등의 소리 센서에 사람의 목소리가 입력되면 컴퓨터나 IT기기가 그것을 단어나 문장으로 바꾸는 기술을 뜻합니다. 음성인식은 전화기가 발명되면서 본격적으로 개발의 단초가 마련됐습니다.

이탈리아의 과학자 안토니오 산티 주세페 메우치(Antonio Santi Giuseppe Meucci)는 1871년에 처음으로 자석식 전화기를 만들었습니다. 메우치가 발명한 전화기는 사람이 전화기에 말을 하면(음성을 보내면) 진동판이 흔들리면서 음성 전류가 만들어지고, 음성 전류는 전화선을 타고 상대방 전화에 도달해서 다시 진동판을 거쳐 소리로 재생됩니다. 결국 음성이라는 공기를 통해 만들어진 진동이 전기의 진

동으로 바뀐 셈이지요.

그런데 메우치는 전화기를 발명한 후 특허신청을 하지 않았습니다. 그래서 영국 태생의 미국 과학자 알렉산더 그레이엄 벨(Alexander Graham Bell)이 1876년 전화기 발명특허를 신청함으로써 원천기술을 지닌 메우치를 제치고 세계 최초의 전화기 발명가로 알려지게 되었습니다.

과학자들은 연구를 거듭해서 음성을 전류로 바꾸지 않고 디지털 코드로 바꾸는 기술을 터득하게 됩니다. 중요한 점은 디지털 코드를 컴퓨터라는 기계가 알아듣게 된 것이죠. 이것이 바로 음성인식의 출발점입니다.

음성인식 기술의 조상 격은 1952년 미국 대형 통신기업 AT&T 산하 벨연구소가 개발한 '오드리(Audrey)'를 꼽을 수 있습니다. 스티븐 발라섹(Stephen Balashek), R. 비덜프(R. Biddulph), K. H. 데이비스

▶ 안토니오 산티 주세페 메우치(왼쪽)와 그가 발명한 자석식 전화기

(Davis) 등 벨연구소 소속의 과학자 3명이 개발한 오드리는 소리로 전달된 음성을 컴퓨터가 디지털 코드로 바꿔 인식한 다음 이에 필요한 명령(조치)을 내리는 방식이죠. 즉 음성을 전류가 아닌 디지털 코드로 바꾸어 이를 컴퓨터가 인식하는 것이었습니다. 이처럼 기계가 사람의 말을 알아듣고 그에 따라 행동한다는 개념의 출발점은 70여 년 전부터 이미 시작되고 있었습니다. 그러나 사람이 기계와 원활한 대화를 하기에는 여전히 역부족이었습니다.

그 후 1960년 스웨덴 과학자 칼 군나르 마이클 판트(Carl Gunnar Michael Fant)의 이른바 '소스필터 모델(The source-filter model)'이 나와 눈길을 끌었습니다. 소스필터 모델은 성대(vocal cords)에서 나오는 소리와 성도(vocal tract, 성대에서 입술 또는 콧구멍에 이르는 통로)를 통해 얻은 선형 음향필터(linear acoustic filter)를 합성하는 기술입니다. '선형'은 '선처럼 가늘고 긴 모양'을 뜻하고 '음향필터'는 음의 왜곡이나 불균형을 막는 일종의 여과장치입니다.

어려운 내용입니다만 쉽게 설명해 보면, 스웨덴 왕립과학원(The Swedish Royal Institute of Technology) 교수로 활동했던 판트는 먼저 사람들의 서로 다른 음성들을 측정했습니다. 그는 개인별로 차이가 있는 소리의 크기(에너지)와 높이(주파수)와 길이(지속 시간) 사이의 격차를 좁혀서 사람의 음성과 똑같은 운율을 만드는 데 성공했습니다. 사람 음성의 패턴을 파악하고 개인별 차이를 극소화시켜 기계가 쉽게 이해할 수 있도록 한 것입니다. 그러나 이러한 노력에도 컴퓨터 등 기계가 인간의 목소리를 인식하는 것은 쉽지 않았습니다.

기계와의 대화를 꿈꾸는 인간의 노력은 여기에서 끝나지 않았습니다. 미국 IT업체 IBM은 1962년 미국 워싱턴주 시애틀에서 막을 올린 세계박람회에서 음성으로 16개 단어를 인식할 수 있는 음성인식기기 '슈박스(Shoebox)'를 선보였습니다. 슈박스를 개발한 사람은 IBM 산하 부서 '첨단시스템개발연구소(the Advanced Systems Development Division Laboratory)' 소속의 연구원 윌리엄 C. 더쉬(William C. Dersch)였고, 이름을 슈박스(상점에서 새로 산 신발을 넣어 주는 구두 상자)로 정한 이유는 크기가 구두 상자 정도로 작았기 때문이었습니다.

▶ IBM이 개발한 '슈박스'

자료: IBM

슈박스의 출현으로 음성인식 기술의 개발에 속도가 붙기 시작했습니다. 먼저 미국 국방부 산하 국방과학연구소(DARPA)에서 음성인식 인프라 구축에 적극 나섰습니다. 미 국방부가 음성인식을 지원한 것은, 전쟁이 일어났을 때 사람의 목소리로 무기에 명령을 내리고 작동시킬 수 있는지의 여부를 알기 위해서였습니다. 그리고 1971년, 미국 카네기멜런대학(Carnegie Mellon University)에서는 세 살 어린이의 어휘 수준인 1000여 개의 단어를 이해할 수 있는 음성인식시스템 '하피(the Harpy System)'를 선보였습니다. 하피의 등장으로 인해 IT업계에는 단순히 단어가 아닌 문장을 이해할 수 있는 음성인식 개발에 나서야 한다는 분위기가 형성됐습니다.

'은닉 마르코프 모델'-'자연언어처리' 등
음성인식 기술 고도화 본궤도

음성인식 기술이 미국을 주축으로 본격 개발되고 있는 가운데 러시아 수학자 안드레이 마르코프(Andrey Markov)가 주목을 받기 시작했습니다. 마르코프의 이름을 딴 '은닉 마르코프 모델(HMM, Hidden Markov Model)'이 등장했기 때문입니다.

'은닉 마르코프 모형'으로도 불리는 HMM은 쉽게 말해 '출력된(이미 나온)' 정보만으로 앞으로 등장할 '숨겨진(hidden, 아직 밝혀지지 않은)' 정보를 추정하는 것을 뜻합니다. '지하철'을 예로 들면, 컴퓨터와 대화하는 이가 '지'라는 글자를 말하면 컴퓨터는 '지'로 시작하는 거의 모든 단어를 검색합니다. 다시 '하'를 말하면 앞 글자 '지' 및 '하'와 가장 많이 연결되는 단어군(單語群)을 검색한 후 '철' 등을 찾아 두죠. 이후 컴퓨터 예상대로 마지막 글자로 '철'이 입력되면 지하철과 관련된 정보를 빠르게 검색하는 것입니다. 이런 방법을 흔히 HMM이라고 하는데, 앞서 설명한 것처럼 출력된 정보를 토대로 앞으로 올 정보를 미리 점쳐 보는 것을 뜻합니다.

1913년경에 제안된 HMM은 최소한의 정보로 앞으로 전개될 내용을 예측하는 시스템의 기반을 갖췄다는 점에서 오늘날에도 높이 평가받고 있습니다. 이는 기계가 사람의 말을 이해하는 단계에서 더 나아가 대화의 전개 방향까지 예상할 수 있는 초기 기능을 갖췄기 때문입니다. IBM은 HMM의 정보 예측 기능에 관심을 보이면서 1980년대에 이미 HMM을 활용한 음성인식시스템 개발에 들어갔습니다.

음성인식, 휴대전화-자동차-AI 스피커 등에서 맹활약

기본적인 단어 파악에서부터 앞뒤 상황을 통해 어떤 단어가 나올지 예측하는 기능으로까지 음성인식 기능이 발전하면서 음성 속 단어의 의미를 파악하는 '자연언어처리(NLP, Natural Language Processing)' 기법도 등장했습니다.

과거에는 말이나 문장을 파악할 때 주어, 서술어, 목적어, 명사, 동사, 형용사 등 문법적인 테두리에서만 연구하면 됐습니다. 영어를 예로 들면, 문장의 처음에는 기본적으로 주어(S)가 나와야 하고 다음에 동사(V), 보어(C), 목적어(O) 등이 나열되는데, 컴퓨터는 이러한 어순을 파악해서 의미를 분석했습니다. 그러나 컴퓨터 인공지능과 NLP의 발전에 힘입어 자연스러운 문장(과 어순)을 통째로 배우고 문장 속의 의미를 파악하는 단계에까지 이르렀습니다. 또한 앞서 설명한 HMM처럼 사람이 무슨 말을 하려고 하는지 예측하는 기능까지도 갖추어졌습니다. 이러한 기능 향상에 힘입어 음성인식 기능은 '하피'처럼 사람이 말하는 1000여 개 단어를 이해하는 수준을 뛰어넘어 1만 어휘 이상을 알아듣는 성능을 갖추게 됐습니다.

이처럼 음성인식 기능은 갈수록 고도화돼 사람의 말을 이해하고 예측하며 때로는 대안까지 제시하는 단계에 이르렀는데, 이제 음성인식 기술은 컴퓨터로부터 사람들이 자주 접하는 주변 기기로까지 옮겨지고 있습니다. 가장 대표적인 예가 휴대전화입니다.

삼성전자와 LG전자가 1990년대 후반에 '음성인식 전화걸기' 기능을 휴대전화에 탑재함으로써 휴대전화도 음성인식 시대를 맞이했습니다. 특히 LG전자는 휴대전화에 탑재되는 음성인식 기술을 더욱 발전시켜 1997년에 이른바 '화자종속(Speaker-dependent)' 기능을 갖춘 휴대전화를 내놨습니다. 화자종속은 목소리 패턴을 분석하는 바이오 인식 기술 가운데 하나로, 정해진 사람의 목소리만을 인식해서 지시에 따르도록 한 기능입니다. 이는 '전화기 주인'만 음성인식 기능을 사용할 수 있도록 제한한 것입니다.

그런데 화자종속 기능은 큰 호응을 얻지 못했습니다. 이 기능은 해커 등으로부터 통화를 보호할 수 있다는 장점이 있었지만, 전화기에 사용자의 목소리를 일일이 녹음해야 한다는 번거로움도 있었습니다. 이에 따라 삼성전자는 2002년 누구든지 말만 하면 휴대전화에 저장된 전화목록으로 전화를 걸 수 있는 화자독립(Speaker-independent)형 기술을 선보였습니다. 또한 삼성전자는 2005년에 전화 사용자의 음성을 받아서 텍스트로 옮긴 후 문자메시지로 보내는 '음성-문자 변환' 기능을 세계 최초로 선보여 관심을 모았습니다.

음성인식 기능은 앞서 설명한 '기가지니' 같은 AI 스피커나 휴대전화에 이어 이제는 TV, 냉장고 등의 가전제품과 자동차에도 활용되고 있습니다. TV 리모컨 기능을 일일이 누르지 않고 음성만으로 TV 전원을 켜거나 채널을 돌릴 수 있게 된 것입니다. 냉장고도 마찬가지입니다. 냉장고 문을 열지도 않고 음성만으로 냉장고 안에 있는 음식 종류를 파악해 달라고 요청할 수 있고 냉장고 온도를 올릴 수도 있습니다. 자동차의 경우 운전자는 운전에 집중하면서 차량의 음성인식 기능에다 원하는 다른 기능을 얘기만 하면 됩니다. 그러면 차량이 그 기능을 찾아 작동할 수 있도록 해 주겠지요. 이는 운전자가 차량 주행 도중에 운전 아닌 다른 기능을 찾다가 접촉사고를 일으키게 될 확률을 낮추어 줍니다.

전 세계 음성인식 시장, 2029년 66조 원대로 고속성장

음성인식 기능이 경제 전반에 미치는 영향이 커지면서 전 세계 시장 규모는 오는 2029년이면 66조 원이 넘을 것이라는 전망도 나옵니

다. 시장조사업체 포춘 비즈니스 인사이츠(Fortune Business Insights)
에 따르면 전 세계 음성인식 시장 규모는 2022년 112억 1000만 달
러(약 14조 9000억 원)에서 연평균 23.7% 성장해서 2029년에는 497억
9000만 달러(약 66조 1709억 원)에 달할 것이라고 합니다. 실제로 휴대
전화를 비롯해 컴퓨터, AI 스피커, TV, 냉장고, 자동차 등 우리가 흔
히 접하는 각종 기기에 점차로 음성인식 기능이 추가되어 가고 있습
니다.

 음성인식 기술은 갈수록 더 많은 인기를 얻게 될 것입니다. 인구
고령화에 따른 독거노인의 증가와 1인 가구의 급증으로 인해 외로움
을 달래 줄 '말벗'이 필요하게 되기 때문이죠. 또한 사람 목숨과 관련
된 기기, 예컨대 자동차 등에 탑재돼 운전을 안전하게 즐길 수 있는
시대를 앞당길 수 있습니다.

경계도 주인도 없는 우주 영토의 개척

우주개발

- 한국, 세계 7번째로 탈 탐사 국가 반열에 오르는 성과 일궈 내
- 세계 우주경제 시장, 2040년 약 3경 5869조 원대로 커져

어릴 때 둥근달을 바라보며 달 속 계수나무 아래에서 토끼가 방아를 찧는다는 상상의 나래를 펼쳐 본 적이 있을 겁니다. 옛날에도 사람의 상상은 비슷했을까요? 우리나라 삼국시대 고분(古墳, 고대에 만들어진 무덤)에서 달 속 계수나무 밑에서 옥토끼가 떡방아를 찧는 모습을 담은 그림이 나왔다고 합니다. 이처럼 달이 있는 우주는 인류에게 끊임없는 호기심의 대상이었습니다.

　그래서 달을 향한 인류의 도전이 시작됐습니다. 인류 최초로 달 탐사에 성공한 나라는 옛 소련입니다. 소련은 1959년 1월 비행선 '루나 1호'를 발사해서 세계 최초로 달 궤도에 진입했고, 루나 3호는 1959년 10월 세계 최초로 달 뒷면 사진을 전송해 왔습니다. 그리고

1966년 1월, 루나 9호는 무인 착륙선을 보내 달 표면 사진을 전송하는 데 성공했습니다. 그러나 소련은 인류가 달 표면에 착륙하는 지점까지는 가지 못했습니다.

소련의 놀라운 기술력에 충격을 받은 미국이 달 탐사에 본격적으로 뛰어들었습니다. 미국은 유인(사람이 탄) 달 탐사 계획 '아폴로 프로젝트'를 마련해서 소련을 추격하기 시작했습니다. 1968년 12월 미국은 세계 최초의 유인 탐사선 아폴로 8호를 달에 발사했고, 아폴로 8호는 달 궤도를 10바퀴 돈 뒤 지구로 돌아오는 데 성공했습니다. 그리고 1969년 7월 20일에는 닐 암스트롱(Neil Armstrong)과 버즈 올드린(Buzz Aldrin) 등이 탑승한 아폴로 11호가 인류 최초로 달 착륙이라는 신기원을 이뤄 냈습니다. 사람이 직접 달에 착륙한 것은 아폴로 11호를 포함해서 그 뒤의 12호, 14호, 15호, 16호, 17호 등 모두 6차례에 이릅니다.

달에 대한 인류의 도전은 여기에서 멈추지 않았습니다. 이후 중국, 일본, 유럽연합(EU), 인도 등이 앞다퉈 달 탐사에 성공했습니다. 그러나 이들 국가가 보낸 우주선은 달 표면에 착륙하지 않고 달 주위를 공전하면서 탐사 활동을 펼치는 '달 궤도 탐사선'에 그쳤습니다. 일종의 인공위성 같은 것이었지요.

다누리, 국내 최초로 달 궤도 탐사…
한국, 2032년 달에 우주선 착륙 계획

우리나라도 달 탐사에 본격적으로 나섰습니다. 그리하여 2022년 8월 5일, 국책연구기관 한국항공우주연구원(KAR, 항우연)은 대한민국 최초의 달 궤도 탐사선 '다누리'를 발사했습니다. 다누리호가 달 궤도 진입에 성공함으로써 한국은 러시아(옛 소련), 미국, 중국, 일본, EU, 인도에 이어 세계에서 7번째로 달 탐사 국가 반열에 오르는 가슴 벅찬 순간을 맞이했습니다. 우리나라는 달 궤도 탐사선 발사에 만족하지 않고 2032년에는 직접 우주선을 달에 착륙시키는 계획도 마련하고 있습니다.

세계 각국의 달 탐사 약사가 보여 주듯 드넓은 우주에 대한 인류의 관심과 도전은 현재진행형입니다. 특히 과거에는 각국 정부가 적극 지원해서 달 탐사 등 우주개척을 밀어붙이는 방식이었다면 최근에는 민간 기업이 앞다퉈 우주산업으로 진출하고 있습니다. 이른바 '뉴 스페이스(New Space) 시대'가 개막된 것입니다. 뉴 스페이스는 '민간 주도'라는 의미를 반영해서 '프라이빗 스페이스플라이트(Private Spaceflight, 민간 우주비행)'라는 이름으로도 불립니다.

뉴 스페이스 시대를 앞다퉈 개척 중인 대표적인 기업 3곳이 있습니다. 미국 우주관광기업들인 블루오리진, 스페이스X, 버진갤럭틱입니다.

블루오리진(Blue Origin)은 세계 최대 인터넷쇼핑몰업체인 아마존의 창업자 제프 베조스(Jeff Bezos)가 2000년 9월 8일에 설립한 민간 우주개발업체입니다. 쉽게 설명하면 일반인들이 우주여행을 할 수 있도록 하는 우주관광회사입니다. 블루오리진은 유인 캡슐에 승객을 태우고 우주 경계선인 준궤도(100km 상공)에 올려 승객들이 지구를 볼 수 있게 하는 우주관광 서비스를 제공합니다. 이 업체는 2023년 5월 미국항공우주국(NASA)의 달 착륙선 사업자로 선정돼 눈길을 끌었습니다. 오는 2028년 무인 달 착륙선 시범비행을 목표로 하고 있는 블루오리진으로서는 우주관광 분야에서 경쟁업체들을 앞지를 수 있는 돌파구를 마련한 셈입니다.

블루오리진의 승승장구에 불편을 심기를 내비치고 있는 스페이스X도 우주 공략을 위한 가속 페달을 밟고 있습니다.

미국 전기자동차업체 테슬라의 CEO인 일론 머스크가 2002년 5월 6일 설립한 우주탐사기업 스페이스X는 2014년 NASA와 지구 저궤도에서 사람을 실어 나르는 계약을 체결했고, 2020년 8월 민간 기업 최초로 NASA 소속 우주비행사 2명을 유인 캡슐 '크루 드래건'에 싣고 국제우주정거장(ISS)으로 수송했다 귀환시키는 시험에 성공함으로써 민간 우주 시대의 문을 열었습니다. 또한 스페이스X는 블루오리진에 앞서 NASA와 달 착륙선 사업을 체결하기도 했죠. 일론 머스크 CEO는 우주개발사업에 박차를 가해서, 장기적으로는 화성(Mars)에 인류가 사는 식민지 사업을 펼치는 등 인류가 여러 행성에서 살아가는 시대를 열겠다고 밝혀 관심을 모았습니다. 머스크는 "이르면 2025년쯤에 화성에 도착하는 우주인이 등장하고, 향후 40~100년 사이에 지구인 100만 명을 화성으로 보내게 될 것"이라고 말했습니다.

베조스와 머스크의 활약에 질세라 버진갤럭틱(Virgin Galactic)도 우주개척에 대한 강한 의지를 내비치고 있습니다. 영국의 사업가 리처드 브랜슨이 2004년에 설립한 버진갤럭틱은 2021년 7월 유인 우주선 비행에 성공하면서 베조스와 머스크에게 도전장을 내밀기도 했습니다.

물론 이들 3개 업체가 내놓은 우주여행 상품은 대부분 3~5분 정도 무중력으로 우주공간에 머물거나 우주공간에서 며칠 지내다가

▶ 블루오리진, 스페이스X, 버진갤럭틱

자료: www.kompasiana.com

지구로 돌아오는 코스이지만, 우주선 기술과 안전장치가 확보되고 나면 먼 훗날에는 관광객으로서 달 표면에 착륙해서 달을 감상하게 되는 시대가 올 수도 있습니다.

'대체 에너지용 희귀자원 탐사 – 우주인터넷 개발 – 우주선 발사체 성능 극대화'의 기회 잡아

그렇다면 블루오리진 등 주요 기업들이 달을 포함한 우주개발에 관심을 보이는 것이 단지 관광상품 개발 때문일까요? 여행도 주목적이겠지만, 달의 희귀자원을 탐사하는 경제적인 효과도 무시할 수 없습니다. 예를 들어 달 표면에 쌓여 있는 헬륨3는 미래의 청정에너지원으로 활용될 수 있습니다. 헬륨3는 양성자 2개, 중성자 1개로 이뤄져 있는데, 이것을 바닷물에 풍부한 중수소(양성자 1개, 중성자 1개)와 핵융합시키면 막대한 전기에너지를 방출합니다. 그러면서도 사용 후에는 방사능이 남지 않기 때문에 헬륨3는 인류가 직면한 에너지 문제를 해결하고 환경도 훼손시키지 않는 대체에너지가 될 수 있습니다.

한편 우주개발사업은 지구 관측, 우주인터넷, 우주정거장 등 그동안 인류가 상상해 왔던 세상을 여는 계기를 마련해 줍니다. 한 예로 지구에서 우주로 쏘아 올리는 위성이 늘어나면서 폐기된 위성을 처리하는 '우주 쓰레기 청소' 기업도 점점 늘어나고 있습니다. 또한 인터넷 접속이 쉽지 않은 사막, 오지, 극지방 등에서도 인터넷을 사용할 수 있는 우주인터넷 망을 구축할 수 있습니다. 특히 우주인터넷

망을 설치하면 전 세계 어디에 있더라도 바로 연결되기 때문에 해외 여행 시 필요한 로밍 서비스도 사라지게 됩니다. 아마존의 자회사 카이퍼(Kuiper)가 지구 저궤도에 발사한 통신위성을 통해 전 세계 어디에서나 통신 서비스를 받을 수 있게 만든 이른바 '카이퍼 프로젝트(Kuiper Project)'가 대표적인 사례입니다. 아마존은 향후 10년 동안 고도 590km, 610km, 630km의 저궤도에 총 7774대의 위성을 발사하는 우주인터넷사업을 추진할 방침입니다.

이와 함께 우주사업은 우주선 발사체 성능을 극대화할 수 있는 계기를 마련했습니다. 우주선을 대기권 바깥까지 끌고 올라가는 발사체는 막대한 연료를 담은 1단, 2단 발사체를 통해 대기권을 벗어납니다. 그런데 지금까지는 이런 발사체를 바다나 우주에 버리는 경우가 많았지만, 이제는 그 발사체를 다시 회수해서 재활용하는 기술을 개발함으로써 비용을 크게 줄이고 있습니다. 이렇게 발사체의 성능을 향상시키고 재활용하는 것은 우주탐사에 필요한 비용을 크게 줄일 수 있다는 장점을 지닙니다. 궁극적으로 발사체의 재활용과 성능 향상은 적은 연료를 써서 달보다 더 먼 거리의 다른 행성으로 갈 수 있는 시대를 열어 주는 셈이지요. 한 예로 화성에는 이산화탄소가 풍부하기 때문에 수소만 가져갈 수 있다면 쉽게 메탄을 만들 수 있습니다. 이에 따라 메탄을 로켓 연료로 사용한다면 굳이 연료를 싣고 가지 않더라도 화성에서 연료를 충전해서 지구로 돌아올 수 있겠지요.

이 밖에 우주의 무중력을 활용한 첨단 기술 개발에도 돌파구가 마련될 예정입니다. 예를 들어 반도체는 중력 때문에 지구에서 웨이퍼를 생산할 때 최대 크기가 300㎜로 제한되지만, 우주정거장 등 지구 밖에서는 500㎜까지 키울 수 있습니다. 웨이퍼 크기가 커지면 반도체 수율(완성품 가운데 품질이 좋은 합격품 비율)이 높아져서 수익을 몇 배 더 올릴 수 있게 됩니다.

제약 분야에서도 지구의 중력으로 인해 쉽지 않았던 실험들이 우주공간에서는 가능해지기 때문에 바이오·신약 등의 개발과 상용화의 길이 열립니다.

우주개발 사업 2040년에 3경 5869조 원으로 고속성장

우주사업이 미치는 영향이 이처럼 방대하기 때문에 향후 사업 전망도 매우 밝은 편입니다. 항우연과 흔히 '선진국 클럽'으로 알려진 경제협력개발기구(OECD) 발표 자료에 따르면 세계 우주경제 시장은 2020년 4470억 달러(약 593조 원)에서 2040년 27조 달러(약 3경 5869조 원)로 60배 이상 성장할 것으로 보입니다.

우주경제 시장이 고속성장을 일궈 내는 '미래 먹거리 효자'로 등장하면서 우리나라도 기업과 정부가 서둘러 관련 사업을 키우는 데 주력하고 있습니다. 이에 따라 국내에서는 최근 미국 NASA와 비슷한 '우주항공청'의 설립에 속도를 내고 있는 모습입니다. 우주산업이 향후 경제성장을 이끄는 핵심 부문으로 등장하고 있는 만큼 지금은 '경계도 주인도 없는' 우주 영토를 개척하기 위한 정부와 기업의 노력이 본격화되어야 할 시점입니다.

인간 수준의 사고능력으로까지 발전하다
초거대 AI·기계학습

- 인간 인지능력에 도전장 낸 AI 등장
- 1997년 IBM 슈퍼컴퓨터 '딥블루' 체스 대회에서 인간 제쳐
- GPT-3 출현으로 인간의 지적 능력 뛰어넘는 초거대 AI 등장

인공지능(AI, Artificial Intelligence)처럼 우리 인간의 호기심을 자극하는 소재는 없을 것 같습니다. 그 대표적인 예로 1818년 영국의 여성 작가 메리 셸리(Mary Shelley)가 쓴 과학소설 『프랑켄슈타인(Frankenstein)』을 꼽을 수 있습니다. 과학자 빅터 프랑켄슈타인이 인조인간을 만들기 위해 시체들을 조합하고 생명을 불어넣어 괴물을 만들어 내었는데, 괴물은 자신을 추악하게 만든 창조주 프랑켄슈타인에 대한 증오심에 불타 그의 가족을 상대로 복수극을 펼친다는 내용이죠. 인간이 만든 괴물이 스스로 학습하고 판단하는 일종의 AI 괴물이 된 셈입니다. 물론 이 소설에서 AI라는 단어가 직접 언급된

것은 아니지만, 소설에는 사람을 대신하는 지능 생명체나 로봇 등 첨단 기술을 떠올리게 하는 복선이 깔려 있습니다.

다시 AI로 돌아가겠습니다.

학습, 추리, 논증, 응용 등은 그동안 인간 고유의 영역으로 여겨졌습니다. 인간은 연역법과 귀납법을 활용해서 여러 가능성을 도출해 내는 능력을 갖췄기 때문입니다. 이에 비해 AI 등 기계는 데이터가 입력이 되

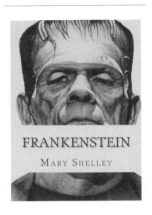

어야 작동할 수 있고 상황에 대한 판단과 결정도 입력된 데이터를 토대로 내리기 때문에 사고의 영역이 제한돼 있다고 믿어져 왔습니다. 그런데 이제는 컴퓨터가 연역법과 귀납법을 활용해 판단하는 시대가 열렸습니다. 이렇게 사람의 인지능력을 발휘하는 기능을 가진 컴퓨터를 AI라고 합니다.

'튜링 머신'이 쏘아 올린 AI의 꿈

AI 관련 기술이 등장한 것은 최근이지만 인류는 오래전부터 AI에 대해 상상해 왔습니다. 1936년 영국의 천재 수학자 앨런 매티슨 튜링 (Alan Mathison Turing)은 컴퓨터를 만드는 이론적 토대가 된 '튜링 머

신(Turing Machine)'을 선보였습니다. 튜링 머신은 튜링이 컴퓨터 알고리즘을 설명하기 위해 설계한 가상의 기계입니다.

이 기계는 테이프(tape), 헤드(head), 상태기록기(state register)의 세 가지로 이뤄집니다. 튜링의 이론을 쉽게 설명하면 테이프에 정보가 기록되면(The input is written on the tape) 헤드는 테이프에 입력된 기호를 읽고(The Head reads the input tape), 상태기록기는 튜링 머신의 상태를 보관하고(State register stores the state of the Turing machine) 화면으로 보여 줍니다. 복잡한 내용처럼 보이겠지만 이는 정해진 순서에 따라 정보가 처리되고 보관되는 절차를 나타내고 있습니다. 결국 앨런 튜링은 이 기계를 통해 기계의 정보처리 과정이 인간의 판단 과정과 비슷하다는 점을 밝혀냈죠. 튜링 머신은 현재 우리가 쓰고 있는

▶ 튜링 머신

컴퓨터의 원리를 보여 주고 있습니다. 테이프는 컴퓨터의 '메모리', 헤드는 중앙처리장치(CPU)와 키보드, 상태기록기는 컴퓨터의 모니터와 유사하기 때문입니다.

튜링 머신은 AI 개발의 출발점이 됐습니다. 튜링은 1948년 영국 국립물리학연구소(National Physical Laboratory)에 발표한 보고서 「지능을 가진 기계(Intelligent Machinery)」에서 인공신경망(ANN, Artificial Neural Network)처럼 기계도 알고리즘을 활용해서 인간과 같이 생각할 수 있다고 밝혔습니다. 어떻게 보면 인류 최초의 'AI 선언문'인 셈이지요.

그러나 AI가 처음으로 공식 소개된 것은 1956년입니다. 미국 다트머스대학 교수이자 컴퓨터과학자인 존 매카시는 1956년 열린 '다트머스 회의'에서 AI 연구 프로젝트 진행 과정을 설명하면서 "기계가 지식을 가지고 스스로 학습하고 행동하는 시대가 다가온다"라고 밝혔습니다. 당시 회의에 참석한 과학자 앨런 뉴얼(Allen Newell)과 허버트 사이먼(Herbert Alexander Simon)도 컴퓨터가 머지않아 체스 세계 챔피언이 되고 루트비히 판 베토벤(Ludwig van Beethoven)과 같은 거장의 음악을 작곡하는 날이 올 것이라고 예언했습니다.

이러한 예언은 실제로 적중했습니다. 1980년대 들어 인간의 두뇌 구조를 분석해서 컴퓨터에 적용한 '신경망 이론'이 등장하면서 AI 연구는 새로운 전환기에 접어듭니다. 그리고 1997년에는 미국의 컴퓨터 제조업체 IBM의 슈퍼컴퓨터 '딥블루'가 세계체스챔피언대회에서 당시 세계챔피언이던 게리 카스파로프를 이기면서 AI는 더 이상 공

자료: IBM

상과학 소설에서나 나오는 허구가 아닌 현실이 될 수 있는 기술이라는 점을 뽐냈습니다.

'딥러닝' 등장으로 AI 기술 첨단화 시작

딥블루의 체스 대회 승리로 고무된 IBM은 2006년 '딥러닝(deep learning)' 기술을 활용해서 AI를 한 단계 더 발전시키게 됩니다. 딥러닝은 컴퓨터가 외부 데이터를 스스로 조합하고 분석해서 학습하는 기술을 뜻합니다. 그렇다면 여기에서 질문 하나, 딥러닝의 '딥'은 무슨 뜻일까요?

딥(deep)은 '데이터가 바뀐 계층의 숫자(the number of layers through which the data is transformed)'입니다. 더 쉽게 설명하면, 인공신경망이 수많은 계층(layer) 형태로 쌓아서 연결되도록 한 기술을 뜻합니다.

딥러닝은 인공신경망 기술을 사용합니다. 인공신경망은 사람의 뇌 구조를 연구해 탄생했습니다. 사람의 뇌신경 세포는 옆에 있는 뇌신경 세포들과 촘촘하게 연결돼 더 큰 신경회로 조직을 만듭니다. 튜링이나 허버트 사이먼 같은 컴퓨터과학자들은 인간의 뇌 기능과 비슷하게 AI에 인공신경망과 유사한 여러 계층의 망을 만들어서 AI에 정보가 들어오면 서로 연결되도록 하는 구조를 만든 것입니다. 이에 따라 AI는 사람의 두뇌처럼 정보를 받아들이면 스스로 공부를 하는 딥러닝을 할 수 있게 되었습니다. 결국 딥러닝을 통해 사람의 뇌처럼 정보를 축적하고 판단하는 기능을 갖춘 셈입니다.

딥러닝이 활용되는 대표적인 예는 자율주행 자동차입니다. 자동차에 설치된 센서로 각종 신호와 장애물을 파악하거나 음성인식 기능을 통해 운전자의 음성으로 차량 내 시스템을 작동시키는 것과 같은 기능에 활용되고 있습니다.

딥러닝은 AI의 또 다른 특징 중 하나인 '머신러닝(machine learning)'의 중요성을 보여 줍니다.

AI의 개발 초기 단계에는 일정한 규칙을 컴퓨터에 주입하는 이른바 '지도학습(supervised learning)'이 활용됐습니다. 그러나 이 방식은 컴퓨터에 들어갈 데이터의 분량이 많지 않을 때에나 효력을 발휘할 수 있었고, 방대한 양의 데이터가 쏟아지는 '정보의 바다' 시대에는 적용하기가 힘들어졌습니다. 이에 따라 AI가 수많은 데이터를 접해서 스스로 분석하고 학습하는 이른바 머신러닝 기법이 등장했습니다. '기계학습'이라고 불리는 머신러닝은 AI가 마치 사람의 뇌처럼 직접 정보를 축적하고 판단하는 딥러닝 기법을 쓰고 있습니다. 머신러닝은 방대한 자료를 분석해서 특징과 상관관계를 찾아낸 뒤 그 찾아낸 규칙을 통해 결론을 내리는 방식으로 기계(컴퓨터)가 학습합니다. 이 기술은 미국의 컴퓨터과학자 아서 새뮤얼(Arthur Samuel)이 1959년 그의 논문에서 처음으로 소개했습니다.

머신러닝은 컴퓨터가 스스로 데이터를 분석하고 학습 과정을 거쳐 주어진 문제를 해결하는 능력을 갖추고 있습니다. 지난 2016년 이세돌 9단과 바둑 대결을 펼쳐 승리한 세계 최대 검색엔진 구글의 AI '알파고'는 머신러닝의 이러한 능력이 집약된 기술 집합체입니다. AI

▶ 머신러닝 흐름도

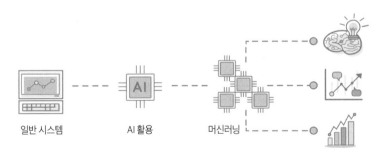

일반 시스템   AI 활용   머신러닝

배우고, 예측하고, 향상

알파고 연구팀에서 인간을 이길 수 있는 바둑 AI를 개발하기 위해 '몬테카를로 트리 탐색(Monte-Carlo Tree Search)'과 '컨볼루션 신경망(Convolution Neural Network)'을 채택한 것이 대표적인 예입니다.

몬테카를로 트리 탐색은 바둑에서 한 수를 선택하고 난 뒤 다음 수에 대한 경우의 수를 나뭇가지 치는 형태(트리)로 병렬 배치해서(분석해서) 유리한 선택을 내릴 수 있도록 한 컴퓨터 알고리즘입니다. 컨볼루션 신경망은 수학의 함수를 활용해서 이미지를 파악하는 딥러닝 기법이죠. 인간이 눈으로 사물을 본 것을 뇌가 인식하듯이, 컴퓨터가 이미지를 파악한 뒤 그것을 데이터 형태로 처리하는 딥러닝 기법입니다. 더 쉽게 설명하면, 알파고는 컨볼루션 신경망을 활용해 '19×19(361수)'의 바둑판 상태를 입력한 뒤 착수(바둑판에 돌을 놓는 것)를 입력값으로 파악해서 상대방을 이길 수 있는 수를 둡니다.

알파고는 전문 바둑기사의 과거 기보들을 통해 무려 3000만 회가 넘는 대국들을 데이터로 확보함으로써 프로기사들의 착수 전략을 최대한 학습했습니다. 이를 통해 알파고는 12계층으로 이뤄진 인공신경망 '정책망(policy network)'과 '가치망(value network)'을 갖추었습니다. 정책망은 바둑돌을 어디에 놓을지를 분석하는 것이고, 가치망은 바둑돌을 특정 위치에 놓았을 때 이길 수 있는 확률을 계산하는 것입니다. 이렇게 알파고는 기계학습을 통해 바둑에서 인간을 이길 수 있는 분석체계와 예측체계를 갖췄습니다.

'초거대 AI' 시대 활짝 열려

딥러닝 기술이 발전하면서 AI업계는 이른바 '초거대 AI(Hyperscale AI)' 시대를 활짝 열었습니다. 초거대 AI란, AI가 막대한 분량의 데이터를 축적하고 처리함으로써 인간 수준의 사고능력을 발휘하는 수준으로 발전해 간 것(an AI model that can evolve to the human level of thinking by processing massive amounts of data)을 뜻합니다.

초거대 AI가 사람처럼 스스로 생각하고 판단하려면 기존 AI와 비교해서 최소 수백 배 이상의 많은 데이터를 학습해야 합니다. 이에 따라 초거대 AI가 대용량 데이터를 축적하고 처리하는 데에는 수천억 개의 매개변수(parameter, 파라미터)가 필요합니다. 매개변수는 언어모델이 학습하는 과정에서 '인공신경망에서 조정하는 숫자'입니다. 쉽게 설명하면 매개변수는 인간 두뇌의 시냅스(synapse)와 같습니다. 인간 두뇌에는 약 1000억 개에 이르는 뉴런(neuron, 신경세포)이 있으며, 뉴런은 서로 연결돼 정보를 처리합니다. 이때 뉴런을 연결시키는 역할을 시냅스가 합니다. 인간의 뇌에는 약 100조 개의 시냅스가 있는 것으로 알려져 있습니다. AI가 뛰어난 성능을 발휘하려면 인간 두뇌의 시냅스에 해당하는 매개변수 숫자가 많아야 합니다.

초거대 AI의 대표적인 예는 GPT-3입니다. GPT-3는 전기자동차 업체 테슬라의 CEO 일론 머스크 등 미국 캘리포니아주 실리콘밸리의 유명 인사들이 손잡고 창업한 세계적인 AI 연구업체 오픈AI에서 개발한 언어모델로, 2020년 6월에 처음 모습을 드러냈습니다. GPT-

2의 매개변수는 15억 개였지만 GPT-3는 매개변수가 무려 1750억 개로 급증했습니다.

초거대 AI인 GPT-3는 1750억 개에 이르는 매개변수를 지녔기에 기존 AI와는 성능에서 엄청난 차이를 보일 수밖에 없습니다. 그러면 여기에서 퀴즈 하나, 국내에서 파라미터가 가장 많은 AI는 무엇일까요? 정답은 LG AI연구원의 '엑사원'입니다. 엑사원의 파라미터는 무려 3000억 개에 이릅니다. 물론 정보기술(IT) 플랫폼업체 네이버가 2021년에 2040억 개의 파라미터를 갖춘 초거대 AI '하이퍼클로바'를 선보이는 등 국내 IT업체들의 추격도 만만치 않습니다.

초거대 AI의 지적 능력이 어느 정도까지 발전할지를 예측하기는 쉽지 않습니다. 그러나 현재와 같은 기술적인 진보를 감안하면 초거대 AI가 인간의 능력을 추월하는 산업계의 '게임 체인저(game changer, 판도를 바꾸는 사물이나 인물)'가 될 것이라는 점에는 의문의 여지가 없습니다.

현실과 공간의 무한확장
VR·AR·MR·XR

> • 현실과 가상현실의 절묘한 만남으로 이전에 없던 기술 등장
> • 시각과 청각 기능 탁월하지만 후각, 촉각 등 개선의 여지 남아 있어

시간적 배경은 2045년입니다. 사람들은 식량 부족과 경제침체로 황폐한 삶을 살고 있었습니다. 이들은 우울함을 달래기 위해 '오아시스(OASIS)'라는 프로그램에 접속합니다. 이 오아시스는 사막 가운데 솟아난 샘을 말하는 것이 아닙니다. OASIS는 'Ontologically(존재론적으로) Anthropocentric(인간중심주의적인) Sensory(감각의) Immersive(컴퓨터 시스템이나 영상이 사용자를 에워싼) Simulation(모의실험)'의 머리글자로 만든 단어입니다. OASIS는 일종의 몰입형 멀티미디어(immersive multimedia) 혹은 컴퓨터—시뮬레이션 생활(computersimulated life)입니다. 사람들은 오아시스라는 인터넷 세계에 빠져서 자신이 원하는 캐릭터(아바타)로 모습을 바꾸고 자신이 원

하는 곳으로 가며 자신이 원하는 대로 행동합니다. 거기다 '촉각 기술'을 갖춘 옷을 입으면 인터넷 세계의 감각을 느낄 수도 있습니다.

위의 내용은 미국의 영화감독 스티븐 스필버그가 만든 공상과학 영화 〈레디 플레이어 원(Ready Player One)〉의 배경 설명입니다. 〈레디 플레이어 원〉은 암울한 현실에서 벗어나려는 인간 본능을 다룬 영화죠. 이 영화에 등장하는 기술이 이른바 '가상현실(VR)'입니다. 최근 IT 분야에서 자주 거론되는 기술인데, 현실과 가상이 함께 등장하는 '가상현실'이란 무슨 뜻일까요? 이는 사람으로 하여금 컴퓨터가 만들어 낸 가상세계 속으로 마치 직접 들어간 것처럼 느끼게 만드는 첨단 기술을 뜻합니다.

가상현실, 1938년으로 거슬러 올라가

가상현실(VR, Virtual Reality)은 최근 들어 각광받고 있지만 이미 1938년에 등장한 개념입니다. 프랑스의 극작가 겸 영화배우 앙토냉 아르토(Antonin Artaud)는 1938년 발간한 수필집에서 극장(theatre)을 '가상현실(la réalité virtuelle(the virtual reality)'이라고 표현한 적이 있었습니다. 그는 영화가 배우들의 모습을 담고 있긴 하지만 극장에서 관객이 마주하는 것은 실제 배우가 아닌 빛과 이미지로 만들어진 화면이라는 점에 주목했습니다. 결국 물리적인 형태로는 현실에 없지만 보는 이들은 이를 실제 있는 것처럼 여긴다는 취지에서 '가상현실'이라는 용어를 사용했던 것입니다.

그러다 1970년대에 미국의 컴퓨터 전문가 마이론 크루거(Myron Krueger)가 가상현실의 이전 개념인 '인공현실(artificial reality)'이라는 용어를 내놨습니다.

가상현실이라는 용어가 현대적인 의미로 사용된 것은 호주의 과학 소설가 데미안 브로데릭(Damien Broderick)이 쓴 1982년작 『더 주다스 만달라(The Judas Mandala)』에서 확인할 수 있습니다. 이후 가상현실은 일반인들의 관심을 받으면서 관련된 각종 기술이 개발되는 국면을 맞이합니다.

가상현실을 만끽하려면 '헤드 마운트 디스플레이(HMD, Head mounted Display)'라는 기기를 사용할 수 있습니다. HMD는 앞이 막혀 있는 4각형의 검은색 안경으로, 머리에 착용하면 됩니다. 사용자가 현실에서 탈피한 느낌을 받을 수 있도록 HMD에는 마이크, 스테레오 스피커 등 다양한 센서가 장착돼 있습니다.

▶ 헤드 마운트 디스플레이

자료: Viulux

이 VR기기를 쓰면 사용자는 현실에서 벗어나 가상세계로 빠져들 수 있습니다. 서울에 있는 사용자가 VR기기를 머리에 두르면 뉴욕 거리 한복판에 서 있을 수 있고, 우주공간에서 지구를 내려다볼 수도 있습니다. 또 카레이싱 운전자가 될 수도 있고, 360도 회전시켜서 원하는 광경을 마음껏 즐길 수도 있습니다. 특히 VR기기와 연결된 컨트롤러를 사용해서 가상세계 속에 등장하는 사물과 상호작용을 할 수도 있습니다.

후각, 촉각 기술은 개발의 여지 남아 있어

가상현실은 VR기기가 보여 주는 가상세계에서만 활동할 수 있을 뿐 사용자가 현재 있는 곳에서 VR에 등장한 곳으로 옮겨지는 '물리적 이동'은 불가능합니다. 또한 현재 VR기기는 가상세계를 보고 들을 수만 있는 수준입니다. 가상세계의 사물을 직접 만지는 '촉각 기술'은 아직 개발되지 않았습니다. 이렇게 손으로 만질 수 없다는 점 때문에 게임 등을 VR로 즐길 경우 게임 몰입도가 조금 떨어질 수도 있습니다.

그런데 최근에 VR기기를 통해 팬케이크나 두리안 같은 각종 음식과 과일의 냄새를 직접 맡을 수 있는 기술이 개발됐다고 합니다. 이는 2023년 5월 10일 국제학술잡지 《네이처 커뮤니케이션즈(Nature Communications)》에 실린 내용입니다.

중국 베이징대학과 홍콩시립대학 등 공동연구진은 사용자 코 아래에 칩을 붙여 냄새를 맡을 수 있는 제품과 마스크 형태를 착용하는 제품 등 냄새를 맡을 수 있는 두 가지 형태의 VR기기를 만들었습니다. 두 제품에는 냄새를 만드는 다양한 향이 함유된 파라핀 왁스(praffin wax)가 있어 사용자가 냄새를 맡을 수 있다고 합니다. 파라핀은 원유를 정제할 때 생기는 반투명 고체로, 주로 양초, 연고, 화장품 따위를 만드는 데 사용됩니다. 사용자가 VR 헤드셋(기기)을 쓰고서 화면 속에 등장하는 꽃이나 음식 같은 사물을 들고 코에 대면 기기가 2초 이내에 그 사물의 냄새를 풍깁니다. 이는 파라핀에 함유된 여러 성분이 조합되어 냄새를 만들어 내는 기법입니다.

아직은 실험 단계이지만, 냄새를 맡을 수 있는 VR기기가 등장하면 게임은 물론 4D(4차원) 영화 등으로까지 활용의 폭이 넓어집니다. 우리가 극장에서 영화를 볼 때는 보통 소리와 장면을 2차원(2D)으로 즐기는데, 3D 영화는 특수안경을 통해 영화에 등장하는 특수효과도 감상할 수 있죠. 4D 영화는 기존 3D 효과에 후각(냄새)과 촉각까지 추가된 것입니다.

VR에서 출발한 AR, '포켓몬 고'로 인기몰이

VR이 가상세계에 사람이 들어간 느낌을 주는 기술이라면 가상세계의 단면이 현실세계에서 펼쳐질 수는 없을까요? 이렇게 컴퓨터가 만들어 낸 사물이나 풍경이 현실세계와 겹치게 하는 기술을 '증강현실(AR, Augmented Reality)'이라고 합니다.

AR은 크게 보면 VR의 한 분야입니다. AR은 현실에 가상의 사물이나 정보를 합성해서 가상세계가 마치 현실에 존재하는 것처럼 보여주는 일종의 컴퓨터 그래픽 기법입니다. '증강현실'이라는 표현은 현실에 기반을 두고 다른 정보(가상세계의 정보)를 증강(augmented, 늘어나고 강화됨)한다는 의미를 담고 있습니다. 현실세계에 가상 정보를 추가하는 셈이지요.

AR은 현실세계에 가상 사물을 겹치게 보여 줌으로써 사용자로 하여금 현실에 필요한 정보를 추가로 얻을 수 있게 해 줍니다. 스마트폰 카메라로 사용자 주변을 보여 주면 인근 식당이나 점포 등이 입체영상으로 표현되는 것도 일종의 AR 기술입니다. 자동차 앞유리에 차량의 속도나 위치 등 관련 정보를 보여 주는 헤드업디스플레이(HUD)도 일종의 AR입니다. 사용자가 안경을 쓰면 렌즈에 도로 정보와 검색 결과가 나타나게 하는 '구글 글라스'도 AR의 대표적인 예입니다.

VR이 물리적 이동이 불가능한 반면 AR은 물리적 이동이 자유롭습니다. 다만 가상현실과의 상호작용을 할 수 없을 뿐입니다. AR의 대표적인 예로 위치 기반 게임인 '포켓몬 고'를 들 수 있습니다. 미국 샌프란시스코에 있는 게임개발업체 나이언틱(Niantic)이 2016년 7월에 선보인 포켓몬 고는 카메라로 촬영한 실제 영상에 컴퓨터로 만들어진 캐릭터를 합성해서 인공적인 세계를 보여 줍니다. 조금 더 자세하게 말하면, 모바일 AR 게임 포켓몬 고는 GPS(위성위치확인시스템)가 장착된 모바일 기기를 사용해서 실제의 위치에 가상의 생물체가 나타나면 사용자가 이들과 싸워 포획하는(사로잡는) AR 게임입니다. 포켓몬 고는 기존 게임에는 없는 신기술에 힘입어 2016년 7월에 처음 모습을 드러낸 후 첫 8주 동안에 5억 회가 넘는 다운로드 기록을 달성했습니다.

포켓몬 고는 AR 기술을 잘 활용한 예가 됐지만, 대체로 AR은 가

▶ 증강현실(AR)을 활용한 '포켓몬 고'

자료: 셔터스톡

구 등을 적절하게 배치하기 위한 시뮬레이션이나 옷을 직접 입지 않
은 상태에서 색상이나 크기가 맞는지를 파악하는 의상 피팅 등으로
경제적인 관점에서 사용되고 있습니다.

MR, XR도 등장해 가상세계 활용 극대화

VR, AR에 이어 최근에는 혼합현실(MR, Mixed Reality)과 확장현실
(XR, eXtended Reality)이라는 기술까지 등장했습니다. 그렇다면 MR,
XR은 VR, AR과 어떻게 다를까요.

VR이 현실과 동떨어진 가상의 세계를 다루고 AR이 가상과 현실이
겹쳐진 세계를 다룬다면, MR은 VR과 AR의 장점을 두루 갖춘 기술

▶ 혼합현실(MR) 이미지

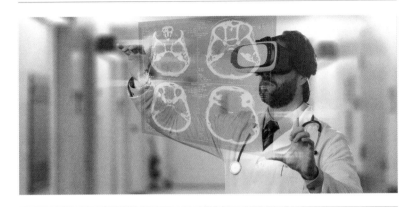

자료: 셔터스톡

입니다. 쉽게 말해, 사무실에 있는 실제의 책상을 가상으로 재배치해 보는 것이 MR 기법입니다. 또 자동차회사에서 차세대 자동차를 디자 인할 때 진흙 등으로 실물의 프로토타입(시험제작 원형)을 만들지 않고 가상세계에서 차량 프로토타입을 만들어 각종 실험을 하는 것도 MR 입니다. 영화 〈마이너리티 리포트〉에서 주인공 톰 크루즈가 허공에 컴퓨터 화면을 띄워 놓고 특수장갑을 낀 손으로 화면을 옮기는 기술 도 MR입니다.

XR은 VR, AR, MR 기술을 모두 활용해서 가상세계와 현실세계에 대한 사용자의 몰입감을 극대화한다는 점이 특징입니다.

미래 금융과 투자가
보이는 경제 지식

기술이 발전할수록 탐욕도 거대해진다

카지노 자본주의

- 케인스, 자본시장이 카지노판으로 바뀌는 것 비판
- 인간의 끝없는 욕구로 빚어진 각종 금융사고 증가
- 한탕주의 만연하면 경제, 특히 자본시장 제대로 발전 못 해
- 카지노 자본주의 판치는 곳에 정부 감시 기능 강화해야

여러분, 카지노(casino)를 아시는지요. 카지노는 룰렛(roulette), 잭팟 머신(jackpot machine), 카드놀이 등을 갖춘 도박장을 말합니다. 룰렛 은 빨간색과 흑색이 번갈아 칠해진 0~36까지의 숫자가 적힌 구멍 뚫린 원반을 돌린 후 멈췄을 때 구슬이 들어간 구멍의 색상이나 숫 자로 승패를 좌우합니다. 잭팟 머신은 동전을 넣고 손잡이를 당긴 후 정해진 숫자나 기호가 일치하면 일정 액수의 돈이 나오는 기계를 말 합니다.

도박장에서는 운이 좋아 대박(큰돈)을 칠 수도 있지만 자칫 방심하 면 한순간에 거지가 될 수도 있습니다. '운칠기삼(運七技三, 사람의 일이 재주나 노력이 아닌 운에 달려 있음)'을 외치며 도박장으로 향하는 모습은 예나 지금이나 달라진 게 없습니다.

메소포타미아 문명 시대부터 이어진 '도박'의 역사

카지노를 포함한 도박은 인류의 역사와 함께했습니다. 메소포타미아 문명 시대에서부터 고대 그리스나 로마 시대, 나폴레옹 시대, 16세기 영국 여왕 엘리자베스 1세의 시대 등을 거쳐 현재에 이르기까지 도박의 역사는 줄곧 이어지고 있습니다. 기원전 3000년 메소포타미아는 육면 주사위를 사용해 도박을 했으며, 중국은 기원전 1000년 주(周)나라 때에 동물 등을 싸움 붙여 내기하는 도박이 등장했습니다.

카지노가 세계 최초로 합법화된 곳은 이탈리아반도 동북부 해안에 자리 잡은 베네치아공화국이었습니다. 베니스(Venice)라는 영어 이름으로 잘 알려져 있는 곳이죠. 베니스의 이탈리아어 발음이 바로 베네치아(Venezia)입니다.

베네치아공화국은 1638년 공공 도박장 '리도토 디 산 모이세(Ridotto di San Moise)'를 열어 상대방의 돈을 갈취하는 카지노를 합법적으로 운영할 수 있도록 허가했습니다. 이에 따라 베네치아는 카지노의 산실(産室) 역할을 톡톡히 했습니다. 이탈리아에서 시작된 카지노의 거대한 물결은 미국, 마카오, 남미, 러시아 등에서까지 넘실거렸습니다.

이렇게 카지노의 세계화가 이뤄진 것은 도박이 주는 중독성 때문입니다. 사람들은 카지노장에서 대박을 쳤을 때 얻는 엄청난 금전적 보상과 희열의 맛을 잊지 못합니다. 이것이 도박을 금지하는 각종 법규에도 불구하고 도박이 뿌리째 뽑히지 못한 이유입니다. 자칫 패가망신해서 거지가 될 가능성이 농후함에도 말이죠.

또한 카지노는 불법적이라는 이미지가 강합니다. 그래서 흔히 카지노와 관련된 내용에는 대부분 '불법'이라는 수식어가 붙어 있습니다.

그렇다면 카지노와 자본주의 개념이 함께 섞인 '카지노 자본주의(casino capitalism)'는 어떤 의미를 지니고 있을까요? 앞서 설명했듯이 카지노 자본주의는 투기적이고 사행심을 조장하는 자본주의, 또는 불법적인 방식에 휘둘리는 자본주의라는 뜻을 담고 있습니다.

케인스와 스트레인지,
'자본주의 투기성 논란' 지적

카지노 자본주의에 대한 지적은 1936년 '거시경제학의 아버지'로 불리는 존 메이너드 케인스(John Maynard Keynes)가 쓴 『고용, 이자, 화폐의 일반이론(General Theory of Employment, Interest, and Money)』에 등장합니다. 케인스는 투기사업(large speculative ventures)에서 나타나는 지나친 호황과 불황 주기(boom and bust cycles)를 거론하면서, 특히 돈을 벌고 잃는 주식시장의 구조를 '카지노 자본주의'라고 비난했습니다. 이는 주식시장이 마치 카지노와 같이 돈을 벌고 잃는 폭등과 폭락의 속성을 지니고 있음을 지적한 것입니다.

주식시장에 대한 케인스의 부정적인 관점은 1929년 가을 미국 뉴욕의 주식시장이 붕괴하면서 전 세계가 대공황에 빠진 점도 크게 작용한 것으로 보입니다.

케인스가 언급한 카지노 자본주의는 영국의 경제학자 수전 스트레인지(Susan Strange)가 1986년 발간한 저서 『카지노 자본주의』에서 집중적으로 다뤄졌습니다. 스트레인지는 "서구 자본주의 시스템이 거대한 카지노를 닮아 가고 있다"면서 그 원인으로 금융공학의 발전, 금융시장 확대, 상업은행에서 투자은행으로의 무게중심 이동, 아시아계 투자은행의 급부상, 정부의 금융규제 완화 등을 꼽았습니다. 스트레인지의 지적이 모두 옳다고는 볼 수 없지만, 정보기술(IT) 등장에 따른 금융기법의 발전 및 투기적 성격을 띤 금융자본의 활동 등으

로 인해 경제가 이들 투기자본에 좌지우지되고 있다는 점은 분명합
니다.

　탐욕스러운 투기자본의 대표적인 예가 엔론(Enron)입니다. 미국
의 에너지기업 엔론은 2001년 무려 1조 4000억 원에 이르는 분식
회계를 저질러 회사가 파산했습니다. 분식회계(Window dressing
accounting)는 기업이 실제의 경영 실적보다 좋게 보이기 위해 자산이
나 이익을 부풀려 계산하는 회계방식입니다. 분식회계 사실이 밝혀
지면서 엔론이 파산함에 따라 CEO 제프 스킬링(Jeffrey Skilling)은 징
역 24년 4개월을 선고받았고, 회계부정을 도왔던 세계적인 회계법인
아서 앤더슨(Arthur Andersen)도 2002년 문을 닫았습니다.

엔론 사태 이어 비트코인 사기 열풍 등
인간의 탐욕 '현재진행형'

엔론 사태는 인간의 탐욕이 금융시장을 카지노화(化)한 대표적인 예입니다. 인간의 끝없는 욕구 분출은 현재진행형입니다. 엔론으로 시작된 카지노 자본주의는 피해 규모가 무려 50조 원으로 추산되는 비트코인 사기극의 주인공 권도형 테라폼랩스 대표의 등장으로 또다시 비난의 중심에 섰습니다.

일반적으로 화폐는 중앙은행이 발권력(화폐 발행권)을 지니며, 중앙은행은 화폐의 발행으로 수익(시뇨리지, seigniorage)을 얻습니다. 이에 비해 비트코인은 중앙은행의 통제 밖에 있으면서 사람들에게 일확천금에 대한 막연한 기대감을 심어 주죠. 이러한 인간의 심리를 이용해서 테라폼랩스는 비트코인 테라와 루나를 발행했지만 주가가 무려 99.75% 폭락한 끝에 결국 상장폐지되고 말았고, 그에 따라 전 세계 투자자들에게 50조 원이 넘는 피해를 안겼습니다. 비트코인에 대한 열풍을 악용한 거대한 카지노 판이었던 셈입니다.

금융자본의 영향력이 커지고 있는 상황에서 탐욕스러운 소수의 투기자본가들이 거액의 배당금을 챙겨 가는 카지노 자본주의는 비난받아 마땅합니다. 한탕주의가 만연한 사회는 불법이 판을 치게 마련입니다. 자본시장이 카지노 자본주의에 피해를 보고 있다면 정부의 규제와 감시 기능은 더욱 강화되어야 합니다. 규제 사각지대에서 자라난 '돈 놓고 돈 먹기 식'의 독버섯은 이제 사라질 때가 됐습니다.

위기 뒤에 숨은 더욱 큰 위기
바퀴벌레 이론

- 기업의 실적 부진, 법적 소송, 경영진 무능력도 '바퀴벌레'
- 대출 능력 점검하지 않은 '서브프라임 모기지' 사태가 대표적

집 안 부엌이나 화장실에서 바퀴벌레를 보는 것처럼 끔찍하고 더러운 일도 드물 것입니다. 그런데 바퀴벌레는 무리를 지어 사는 특성을 지니고 있습니다. 부엌이나 화장실에서 바퀴벌레 한 마리를 봤다면 찬장 뒤 어두운 구석 같은 눈에 보이지 않는 곳에는 더 많은 바퀴벌레가 숨어 있을 가능성이 매우 큽니다. 부엌에서 바퀴벌레 한 마리를 보고 놀랐다가 진정된 후 아파트 베란다를 청소하려다 한 곳에서 바퀴벌레가 무더기로 쏟아져 나오는 것을 보고는 놀라서 비명을 지르며 도망가게 될지도 모릅니다.

이렇게 하나의 악재(바퀴벌레)를 발견했을 때에는 그 뒤에 더 많은 악재가 숨어 있을 수 있다는 의미를 지닌 경제이론이 바로 '바퀴벌레

이론(cockroach theory)'입니다. 더 구체적으로 설명하면, 바퀴벌레 이론은 기업이 일반인에게 나쁜 소식을 전달했을 때에는 그와 관련된 더 나쁜 정보가 잇따를 수 있다(When a company reveals bad news to the public, many more related, negative events may be revealed in the future)는 얘기입니다.

악재의 이면에 또 다른 악재 숨어 있어

그렇다면 바퀴벌레 이론에서 '바퀴벌레'는 구체적으로 어떤 의미를 담고 있을까요? 일반적으로 바퀴벌레는 특정 기업의 실적 부진(earnings miss), 법적 소송(lawsuit), 무능력과 부도덕함 같은 경영진의 모럴 해저드(moral hazard, 기강 해이) 등을 의미합니다. 실적 부진과 부도덕한 경영진 등으로 인해서 기업 경영에 타격을 입고 자칫 회사 전체가 흔들릴 수도 있기 때문입니다.

바퀴벌레 이론은 관련 업계에까지도 악영향을 줄 수 있습니다. 투자자들은 특정 기업에 대한 악재를 해당 업체뿐만 아니라 동종 업계 전체에 문제점이 있다고 여길 수도 있기 때문입니다. 이는 기업 경영이 회사 자체의 문제점이 아닌 외부의 요인으로부터도 영향을 받을 수밖에 없음을 드러내는 대목입니다. 특정 기업이 외생적인 요인으로 인해 영향을 받으면 동종 업체 전체에 부정적인 영향을 줄 수 있다는 얘기지요. 예를 들어 A업체가 실적 부진 등으로 타격을 입으면 투자자들은 관련 분야에 있는 B기업, C기업, D기업에 대해서도 실적 저조를 예상하게 되고, 이는 곧 특정 업종에 대한 투자를 기피하는 현상으로 이어집니다. 이에 따라 투자자들이 A, B, C, D기업의 주식을 처분하게 되면 결국 이들 업체의 주가는 줄줄이 하락할 수밖에 없습니다.

서브프라임 모기지가 대표적인 사례

지난 2008년 글로벌 금융위기의 도화선이 된 '서브프라임 모기지(sub-prime mortgage, 비우량 주택담보대출)' 사태는 바퀴벌레 이론의 대표적인 예입니다.

미국에서는 은행이 주택을 담보로 대출을 해 줄 때 개인의 신용등급에 따라 '프라임(prime)', '알트(alt)-A', '서브프라임(sub-prime)' 등 3등급으로 신용등급을 나눕니다.

프라임 등급은 재산과 수입이 안정적이고 신용이 높은 개인을 대상으로 하는 담보대출이고, 알트-A는 프라임 등급에 비해 재산이나 수입은 많지 않지만 빌려준 돈을 갚을 능력이 있다고 여겨지는 '중간 정도 신용'의 개인에게 주는 담보대출입니다. 이에 비해 서브프라임은 신용도가 일정 기준 이하인 저소득층을 대상으로 하는 담보대출입니다. 결국 서브프라임 모기지론은 신용등급이 낮은 저소득층에게 주택자금을 빌려주는 대출상품입니다. 이 대출상품은 돈을 갚지 못할 확률이 높아서 일반적으로 프라임 등급보다 대출 금리가 2~4% 정도 높죠.

은행 입장에서는 서브프라임 등급 대상자에게 주택담보대출을 하면 위험할 수 있지만, 당시는 미국 부동산 가격이 계속 오르고 있어 크게 우려하지 않는 분위기였습니다. 주택담보대출을 신청한 미국인들 역시 주택 가격이 상승세인 데다 금리가 낮아서 '지금 집을 사지 않으면 손해'라는 심리가 작용했죠. 이에 따라 서브프라임 등급자들마저 대출을 받아 집을 사기 시작했습니다.

그러나 주택 가격이 크게 치솟으면서 주택시장이 과열되자 미국 정부는 기준금리를 올리기 시작하였고, 원금은커녕 이자조차도 갚을 능력이 안 되는 서브프라임 등급자들은 빚이 계속 쌓여만 갔습니다. 정부의 금리인상으로 부동산 가격이 계속 떨어지자 주택 소유자들이 앞다투어 집을 내놓았지만 구매자는 나타나지 않았죠. 담보대출금을 갚지 못하는 가구가 속출하면서 주택을 압류당한 미국인들이 거리로 내몰리게 되었고, 대출금을 받지 못한 은행의 파산도 이어졌습니다.

AIG, 리먼브라더스, 베어스턴스 등 서브프라임 모기지 사태 희생양

2008년 AIG, 리먼브라더스(Lehman Brothers), 베어스턴스(Bear Sterns) 등 미국의 주요 은행들이 서브프라임 모기지 사태의 희생양이 됐습니다. 이에 미국 정부가 긴급 구제금융에 나서면서 미국발 글로벌 금융위기의 막이 열렸습니다.

서브프라임 모기지 사태는 서브프라임이라는 '잠재적 바퀴벌레'의 위험성을 등한시하다 전체 미국의 부동산시장을 위기의 상황으로 내몰게 된 사건입니다. 허술하기 짝이 없는 대출상품과 미국 주택시장에 대한 지나친 낙관론, 그에 따른 위험 분석의 실패 등이 복합적으로 작용했던 것이지요.

그러나 달리 보면 바퀴벌레를 무조건 싫어하고 끔찍하게만 여길 필요는 없습니다. 바퀴벌레의 군집성(群集性, 여럿이 한곳에 떼를 지어 모이려는 성향)을 파악해서 앞으로 들이닥칠 위험에 대비하는 위기 경영인 '시나리오 경영'을 미리 세울 수 있기 때문입니다. 예측할 수 없는 외부 요인 등 외생변수가 난무하는 경제 현실을 감안할 때, 위기의 단초가 될 수도 있는 어떤 징후를 미리 접해 보는 일은 향후 전개될 '더

▶ 리먼브라더스 직원들이 회사 간판을 내리고 있다.

자료: 위키피디아

큰 위험'을 막는 대비책을 수립하는 데 도움을 줄 수 있을 것이기 때문입니다.

마른 수건도 다시 짜라
빈 카운터스

> • 경기침체에 재무통 출신의 중용 추세 두드러져
> • 매출 부진과 수익성 악화에 따른 '허리띠 졸라매기' 이해
> • '숫자' 아닌 품질혁신과 고객감동경영 중시해야

여러분, '빈 카운터스(bean counters)'라는 용어 들어보신 적이 있는지요? 빈(bean)은 '콩'이고 카운터스(counters)는 '숫자를 세는 사람들'이라는 뜻인데, 이 말은 어떤 의미를 지니고 있을까요?

재무 실적에만 연연하는 경영인 대거 등장

콩은 흔히 볼 수 있는 농산물인데, 이를 (마치 귀한 식품처럼) 일일이 숫자를 세는 것은 우스운 일이 될 수 있죠. 이에 따라 빈 카운터스는 작은 것 하나 놓치지 않고 꼼꼼하게 챙기는 재무·회계 전문가를 비꼬는 말로 쓰이고 있습니다. 재무나 회계 담당자들은 모든 문제를 숫자와 데이터로 보려는 성향을 지니고 있기 때문입니다. 비판적으로 설명하면, 빈 카운터스는 인색해서 돈을 쓰지 않으려는 사람들, 즉 구두쇠를 의미합니다.

빈 카운터스의 유래는 크게 두 가지입니다.

우선 독일어 '에브젠잘러(Erbsenzähler)'에서 유래했다는 얘기가 있습니다. '에브젠(Erbsen)'은 '콩', '잘러(zähler)'는 '계산하는 사람'을 뜻합니다. 독일 바로크 시대(1600~1750년경)의 소설가 한스 야코프 크리스토펠 폰 그리멜스하우젠(Hans Jakob Christoffel von Grimmelshausen)이 1668년에 사회풍자 잡지 《심플리치시무스(Simplicissimus)》에서 에브젠잘러라는 말을 처음 소개한 것으로 알려져 있습니다.

또 다른 기원은 1928년 호주 하원(Australian House of Representatives)의 의회 토론회에서 처음 모습을 드러낸 것으로 여겨집니다. 당시 호주 하원이 정부의 예산안 감축안에 크게 반발하자 호주 정부에서 "It is not a bean counter's bill. There is no attempt to make any savings(이것은 콩이나 세는 사람의 계산서가 아니다. 정부가 지출을 줄일 이유는 없다)"라고 설명하면서 등장한 용어입니다. 이에 따라 일각에서는 '빈(콩)'이 영어 속어로 달러(dollar)를 의미하는 것 아니냐는 추정도 나오고 있습니다.

'빈'의 진정한 의미가 무엇이든, 빈 카운터스의 유래가 어디에서 시작했든 그것은 크게 중요하지 않습니다. 경영의 비효율을 없애고 이윤을 극대화하려는 경영전략이 높은 평가를 받는다는 점을 감안하

▶ 빈 카운터스

자료: 셔터스톡

면 빈 카운터스는 구두쇠라는 놀림을 받을 수는 있겠지만 크게 비난 받을 일이 아니기 때문입니다.

3년간 이어진 코로나19 팬데믹이 빈 카운터스 부추겨

지난 3년간 이어진 코로나19 팬데믹으로 각국의 경제활동이 모두 중단되면서 미국과 유럽 등 지구촌 경제는 사상 최악의 상태를 맞이 했습니다. 빈 카운터스는 이처럼 경기침체의 그늘이 짙게 드리울 때 두각을 나타냅니다.

기업체에서 돈 등 재무와 관련된 일에 능통한 이들을 흔히 '재무통

(財務通)'이라고 부릅니다. 코로나19 팬데믹으로 지구촌 경제가 뿌리째 흔들리게 되자 기업들은 비상경영을 선언하면서 재무통들을 경영 일선에 전진 배치시켰습니다. 이에 따라 재무 전문가들이 주요 기업의 CFO(최고재무전문가)로 등장하거나, 아니면 CFO 출신이 CEO(최고경영자)로 올라가는 일이 두드러지고 있습니다.

'Chief Financial Officer'의 약자인 CFO는 기업 내 재무와 회계 업무 등 자금 관련 부분을 모두 챙기는 총괄 책임자입니다. CFO는 주로 기업의 투자활동, 인수합병(M&A), 인사, 마케팅 등 '돈'이 들어가는 부분의 최고 사령탑인 셈입니다. 또 'Chief Executive Officer'의 약어인 CEO는 그룹 전체의 경영 방침이나 장기 사업 비전을 제시하고 이사회를 여는 등 기업에 대한 모든 권한을 가진 경영자입니다. 기업체 회장이 CEO를 맡는 경우가 대부분입니다. 'COO(최고운영책임자)'라는 직책도 있습니다. 'Chief Operating Officer'의 약자인 COO는 회사의 내부 사업을 총괄하는 직책으로, 대체로 사장이 맡는 경우가 많습니다.

기업에서 CFO의 위상이 높아지거나 CFO 출신 CEO가 대거 등장한 데에는 코로나19로 인한 생산 차질과 소비 감소 등의 원인이 있습니다. 이에 따라 재무 전문가들은 위기 상황을 극복하기 위해 아낄 수 있는 것은 다 아끼는 이른바 '마른 수건 쥐어짜기' 식의 경영을 펼치고 있죠.

재무통이 바쁘게 움직일 수밖에 없는 이유는 또 있습니다.

지난 3년간 이어진 코로나19 팬데믹으로 자금난을 겪어 온 대다수 기업이 회사채(corporate bond)를 앞다퉈 발행했습니다. 회사채는 기업이 투자나 회사 운영 등에 필요한 돈을 마련하기 위해 발행하는 채권입니다. 쉽게 설명하면 돈을 빌려주면 나중에 갚겠다는 일종의 '빚 문서'죠. 나라가 발행하면 '국채(國債)', 기업이 발행하면 '회사채'입니다. 기업이 채권을 발행하면 돈을 빌린 이에게 정기적으로 이자를 지급하고, 갚기를 약속한 날(만기일)이 되면 빌린 원금을 돌려줘야 합니다.

코로나19로 경영난을 겪어 온 기업들은 2~3년 전에 2년 만기 혹은 3년 만기의 회사채를 발행했는데, 2023~2024년이면 이 회사채 만기가 대거 돌아옵니다. 설상가상으로 회사채를 발행한 2~3년 전에 비해 금리가 크게 치솟은 점도 기업에게는 부담이 아닐 수 없습니다. 일반적으로 기업들은 채권 만기일이 오기 이전에 차환(借換, refunding)을 통해 돈을 마련합니다. 간단하게 말해 차환은 기업이 새 빚을 내서 기존 빚을 갚는 방식입니다. 문제는 금리인상의 여파로 인해 차환에 필요한 자금을 마련하기 위해서는 회사가 보유 중인 현금까지도 동원해야 하는 상황으로 치닫고 있다는 점입니다.

코로나19가 쏘아 올린 경제위기를 타파하기 위한 기업의 재무통 '모시기'는 당분간 이어질 수밖에 없습니다. 앞서 설명한 것처럼 기업 매출이 주춤하는 사이에 금리인상에 맞서고 수익을 높이려면 원가절감, 구조조정 같은 재무통의 일들이 숙제로 남아 있기 때문입니다.

'빈 카운터스' 전성시대 곤란…
제품 품질 나쁘면 소비자 등 돌려

그렇지만 '재무통 전성시대'가 계속되는 것이 기업에는 오히려 득이 아닌 해가 될 수 있습니다. 기업 경영의 비효율성을 없애고 이윤 극대화를 추진하는 점은 이해할 수 있지만, 자칫 제품과 서비스 혁신을 소홀히 해서 소비자가 등을 돌릴 수도 있기 때문입니다. 대표적인 예로 미국의 자동차업체 제너럴모터스(GM)를 꼽을 수 있습니다. GM은 2000년대 중반까지 세계 자동차업계의 강자로 군림해 왔지만 2009년 6월 1일 파산보호(일종의 법정관리)를 신청했습니다.

세계 자동차업계의 '살아 있는 전설'로 통하는 로버트 앤서니 루츠 (Robert Anthony Lutz) GM 전(前) 부회장은 GM이 벼랑 끝으로 내몰리게 된 것은 회사가 최고의 차량을 만드는 데 주력하지 않고 비용절감과 수익성에만 매몰됐기 때문이라고 지적했습니다. 루츠 전 부회장은 그의 저서 『빈 카운터스』에서, GM은 비용을 줄이는 데 중점을 두는 재무적 측면에만 집중하고 신차 개발이나 디자인 등에 투자를 하지 않음으로써 세계 자동차 시장 무대에서 독일과 일본 등에 밀리는 신세가 됐다고 진단했습니다.

▶ 로버트 앤서니 루츠
　GM 전 부회장

물론 최근 자동차업계 상황은 코로나19라는 전대미문의 위기와 맞물려 루츠 전 부회장이 질타했던 '빈 카운터스' 때문이라는 지적이 맞지 않을 수도 있습니다. 그러나 제품 성능 극대화와 연구개발(R&D) 등 '큰 그림'을 보지 않고 '콩알 숫자나 세는' 경영방식으로는 4차 산업혁명 시대에 걸맞은 탄탄한 기술력과 소비자 만족도를 확보할 수 없다는 점은 분명합니다. 경기불황에도 기업이 투자에 적극 나서서 '미래 먹거리'를 확보하는 것이 왜 중요한지를 보여 주는 교훈이 아닐 수 없습니다.

투자도 게임처럼 즐긴다
게이미피케이션
(투자의 게임화)

20

- 코로나19 대유행 따른 '언택트' 문화 영향
- S&H 그린 스탬프 등장으로 투자 게임화 본격화
- 게이미피케이션 시장 규모, 2030년 125조 원으로 급성장

여러분, 게이미피케이션(gamification)이라는 용어 들어보셨는지요? 게임을 뜻하는 영어 단어 '게임(game)'에 '~이 되어 가는 과정(the process of becoming)'이라는 뜻의 접미사 '-ification'이 더해졌습니다. 그래서 '게임이 되어 가는 과정' 혹은 줄여서 '게임화(化)'라고 부릅니다. 즉 게이미피케이션이란, 게임은 아니지만 재미있는 요소를 추가해서 마치 게임처럼 즐길 수 있는 것을 뜻합니다. 조금 더 자세하게 살펴보면, 게임이 아닌 분야에 게임의 장점을 접목시켜서 사용자가 재미있게 즐기고 그에 따른 보상을 받을 수 있도록 하자는 얘기입니다.

WALKING BLOGGING STAMPING

게임 아닌 분야에 게임 장점 접목해서
사용자 늘리고 보상도 제공

엄밀하게 말하면 게이미피케이션은 과거에도 있었습니다. 내용이 어렵거나 복잡해서 쉽게 접근하기 힘든 분야나 일에다가 게임의 요소를 추가해서 더 쉽게 처리하도록 하기 위해서지요. 난해한 일도 게임처럼 하면 흥미를 느껴서 잘할 수 있으리라는 생각에 따른 것입니다.

게이미피케이션은 최근 더욱 두드러지고 있습니다. 스마트폰이 일반화되고 소셜네트워크서비스가 인기를 끌면서 기업이 게이미피케이션을 각종 마케팅으로 활용하고 있기 때문이죠. 특히 코로나19 팬데믹(pandemic, 대유행)으로 언택트(untact, 비대면) 문화가 자리를 잡게됨에 따라 디지털 전환이 속도를 내면서 게이미피케이션은 경제활동에도 적용되고 있습니다. 이 가운데 게이미피케이션이 다른 경제 영역보다 더 공격적으로 활용되는 곳이 있습니다. 바로 은행, 증권 등 금융 분야입니다.

게이미피케이션이 금융 분야에 접목되면 각종 은행, 주식 관련 상품들을 투자자들이 쉽고 재미있게 접할 수 있습니다. 특히 은행은 재테크에 큰 관심을 갖고 있는 MZ세대(20~40대 연령층)는 물론 미래 고객인 어린이 세대까지도 게이미피케이션을 통한 주된 공략의 대상으로 삼고 있죠. 은행은 게임을 통해 이들 언택트 문화에 익숙한 세대에게 각종 금융상품 정보는 물론이고 그에 따른 보상도 제공합니다. 게임 요소를 접목한 금융상품과 서비스를 선보임으로써 게이미피케이션에 익숙해진 미래 고객을 확보하고, 브랜드 인지도와 브랜드 충성도를 높이며, 이를 통해 금융상품 등 관련 서비스를 더 사용하도록 유도합니다.

게이미피케이션은 인간의 욕구를 잘 반영한 도구이기도 합니다. 게임은 일반적으로 '도전(challenge)－경쟁(competition)－성취(achievement)－보상(compensation)'으로 이어지는 특성을 지니고 있습니다. 게임이 아닌 분야에 도전할 수 있도록 동기를 부여하고, 승부욕을 자극하여 경쟁을 부추깁니다. 이 경쟁을 통해 게임에서 부여된 임무를 달성하는 성취감을 만끽할 수 있고, 은행 등은 이에 대한 보상을 주는 방식이죠. 은행 등은 게임의 이런 특성 가운데 고객이 게이미피케이션에 몰입할 수 있는 첫 단계인 도전, 즉 동기부여 부분에 신경을 많이 쓰는 모습입니다.

매슬로의 5단계 욕구 이론, 게이미피케이션 활성화에 기여

1943년, 게임에 대한 인간의 동기부여와 관련해 미국의 심리학자 에이브러햄 해롤드 매슬로(Abraham Harold Maslow)는 '5단계 욕구(Hierarchy of Needs)'라는 이론을 내놔 눈길을 끌었습니다. 매슬로는 인간의 욕구를 ① 생리적 욕구(Physiological Needs), ② 안전의 욕구(Safety Needs), ③ 사랑과 소속감의 욕구(Love and Belonging), 즉 사회적 욕구(Social Needs), ④ 존경의 욕구(Esteem), ⑤ 자아실현의 욕구(Self-actualization) 등 다섯 가지로 나눴습니다.

그렇다면 게이미피케이션은 인간의 다섯 가지 욕구 가운데 어느 것과 밀접한 관계가 있을까요? 게임을 통해 게이머들의 관심을 한 몸에 받는 '존경', 그리고 성취에 대한 만족감이 최고조에 이르는 '자아실현'일 겁니다.

▶ 에이브러햄 해롤드 매슬로의 '5단계 욕구' 이론

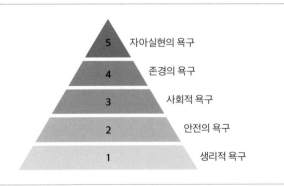

게이미피케이션이라는 용어는 2002년 영국 컴퓨터 프로그래머 닉 펠링(Nick Pelling)이 처음 사용했습니다. 그러나 당시에는 이 용어가 별다른 관심을 받지 못했습니다. 그러다가 스마트폰이 일반화되면서 스마트폰 앱을 활용해 게임과 금융, 유통 업무를 함께 즐기는 기능이 갖춰지기 시작했습니다. 그 후 2011년 1월 미국 캘리포니아주 샌프란시스코에서 막을 올린 '게이미피케이션 서밋(Gamification Summit 2011)'이 게이미피케이션을 널리 알리게 된 기폭제가 됐지요.

그렇다면 게이미피케이션을 처음 시도한 회사는 어디였을까요? 1896년 미국의 사업가 토머스 스페리(Thomas Sperry)와 셸리 바이론 허치슨(Shelley Byron Hutchinson)이 설립한 회사 스페리&허치슨 컴퍼니(Sperry & Hutchinson Company)입니다.

▶ S&H '그린 스탬프'

자료: Sperry & Hutchinson Company

S&H로 줄여 부르는 이 유통업체는 자사의 잡화점과 주유소를 이용하는 고객들에게 거래 금액에 따라 1, 10, 50포인트 등 3종류의 스탬프를 찍어 주는 '그린 스탬프(S&H Green Stamps)' 제도를 도입하여, 스탬프북 한 권(1200포인트)을 다 채우면 전용 매장에서 스탬프북을 가정용품으로 교환해 갈 수 있는 혜택을 줬

습니다. 이처럼 도장을 찍어 주고 도장을 다 모으면 물건으로 바꿔 주는 그린 스탬프 제도는 소비자에게 동기를 부여하고 제품 충성도를 심어 주는 일종의 게이미피케이션인 셈입니다.

카카오뱅크·토스·네이버 등 '빅테크 기업', 게이미피케이션 사업 뛰어들어

최근에는 카카오뱅크, 토스, 네이버 등 이른바 빅테크 기업을 중심으로 게이미피케이션이 활발히 이뤄지고 있습니다. 빅테크는 네이버나 카카오처럼 온라인 플랫폼을 제공하다 금융시장에 뛰어든 업체를 칭합니다.

카카오뱅크는 2018년 게이미피케이션 특징을 가미한 '26주 적금'을 내놨습니다. 이 금융상품은 소비자가 최초 가입 금액을 선택하면 그다음 주에는 선택한 금액만큼 늘려 적금을 넣고, 26주 동안 빠지지 않고 매주 적금을 부으면 시장 금리인 기본 금리에 우대 금리를 더해 주는 방식입니다. 이런 독특한 금융상품 덕분에 26주 적금은 출시 1년도 안 되는 245일 만에 가입자 수가 100만 명을 넘어서는 기염을 토했습니다.

핀테크(금융+기술) 업체 토스는 게이미피케이션으로 만보기(걸음 수를 측정하는 기계) 기능을 선보였습니다. 사용자는 5000보를 걸으면 10원, 1만 보를 걸으면 30원 하는 식으로 목표 달성에 따른 보상을 제공받습니다. 이러한 특징 덕분에 토스 만보기 사용자는 2022년에

이미 400만 명 이상을 돌파했습니다.

　네이버는 2022년 네이버 블로그에 글을 매주 작성하는 '주간일기 챌린지'를 펼쳤습니다. 네티즌이 매주 글을 쓸 때마다 성공 스탬프를 주고 매월 블로그에서 사용할 수 있는 이모티콘을 제공합니다. 이에 100만 명이 넘는 이들이 이 행사에 참가했는데, 이들의 약 90%가 30대 이하의 젊은 층으로 알려졌습니다.

　물론 게이미피케이션이 최근 소비자와 기업에게 신선한 충격을 줬지만, 그렇다고 부작용이 없는 것은 아닙니다. 게임을 통해 복잡한 내용을 설명하거나 동기를 부여해 주기도 하지만 때로는 투자자들이 신중하게 생각하지 않고 감정에 이끌린 행동을 할 수도 있기 때문입

▶ 전 세계 게이미피케이션 시장 규모

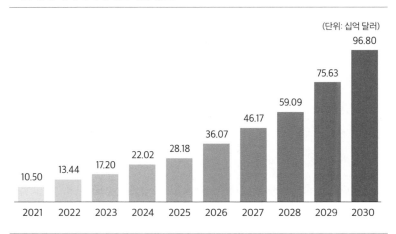

(단위: 십억 달러)

자료: 프레시던스 리서치

니다.

　그러나 구더기 무섭다고 장을 안 담글 수는 없습니다. 비록 그런 부정적인 면을 안고 있다 하더라도 게이미피케이션은 이미 소비자의 마음을 잡을 수 있는 피할 수 없는 흐름으로 자리 잡았습니다. 이를 뒷받침하듯 하나금융경영연구소에서는 게이미피케이션 시장이 2019년 70억 달러(약 9조 580억 원) 규모에서 2025년에는 350억 달러(약 45조 2900억 원) 규모로 연평균 30% 이상 성장할 것이라고 보고 있습니다. 글로벌 시장조사업체 프레시던스 리서치는 전 세계 게이미피케이션 시장 규모가 연간 28% 성장해서 2030년에는 968억 달러(약 125조 2592억 원) 규모로 커질 것이라는 전망을 내놨습니다.

잘 만든 콘텐츠로 부와 명성을 한 몸에

크리에이터 이코노미
(창작자 경제)

- SNS 일상화로 최근 수년간 급성장세 보여
- 짧은 동영상 '쇼트폼'이 효자 노릇
- 세계 크리에이터 이코노미 규모, 259조 원 돌파

크리에이터 이코노미(Creator Economy)를 들어본 적이 있나요. 크리에 이터 이코노미는 '크리에이터(제작자)'가 창작물을 만들어서 이를 토대로 돈을 버는 경제활동을 뜻합니다. 크리에이터는 유튜브(YouTube), 틱톡(TikTok), 인스타그램(Instagram), 페이스북(Facebook) 등 소셜네트워크서비스(SNS, 온라인·모바일 플랫폼)에 다양한 콘텐츠를 올립니다. SNS에 수만 혹은 수십만 명에 이르는 팔로워(follwer, 구독자)를 보유하고 있는 크리에이터는 자신의 팔로워에게 콘텐츠로 영향을 미칩니다. 팔로워에 영향을 미친다는 점 때문에 크리에이터는 '인플루언서(Influencer)'로 불리기도 합니다.

소비자 겸 생산자인 크리에이터, SNS를 통해 콘텐츠를 판매하는 생태계

기존 산업은 기업이 물건이나 콘텐츠를 만들어 소비자에게 판매해 돈을 버는 구조였습니다. 그러나 크리에이터 이코노미에서는 상황이 조금 다릅니다. 이 생태계에서 크리에이터는 콘텐츠를 만들어 다른 소비자에게 판매하는 생산자인 동시에 그들 자신이 SNS를 이용하는 소비자이기도 하기 때문이죠. 크리에이터는 콘텐츠 조회 수에 따라 콘텐츠 업체로부터 돈을 받거나 시청자 후원금, 광고 수익을 얻습니다. 이러한 일련의 활동을 크리에이터 이코노미라고 합니다. 다만 크리에이터는 배우, 가수, 댄서 등 연예계에 종사하는 전문 연예인이 아니라는 점이 차이점입니다.

크리에이터는 팔로워 수에 따라 크게 4종류로 나뉩니다. 수십에서 수백 명에 이르는 팔로워를 확보한 '나노 크리에이터'를 비롯해 1000명에서 수천 명에 이르는 팔로워를 둔 '마이크로 크리에이터', 수만~수십만 명의 구독자가 있는 '매크로 크리에이터', 수십만~수천만 명의 구독자를 확보한 '메가 크레이터' 등입니다.

그렇다면 크리에이터 이코노미라는 개념은 언제 등장했을까요?

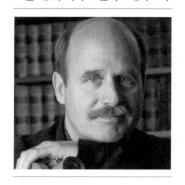

▶ 폴 새포, 미국 스탠퍼드대학 교수

1997년 미국 스탠퍼드대학 엔지니어링학과의 폴 새포(Paul Saffo) 교수는 '뉴 이코노미(new economy)'의 영향으로 크리에이터 이코노미가 탄생했다고 밝혔습니다. 뉴 이코노미는 과거의 산업혁명 패러다임으로부터 벗어나서 정보기술(IT) 등이 융합된 정보화 혁명으로 가는 경제적 변화를 뜻합니다. 뉴 이코노미는 미국 시사주간지 《타임(Time)》이 1983년 커버스토리로 처음 다루면서 알려졌습니다. 《타임》은 뉴 이코노미가 중공업 중심의 경제체제에서 새로운 기술 중심의 경제체제로 바뀌는 과정이라고 설명했습니다. 새포 교수는 크리에이터가 정보화 시대에 소비자에게 혜택을 주는 중요한 역할을 할 것이라고 내다봤습니다.

찰리 다멜리오, 퓨디파이, 애디슨 레이 등이 두각

크리에이터 이코노미가 처음 등장했을 때 크리에이터는 애니메이션(만화영화)과 일러스트레이션(삽화) 분야에서 주로 일했습니다. 그러나 당시에는 애니메이션이나 일러스트레이션으로 제대로 돈을 벌 수 있는 시장 인프라가 없었죠. 이에 따라 두 분야에 종사하는 크리에이터는 수입을 제대로 올릴 수 있는 창구로 유튜브 등의 SNS로 눈을 돌렸습니다.

그렇다면 전 세계에 있는 크리에이터의 숫자는 얼마나 될까요

전 세계 크리에이터는 2021년 말에 약 5000만 명이던 것이 2023년 5월 현재 2억 700만 명으로 4배 이상 늘어났습니다. 이들 크

▶ 세계 1위 크리에이터
　찰리 다멜리오

리에이터 가운데 괄목할 만한 이들은 중국 동영상 플랫폼 '틱톡' 스타 찰리 다멜리오(Charli D'Amelio), 퓨디파이(PewDiePie), 애디슨 레이(Addison Rae) 등입니다. 댄서 출신의 미국 여성 크리에이터 찰리 다멜리오는 팔로워 수가 1억 5070만 명에 이르는 세계 1위의 크리에이터입니다. 스웨덴 코미디언 출신의 크리에이터 퓨디파이(본명은 펠릭스 아르비드 울프 셸버그[Felix Arvid Ulf Kjellberg])는 팔로워가 1억 1100만 명에 달하고, 미국의 여배우 겸 크리에이터인 애디슨 레이는 8860만 명입니다.

쇼트폼-MZ세대 감성 공략, SNS 대세로 자리

　그렇다면 크리에이터 이코노미를 이처럼 급성장할 수 있게 한 도구는 무엇일까요? 그것은 '쇼트폼(short form)'이라 불리는 짧은 동영상 콘텐츠입니다. '짧은 형식' 혹은 '짧은 형태'라는 뜻의 쇼트폼은 15초~10분(웹 드라마) 길이의 짧은 비디오 영상(콘텐츠)을 말합니다. 대표적인 쇼트폼으로는 유튜브 쇼츠(Shorts), 인스타그램의 '릴스(Reels)', 틱톡을 들 수 있습니다. 콘텐츠 분량 제한은 유튜브 쇼츠가 1분, 릴스가 90초, 틱톡이 10분입니다.

크리에이터가 짧은 동영상 콘텐츠를 앞다퉈 만드는 이유는 1020세대(10대부터 20대까지의 청소년·청년 세대)나 MZ세대(20~40대 연령층)가 분량이 짧은 쇼트폼을 선호하기 때문입니다. 이들 세대는 TV보다는 스마트폰 등의 모바일이 익숙해서 짧은 시간 내에 필요한 정보나 콘텐츠를 소비하려는 성향이 있고, 이에 따라 쇼트폼은 동영상을 보는 데 많은 시간이 필요하지 않다는 장점 때문에 SNS의 대세로 자리 잡게 되었습니다. 그리고 크리에이터는 최대한 짧은 시간 안에 압축된 내용으로 소비자를 사로잡아야 한다는 숙제를 떠안게 됐습니다.

세계적인 부와 명성, 편중된 수입 등 '빛과 그림자' 공존

다양한 형태로 진화하는 크리에이터 이코노미의 규모는 어느 정도일까요? 미국 경제경영 잡지 《포브스(Forbes)》는 전 세계 크리에이터 이코노미 시장의 규모가 2022년에 1000억 달러(약 127조 원)를 넘어선 것으로 보도했습니다만, 일각에서는 2022년의 세계 크리에이터 이코노미 시장 규모를 2040억 달러(약 259조 원)가 넘는 것으로까지 보고 있습니다.

크리에이터 이코노미가 거대한 시장으로 발돋움했지만 어두운 그늘도 없지 않습니다. 크리에이터로 세계적인 명성과 부(富)를 거머쥔 이들도 많지만, 수입이 너무 적어 크리에이터로 활동하는 데 어려움을 겪는 이들도 많기 때문이죠. SNS 참조 방문 페이지(social media reference landing page) 링크트리(LinkTree)에 따르면 2022년 전업 크리에이터 가운데 46%가 연간 수입액이 1000달러(약 127만 원)에 미치지 못하는 것으로 나타났습니다. 이처럼 명암이 엇갈리고 있지만, 한 가지 분명한 점은 콘텐츠가 좋으면 분야를 가리지 않고 수많은 이들이 팔로우를 하게 되고 그에 따라 수입도 늘어난다는 점입니다.

놀고 운동하고 환호하며 돈을 번다
P2E vs. M2E vs. F2E

- P2E, 게임하며 아이템-재화 얻어 일석이조 효과
- M2E, 사용자 건강 증진과 NFT 운동화 판매 모두 겨냥
- F2E, 희소가치 두드러진 '아티스트 소장품' 판매

최근 '게임'과 관련해 몇 가지 흥미로운 용어가 쏟아지고 있습니다. 대표적인 것 가운데 하나가 '플레이 투 언(Play to Earn)'입니다. 플레이 투 언은 줄여서 'P2E'라고 표기합니다.

P2E는 '게임을 즐기면서 돈을 번다'는 뜻이죠. P2E는 게임을 하면서 아이템이나 재화를 얻는 일석이조의 효과를 누릴 수 있습니다. 좀 더 구체적으로 설명하면, 사용자가 P2E 게임에서 이기면 그에 따른 보상으로 게임 관련 아이템이나 재화, 즉 블록체인(Blockchain) 기술을 활용한 '가상화폐' 혹은 'NFT(Non-Fungible Token, 대체불가토큰)'를 받습니다.

블록체인은 거래에 참여한 모든 이가 거래 내역을 공유함으로써 해킹을 막는 기술입니다. 이 방식에서는 거래하는 이들의 컴퓨터 서버에 거래 내역 전부가 저장되고, 또 거래가 이뤄질 때마다 관련 거래 내역이 모든 이의 서버에 전송됩니다. 본인과 관계없는 거래 내역까지도 공유되고 서버에 '체인(Chain, 사슬)'처럼 저장되기 때문에 블록체인이라고 부릅니다. 이 때문에 블록체인은 해킹 위험이 매우 적은 점이 특징입니다(블록체인에 대한 자세한 내용은 책에서 별도로 다룹니다).

그렇다면 NFT는 무엇일까요? NFT는 '희소성'을 지닌 디지털 자산을 대표하는 토큰(Token, 거래할 수 있는 파일)입니다. 쉽게 말하면 NFT는 소유권을 증명하는 일종의 증빙 기술입니다. 또는 전자화된 디지털 등기라고 말할 수도 있죠. NFT는 다른 어떤 것으로도 바꿀 수 없는 고유의 가치를 지닌 토큰으로, 블록체인을 활용하여 소유자 내역, 거래 내역, 발행 시간 등이 담긴 고유번호를 부여함으로써 복제나 위조가 불가능하도록 만든 점이 특징입니다. 일종의 '정품 인증서'나 마찬가지입니다. 이에 따라 NFT를 적용할 수 있는 분야가 많습니다. P2E처럼 게임 아이템에 쓰거나 작품 증빙 등에 써서 진위 논란을 막을 수 있고, 민감한 정보가 담긴 보험 증빙 등에도 쓰일 수 있죠(NFT에 대한 자세한 내용도 책에서 별도로 설명합니다).

NFT 활성화로 P2E 인기 얻어

P2E는 게임에 등장하는 캐릭터를 비롯하여 재화, 아이템 등을 블

록체인에 기록하여 이용자 소유권을 증명합니다. 또 블록체인 플랫
폼을 활용해 다른 게임과 교환 거래도 할 수 있죠. 그래서 외국에서
는 블록체인 기술을 게임에 적용한 P2E 게임이 활성화돼 있습니다.

우리나라에서도 여러 게임업체가 글로벌 게임 시장을 겨냥해 P2E
게임을 개발했습니다. 그러나 P2E 게임은 아직 국내에서 정식 서비
스를 할 수 없습니다. 국내에서는 게임 아이템 거래가 불법이기 때문
입니다. P2E가 '사행(射倖) 행위'로 여겨지고 있기 때문이죠. 사행 행
위는 우연한 결과를 통해 특정인에게 재산상의 이익을 주고 다른 참
가자에게 손해를 끼치는 행위를 뜻합니다.

그렇다면 P2E 게임 업계 현황은 어떨까요?

▶ **스카이마비스가 개발한 P2E 게임 '엑시인피니티'**

자료: 스카이마비스

P2E는 베트남 스타트업 기업 스카이마비스(Sky Mavis)가 개발한 '엑시인피니티(Axie Infinity)'가 큰 인기를 모으고 있습니다. 엑시인피니티는 '엑시'라고 불리는 NFT 캐릭터를 키우는 게임이죠. 국내 게임 업체로는 위메이드와 엔씨소프트 등이 세계 시장을 겨냥한 P2E를 내놓고 있습니다. 위메이드는 NFT 기술을 접목시켜 아이템을 거래하는 게임 '미르4'를 내놓았는데, 미르4는 동시접속자 수가 130만 명을 넘는 기염을 토했습니다. 엔씨소프트는 NFT와 블록체인 기술을 결합한 새로운 다중접속역할수행게임(MMORPG)의 출시를 준비 중입니다.

M2E, 건강 증진과 제품 판매 접목

P2E라는 독특한 게임 생태계에 힘입어 사용자에게 혜택을 주는 게임이 계속 등장하고 있습니다. 'M2E'가 대표적인 예입니다. M2E는 '무브 투 언(Move to Earn)'의 약어입니다. P2E가 놀면서 돈을 버는 게임 방식이라면, M2E는 걷거나 달리는 등 '몸을 움직여서', 즉 운동을 해서 돈을 버는 형태입니다. P2E가 게임의 승리에 초점을 맞췄다면, M2E는 사용자의 건강 증진에 초점이 있다는 점이 차이라고 할 수 있습니다. M2E는 적절한 보상을 주면서 사용자에게 야외 운동을 권유하는 시스템으로, NFT 운동화를 신은 사용자가 걷거나 달리게 되면 NFT 운동화가 움직임과 운동량 등을 파악해서 보상합니다.

M2E의 대표 격으로는 호주 핀테크 기업 파인드 사토시 랩(Find

Satoshi Lab)이 개발한 M2E 서비스 '스테픈(STEPN)'을 꼽을 수 있습니다. 이 게임은 사용자가 파인드 사토시 랩에서 판매하는 NFT 운동화를 신고 GPS(위치정보시스템) 신호가 잡히는 야외에서 운동하면 보상(가상화폐)을 줍니다. 이를 통해 번 가상화폐는 NFT 운동화 성능을 개선하거나 새 운동화를 사는 데 사용할 수 있죠. 필요하면 현금화할 수도 있습니다.

세계 시장에는 스테픈 외에도 지노펫(Genopets), 스니커즈(SNKRZ), 스텝앱(Step App), 스웻코인(Sweatcoin) 등 여러 M2E가 있고, 국내에서도 하루에 일정 수준 걸으면 돈을 주는 '캐시워크(Cashwalk)', 걸으면 쿠폰을 주는 '워크온(Walkon)' 등이 있습니다.

F2E, 유명인 팬층 겨냥한 팬덤 경제도 등장

가수나 영화배우 등 유명 연예인을 후원하면 그에 따른 보상을 주는 'F2E'도 등장했습니다. F2E는 '팬 투 언(Fan to Earn)'을 줄인 용어입니다.

F2E는 가수, 배우, 운동선수 등 유명인을 좋아하는 사람들(fandom, 팬덤)의 팬 활동을 활용한 일종의 '팬덤 경제'입니다. 쉽게 말해 가수나 배우 같은 아티스트가 지닌 지식재산권을 활용하는 방식이죠. 예를 들어 BTS, 뉴진스 등 유명 가수를 보유한 엔터테인먼트 업체 하이브(HYBE)는 아티스트의 지식재산권에 NFT를 활용하는 F2E를 선보였습니다. 하이브는 글로벌 팬덤 플랫폼인 위버스

(Weverse)를 통해 지식재산권을 유통해서 팬들을 공략하고 있는 것이지요.

하이브는 또 국내 블록체인·핀테크 전문업체 두나무와 손잡고 미국에 NFT 합작법인 '레벨스(Levvels)'를 세워 F2E 사업을 이끌고 있습니다. 소비자들이 앱스토어에서 레벨스의 NFT 플랫폼 '모먼티카 (MOMENTICA)'를 다운로드하면 그들은 아직 국내외 팬들에게 공개되지 않은 하이브 소속 아티스트들의 다양한 테이크(디지털 카드)를 구입하거나 교환할 수 있죠. 물론 이 거래는 블록체인에 기록돼 가짜가 아닌 진짜라는 원본 증명이 가능합니다. 팬들은 자신이 좋아하는 아티스트의 한정판 제품이나 소장품을 구입함으로써 그들을 응원하는

▶ 레벨스의 NFT 플랫폼 '모먼티카'

자료: 하이브

동시에 희소가치와 소유가치를 거머쥘 수도 있게 됩니다. 국내 유명 가수와 배우에 열광하는 '한류(韓流) 문화'가 갈수록 전 세계에서 맹위를 떨치고 있어 F2E의 열풍은 쉽게 사라지지 않을 것 같습니다.

보다 수평적으로, 보다 민주적으로
탈중앙화자율조직
(DAO)

> • 글로벌 금융위기에 따라 중앙은행 등 정부 간섭 거부 움직임 두드러져
> • 비트코인 등 암호화폐 등장으로 탈중앙화 움직임 커져
> • DAO, 가상화폐 생태계의 신뢰도 개선과 거래 투명성 확보 과제 안아

최근 자주 등장하는 용어 가운데 하나가 '탈(脫)중앙화(decentralized)'입니다. 중앙화에서 벗어난다는 뜻입니다. 그렇다면 중앙화와 탈중앙화는 어떤 의미를 담고 있을까요?

탈중앙화, 중앙에 집중된 상태에서 벗어나 자율적으로 운영

중앙화(中央化)는 어떤 문화나 체계가 중앙에 집중되는 현상이나 구조를 말합니다. 이에 비해 탈중앙화는 중앙에 집중된 상태로부터 벗어나서 소규모 단위로 나뉘어 자율적으로 운영되는 것을 뜻합니다.

다소 모호한 두 개념을 구체적으로 설명하기로 하죠.

주로 금융과 관련된 중앙화는 각국 중앙은행이 화폐를 발행해 유통하는 것을 뜻합니다. 한국은행(우리나라), 연방준비제도(Fed, 미국), 일본은행(BOJ), 유럽중앙은행(ECB) 등이 대표적인 중앙은행이죠. 이들 중앙은행이 지닌, 독점적으로 화폐를 발행할 수 있는 권리를 '발권력(issuing authority)'이라고 합니다. 그리고 화폐는 중앙은행이라는 신뢰할 만한 기관이 있기 때문에 그 가치를 인정받을 수 있습니다.

각국 중앙은행이 화폐를 발행해 얻는 또 한 가지 혜택이 있습니다. 이른바 '세뇨리지 효과(seigniorage effect)'입니다. 여기에서 세뇨리지는 발권력을 지닌 중앙은행이 화폐 발행을 통해 얻는 이득을 뜻하지요. 일반적으로 화폐를 발행하면 교환가치에서 발행비용을 뺀 만큼 이익이 생깁니다. 이를 흔히 '주조차익(鑄造差益)', '화폐발권차익' 혹은 '화

폐주조 이익'이라고 부릅니다. 프랑스어 세뇨리지는 과거 중세 때 자신의 성(城)안에서 화폐주조에 대한 배타적 독점권을 갖고 있던 '봉건 영주(seignoir, 세뇨르)'에서 비롯된 말입니다. 당시 봉건영주는 재정을 메우기 위해 금화에 불순물을 섞어 유통시키고, 이를 통해 화폐의 제조비용을 줄여서 그만큼 차익을 얻었죠.

화폐 발행에 대한 독점적인 권한을 지닌 중앙은행은 그만큼 금융시장을 안정시킬 수 있는 능력을 보여 주는 것도 중요합니다. 그래서 사람들은 각종 금융 문제에 슬기롭게 대처하는 '해결사' 역할을 기대했지만, 미국의 서브프라임 모기지 사태가 불거지면서 중앙집중형 금융시장, 즉 중앙화에 대한 의구심을 가지게 되었습니다. 2007년 불거진 서브프라임 모기지 사태는 결국 2008년 글로벌 금융위기를 촉발해 절정으로 치달았습니다(서브프라임 모기지에 대한 설명은 '18. 바퀴벌레 이론'에서 자세히 다뤘습니다).

서브프라임 모기지 사태로 탈중앙화 요구 목소리 커져

서브프라임 모기지 사태로 '중앙화'의 문제점이 드러나자 탈중앙화 옹호론자들이 목소리를 내기 시작했습니다. 대표적인 인물이 사토시 나카모토(Satosi Nakamoto)입니다. 사토시는 서브프라임 모기지 사태가 정점으로 치달은 2008년 11월, 가상화폐 '비트코인'을 처음으로 세상에 소개한 인물이기도 합니다.

사토시가 이때 주장한 개념은 '탈중앙화'입니다. 탈중앙화는 중앙은행처럼 특정 기관이 개입해서 관리하지 않습니다. 사용자 간 금융거래로 이뤄지기 때문이죠. 그는 은행을 거치지 않고 사용자가 직접 금융거래하는, 탈중앙화된 디지털 화폐 시스템 '비트코인'을 선보였습니다(참고로 금융 서비스 관련 탈중앙화 현상을 흔히 '탈중앙화 금융[Decentralized Finance]' 혹은 줄여서 '디파이[DeFi]'라고 부릅니다). 이것은 블록체인 기술을 활용해서 모든 거래 내역을 모든 거래 참가자의 장부(공개분산원장)에 분산시켜 저장케 한 것이지요. 은행이라는 중간 개입자에게 지불하는 수수료가 없다는 점도 비트코인의 장점 가운데 하나입니다. 개인 간 거래를 통해 이뤄짐으로써 비트코인 통화량이나 소유권에 중앙은행 등이 개입할 수 없는 '탈중앙화'에 가상화폐 옹호론자들은 찬사를 아끼지 않았습니다.

여기서 더 진전된 개념이 '탈중앙화 자율조직(DAO, Decentalized Autonomous Organization)'입니다. 말 그대로 탈중앙화되어 자율적으로 움직이는 조직이라는 뜻이지요. 흔히 '다오(DAO)'로 불리는 이 조직은 중앙은행처럼 특정 주체가 없이 개인이 블록체인을 통해 규칙을 만들어 의사결정을 내리는 점이 특징입니다. 물론 모든 의사결정 과정은 투명하게 공개됩니다. 블록체인 특징을 활용해 정보를 투명하게 제공하는 DAO는 토큰을 구매하기만 하면 민주적인 절차로 직접 의사결정에 참여할 수 있습니다.

이제 DAO는 탈중앙화와 수평적인 조직구조, 투명성을 토대로 가상화폐 시장의 화두가 되었습니다. 이런 특징 때문에 DAO는 비트코인 등 가상화폐 영역에만 머물지 않고 예술작품 수집과 유통, 작곡 등 다양한 분야에서 관심을 받고 있습니다.

탈중앙화, 중앙기관 부재에 따른
'루나' 폭락 사태 등 문제점 떠안아

그런데 여기에서 몇 가지 딜레마가 발생합니다.

중앙은행인 한국은행에는 통화정책을 논의해서 금리인상의 여부 등을 결정하는 금융통화위원회가 있습니다. 그런데 DAO에는 그런 기능이나 조직이 없기 때문에 금융거래를 조정해 줄 중앙기관 부재로 인해 얼마 전에는 한국산 가상화폐 '루나(Luna)'와 자매 가상화폐 '테라(Terra)'가 글로벌 가상화폐 시장에서 무려 97% 폭락하는 사태가 빚어지기도 했습니다. 서브프라임 모기지 사태를 맹비난하며 등장한 비트코인 등의 가상화폐, 즉 탈중앙화 금융이라고 하여 루나와 테라

▶ 전통 조직과 DAO 비교

	전통 조직(기업)	DAO
기업 구조	수직적·권한집중	수평적·권한분산
소유권	주식	토큰
운영 결과 공개	분기/반기/연차보고서, 주주총회	트위터, 깃허브, 디스코드 등 온라인 수시
회계 감사	상장기업은 투명한 편이나 비상장기업은 불투명	블록체인에 구축된 오픈소스 코드 기반, 투명
거버넌스	기업 절차에 따라 투표	블록체인 스마트 컨트랙트를 통해 투표 자동화

자료: 「탈중앙화 자율조직 DAO의 현황과 이슈」, 《자본시장포커스》, 2022

폭락 사태에서 알 수 있듯이 장밋빛 미래를 보장해 주는 것은 아닙니다.

또한 탈중앙화는 각각의 암호화폐 지갑의 출처를 정확하게 추적할 수 없기 때문에 거래소에서 횡령을 저지를 가능성도 배제할 수 없습니다.

이 밖에 민주주의 원칙에 대한 침해 우려가 있습니다. 디파이는 중요한 의사결정을 '거버넌스 토큰(Governance Token)' 보유자들이 투표해서 결정하는 경우가 대부분입니다. 거버넌스 토큰은 블록체인 생태계에서 의결권을 행사하기 위한 용도로 쓰이는 토큰이죠. 그런데 '1토큰=1표'라는 민주적인 의사결정을 추진한다는 원칙과 달리 실제로는 토큰을 많이 지닌 소수 투자자들이 조직을 쥐락펴락하고 있습니다.

가상화폐 생태계가 진화를 거듭하고 있는 가운데 DAO는 가상화폐 생태계에 대한 신뢰와 거래투명성을 더욱 높여야 하는 숙제를 안고 있습니다.

부동산도 비대면으로 사고파는 시대

프롭테크

- 프롭테크, 첨단 기술 활용해 4개 분야에서 맹위
- 전 세계 프롭테크 시장, 2032년 171조 원 규모에 육박할 것

부동산업계에 최근 자주 등장하는 용어가 있습니다. 이른바 '프롭테크(PropTech)'입니다. 프롭테크는 부동산을 뜻하는 'property'와 기술을 의미하는 'technology'의 합성어로, 부동산 분야에 인공지능, 가상현실, 사물인터넷, 빅데이터, 블록체인 등 정보통신기술(ICT)을 가미한 첨단 부동산 서비스를 말합니다. 일종의 '부동산 정보기술'인 셈이지요.

프롭테크, 부동산에 첨단 ICT 기술 접목한 '부동산 정보기술'

그동안 부동산 분야는 ICT 같은 첨단 기술과는 거리가 먼 영역으로 여겨졌습니다. 부동산은 관련 애플리케이션 등 인터넷 인프라가 다른 분야에 비해 많지 않았기 때문이죠. 그렇다면 '아날로그' 대명사로 꼽히는 부동산시장에 프롭테크 바람이 불어온 이유는 무엇일까요? 결국 첨단 기술 혁신 덕분입니다. 기존 부동산 인프라에 AI(인공지능), VR(가상현실) 등 최첨단 기술을 갖춘 시스템이 가세해서 부동산 수요자는 물론이고 공급자에게도 각종 맞춤형 정보를 제공해 줄 수 있게 되었기 때문입니다.

프롭테크 발전 과정은 크게 3단계로 나눠집니다. 1단계는 1980~2000년, 2단계는 2000~2008년, 3단계는 2008년~현재입니다.

첫 번째 단계는 개인용 컴퓨터가 널리 보급되기 시작한 1980년대입니다. 이때 초기 단계의 디지털 기술이 활용돼 마이크로소프트(MS) 엑셀 등 사무회계 소프트웨어가 사용되기 시작했죠. 또한 이 당시에는 부동산투자에 투자 분석기법이 활용돼 상업용 부동산 가치를 정확하게 평가할 수 있는 기반을 갖추게 됐습니다.

두 번째 단계는 부동산 기술이 이른바 '닷컴 버블(the dot-com bubble)' 기간에 등장하게 된 것입니다. 닷컴 버블은 1995년부터 2000년 사이에 인터넷 산업이 크게 발전하면서 주식시장에서 관련 기업 주식이 지나치게 오른 현상을 말합니다. 이 용어는 인터넷 도메인 주소를 뜻하는 '닷컴(.com)'에 거품을 의미하는 '버블(bubble)'이 합쳐져 만들어졌습니다. 과거에는 부동산 매매가 신문과 잡지 등 인쇄매체와 부동산 중개업소를 통해 이뤄졌지만 닷컴 버블 기간에는 온라인 등 디지털 미디어를 주축으로 이뤄졌습니다. 구체적으로 설명하면, 2008년 초고속 인터넷 보급이 늘어나면서 부동산업체들은 데이터와 서비스를 온라인으로 바꾸기 시작했죠. 이에 따라 미국의 부동산 데이터 정보업체 질로(Zillow)와 영국의 온라인 부동산 중개업체 라이트무브(Rightmove) 등이 각종 지리적 데이터, 부동산 평가와 부동산 자문 등을 온라인으로 제공하면서 부동산 온라인 데이터 업체의 정상에 서게 됐습니다.

세 번째 단계는 첨단 디지털 기술의 발전과 코로나19 팬데믹을 맞은 현재입니다.

공유경제 발전과 코로나19 팬데믹도 프롭테크 발전에 일조

디지털 기술의 부상은 공유경제(Sharing Economy) 발전으로 이어져서 공유 플랫폼이 일반화되기 시작했습니다. '공유경제'라는 개념은 미국 하버드대학 법학과 교수인 로런스 레식(Lawrence Lessig)이 2008년에 처음으로 제시한 개념입니다.

공유경제는 이미 만들어진 제품을 여럿이 함께 공유하며 사용하는 일종의 협력소비경제로, 소유 개념을 배제한 채 물건을 물려주고 물려받는 경제활동을 펼칩니다. 좀 더 쉽게 설명하면, 우리가 일반적으로 제품을 구입하면 그 제품 주인은 구매자입니다. 그런데 공유경제는 특정 상품이나 제품을 제품 구매자 본인뿐만 아니라 다른 사람도 함께 쓸 수 있는 형태입니다. 말 그대로 특정인이 물건의 소유권을 독점하는 것이 아니라 빌려주고 나눠 쓰는 등 다른 사람과 '함께 소유하는(共有)' 경제활동을 말합니다. 공유경제가 새로운 경제흐름으로 자리를 잡게 되자 부동산 소유자들은 공유 숙박업체 에어비앤비(Airbnb)와 글로벌 공유 오피스업체 위워크(WeWork) 등 관련 사이트를 활용해서 부동산 임대에 나섰습니다.

이와 함께 코로나19 팬데믹이 또한 부동산 산업에 첨단 정보기술 도입을 부추겼습니다. 코로나19 확산에 따른 비대면(非對面) 문화가 자리를 잡게 되자 전자상거래가 촉진됐으며, 이것이 전통적인 부동산 중개업소의 폐쇄를 앞당겼기 때문이죠.

프롭테크 기술 활용해 허위매물과 전세 사기 등의 문제점 해결 길 열려

프롭테크는 일반적으로 ① 부동산 중개 및 임대, ② 부동산 관리, ③ 부동산 프로젝트 개발, ④ 투자 및 자금조달 등 네 가지 분야로

나뉩니다. 부동산 중개 및 임대 부문에서 프롭테크는 빅데이터 등을 기반으로 분석, 자문, 중개, 광고 등의 관련 정보를 제공합니다. 부동산 관리 부문에서는 빅데이터 등 첨단 ICT 기술을 활용합니다. 부동산 프로젝트 개발 부문은 프롭테크의 예측·모니터링 기법을 활용해서 개발에 필요한 첨단 기술을 확보합니다. 이 밖에도 프롭테크 생태계를 더 발전시키기 위해 부동산을 주요 정책 어젠다로 육성하고 정부와 관련 기업의 지원을 받습니다.

그렇다면 프롭테크의 전 세계 시장 규모는 어느 정도일까요?

글로벌 시장조사업체 프레시던스 리서치에 따르면 전 세계 프롭테크 시장은 2022년 301억 6000만 달러(약 38조 7556억 원)이던 것이 해마다 평균 16% 성장해서 오는 2032년에는 1330억 5000만 달러(약

▶ 전 세계 프로테크 시장 규모

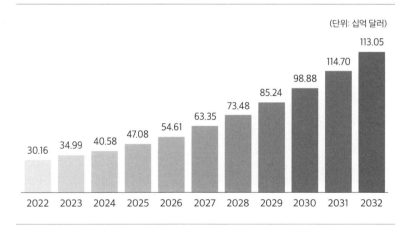

(단위: 십억 달러)

자료: 프레시던스 리서치

170조 9693억 원)에 이를 전망입니다.

　이러한 발전 가능성에 힘입어 국내에서도 프롭테크가 부동산시장에 많이 적용되고 있습니다. 각 건설업체들이 프롭테크의 첨단 기술을 활용해 공사를 안전하게 하고 공사 기간을 줄일 수 있기 때문이죠. 소비자 입장에서도 AI를 통해 부동산·건물의 가격을 예측하고 그에 따른 세금까지 미리 계산해 둘 수 있습니다.

　부동산 중개업 서비스에도 프롭테크 열풍이 불고 있습니다. 국내 부동산 플랫폼 업체 직방은 360도 VR 카메라로 촬영한 실제 매물 영상을 통해 소비자가 원하는 만큼 언제든지 둘러볼 수 있도록 하는 'VR 홈투어 서비스'를 선보였습니다. 또 다른 부동산 플랫폼 기업 다방은 허위매물과 전세 사기 등 부동산시장의 고질적인 문제점을 해결하기 위해 '미끼매물 구분 서비스'를 실시하는 등 첨단 기술을 활용해서 소비자 권익 보호에 앞장서고 있습니다.

작게, 쉽게, 더욱 안전하게 투자하는

STO
(토큰증권발행)

- 2030년에는 367조 원 STO 시장 놓고 춘추전국시대 펼쳐져
- STO, 토큰발행회사 배당금 받고 회사 경영권 참여 가능
- '조각투자' 가능해 소유권 얻기 쉽고 투자 대상 다양화

최근 증권시장에서 주목받고 있는 용어가 있습니다. 바로 STO (Security Token Offering, 증권형 가상자산공개=토큰증권발행)입니다. 쉽게 설명하면 주식시장의 기업공개(IPO)와 비슷한 개념입니다. STO의 'ST'는 증권형 토큰(Token)을 말합니다. 이를 줄여 '토큰증권'이라고 부릅니다. 토큰은 블록체인 플랫폼에서 생성돼 관리되는 암호화폐를 일컫습니다.

STO, 미국·싱가포르 이어
우리나라도 2024년부터 전면 허용

STO는 2017년 미국과 싱가포르 등 일부 국가에서 처음 모습을 드러냈습니다. 우리나라도 금융위원회가 2024년부터 토큰증권을 전면 허용하기로 하면서 관련 업계가 들썩이고 있습니다. STO를 설명하기에 앞서서 주식시장 상장과 이에 따른 자금조달에 대해 먼저 알아보겠습니다.

상장(listing)은 증권거래소가 특정 주식에 대해 거래소 시장에서 매매될 수 있는 자격을 주는 것을 말합니다. 일반적으로 기업 주식이 상장되면 발행회사의 사회적 평가가 높아지고 증자(회사 자본금 늘림)도 쉬워집니다.

비상장기업이 주식시장에 처음 상장해서 자금을 조달하는 방식을 IPO(Initial Public Offering)라고 합니다. 흔히 말하는 '기업공개'입니다. 기업공개는 회사 주식을 불특정 다수의 투자자에게 공개해서 분산 소유하도록 하는 것입니다. 증권회사를 통해 정해진 절차를 밟아 공개된 주식회사를 '공개법인'이라고 부릅니다.

그런데 IPO를 하기 위해서는 몇 가지 절차를 거쳐야 합니다. 우선 법인 등기부등본상 설립일 기준으로 3년 이상 영업활동을 해야 하고, 300억 원 이상의 자기자본을 갖고 있어야 하며, 최근 매출액 1000억 원 이상(3년 평균 700억 원 이상)을 유지해야 합니다. 비상장기업이 상장할 때까지는 평균 2년 이상의 시간이 걸린다는 점을 감안하면 자금

여유가 넉넉하지 못한 기업으로서는 IPO가 쉽지 않은 도전이겠지요.

IPO로 가는 길이 순탄치 않은 가운데 등장한 것이 ICO(Initial Coin Offering), 즉 '가상화폐공개'입니다. ICO는 '주식'이 아닌 블록체인 기반의 '토큰'을 발행해서 기업에 필요한 자금을 조달하는 방식이죠. 이때 발행하는 토큰은 크게 유틸리티 토큰(Utility Token)과 증권형 토큰(Security Token)의 두 가지입니다. 다소 복잡하게 느껴지겠지만 유틸리티 토큰은 기존의 '암호화폐', 증권형 토큰은 IPO를 대체하는 '암호화폐 형태의 주식'으로 알면 됩니다.

대다수 신생기업, 증권형 토큰보다는 유틸리티 토큰 선호

그런데 대다수 신생기업은 증권형 토큰보다는 유틸리티 토큰을 발행하는 것을 선호하고 있는 것으로 알려졌습니다. 그 이유는 무엇일까요? 증권형 토큰을 발행하면 ICO에 기존 증권법 규제사항을 적용받게 되기 때문입니다. 결국 유틸리티 토큰은 ICO를 통해 자금을 모으면서 IPO의 복잡한 규제와 절차를 피하기 위해서는 어쩔 수 없는 선택인 셈이지요.

위와 같은 이유로 유틸리티 토큰 형식의 ICO가 크게 늘어남에 따라 시세차익을 원하는 많은 투자자가 ICO에 앞다퉈 뛰어들게 됐습니다. 그런데 차별화된 기술도 없고 성장 전망도 불투명한 일부 기업들이 최근 ICO를 잇달아 추진하면서 투자자 피해가 발생하기 시작했습니다. 이러한 범죄를 흔히 '코인 스캠(Coin Scam)'이라고 합니다. 가상화폐를 의미하는 '코인(coin)'과 사기를 뜻하는 '스캠(scam)'의 합성어로, 사실과 다른 내용으로 투자자들을 속이는 행위를 지칭하죠. 그리고 스캠코인(Scam Coin)은 투자자들을 현혹시켜 코인에 투자하도록 만드는 코인을 말합니다.

투자가치가 없는 사기성 스캠코인이 발행되고 거기에 투자한 이들이 재산상 손해를 보면서 ICO에 대한 신뢰도가 크게 떨어지게 되었습니다. 그러나 금융당국의 규제가 없어 ICO에 따른 각종 문제가 여전히 끊이지 않자, 비록 절차는 ICO에 비해 복잡하지만 증권에 대한

▶ IPO, ICO, STO 비교

	IPO	STO	ICO
대상물	실제 비즈니스 모델(회사의 실적, 자금흐름 등)	실제 비즈니스 모델이나 실물 자산	블록체인 기술 기반의 추상적인 프로젝트 아이디어
투자자금 형태	법정통화	법정통화 및 가상자산	비트코인, 이더리움 등과 같은 가상자산
론칭 프로세스	IPO 전 많은 의무를 이행 증권 거래 규제당국의 승인 필요	관련된 증권법 준수 국가 금융감독 기관의 승인 및 규제 필요	블록체인에 스마트 계약을 설정하기 위한 기술적 지식과 성공적인 마케팅 필요
발행인	명확	명확	불분명
비용	높음	ICO 대비 높음	매우 낮음
권리	기업의 수익 지분 소유	연동 자산의 지분 및 수익 소유	발행되는 토큰의 구매 권한 소유
법적 규제	적용	적용	미적용

자료: 자본시장연구원, 코인텔레그래프(Cointelegragh), 키움증권 리서치센터

각종 법규와 규제를 준수함으로써 투자자의 신뢰를 얻을 수 있는 증권형 토큰이 부상하게 되었습니다. 유틸리티 토큰이 아닌 증권형 토큰을 발행하는 STO가 해법으로 등장하게 된 것이죠. 그렇다면 유틸리티 토큰과 증권형 토큰(ST)의 차이점은 무엇일까요?

유틸리티 토큰은 화폐 성격이 강한 토큰으로, 주로 서비스나 상품 가치에 대한 권리 이전과 저장의 수단으로 사용됩니다. 즉 유틸리티 토큰은 상품이나 서비스를 구매할 수 있는 권한만을 갖고 있지요. 이에 비해 증권형 토큰은 전통적인 유가증권의 특성을 지니고 있습니다. 증권형 토큰 투자자는 증권형 토큰을 보유함으로써 토큰 발생 회사에 대한 일종의 소유권을 갖게 되는 셈이지요. 그리하여 증권형 토큰 보유자는 마치 주주처럼 토큰 비율에 따라 토큰 발행회사로부터 배당금(주식 소유자에게 주는 회사의 이익분배금)을 받을 수 있고 회사 경영에 대한 의결권도 행사할 수 있습니다.

STO는 바로 증권형 토큰을 발행하는 것을 말하는데, STO의 이러한 특징 때문에 2022년 말 전 세계에서 발행된 증권형 토큰의 시가총액은 179억 달러(약 23조 원)에 달했습니다.

IPO와 ICO를 보완한 STO, 향후 성장 가능성 더욱 높아

증권형 토큰은 또한 주식과 달리 쪼개기 투자, 즉 '조각투자'가 가능해서 소유권을 얻기가 쉽고 투자 대상도 다양합니다.

조각투자는 하나의 자산에 여러 투자자가 함께 투자해서 이익을 공동 배분하는 방식의 투자 기법입니다. 여러 명의 투자자들이 하나의 자산을 공동 소유했다가 자산가치가 오른 후에 팔아서 그 차익을 공동으로 나누는 것입니다. 가격이 비싸서 혼자 구입할 수 없는 상품들, 즉 부동산을 비롯해 미술품, 골동품, 비행기, 명품은 물론 원자재 등의 시장에서 블록체인을 활용해 거래가 이뤄지고 있습니다.

조각투자에서 가장 주목을 받는 곳은 부동산입니다. 부동산은 감정평가를 거쳐 자산에 대한 가치평가를 할 수 있고 가격도 일정 기간 유지된다는 점이 장점입니다.

미술품 조각투자는 단기적으로 큰 수익을 기대할 수 있지만 가격을 측정하는 데 어려움이 있습니다. 유통량이 적은 편이며 정확한 가치를 산정하기가 쉽지 않기 때문이죠.

조각투자는 투자자가 소액으로 큰 규모의 자산에 투자할 수 있지만 해당 자산에 대한 독점적 소유권을 갖는 것이 아닙니다. 또한 환금성이 낮아 투자금 회수가 어렵다는 점도 있지요. 그렇다면 STO의 장점은 무엇일까요?

STO는 앞서 설명한 것처럼 기존 규제를 지키면서 진행하기 때문에 기존 ICO보다 투자에 따른 신뢰도가 높은 편입니다. 그러므로 기업 입장에서는 투자자 신뢰를 얻을 수 있는 STO를 선호할 수밖에 없습니다. 투자자도 마찬가지입니다. STO 투자자들은 기존 IPO 방식에 비해 더 쉽게 투자에 참여하면서 ICO에 따른 코인 스캠 피해도 최소화할 수 있기 때문이죠.

STO가 활성화되면 투자자들은 스마트 컨트랙트(Smart Cntract)를 통해 편안하게 배당금을 받을 수도 있습니다. '스마트 계약'으로 불리는 스마트 컨트랙트는 제3의 인증기관이 필요 없이 블록체인 기술을 활용해서 직접 P2P(개인 간) 계약이 이뤄지도록 하는 기술을 말합니다. 프로그램 코드로 거래당사자 간 계약을 체결해서 이를 끝까지 지

▶ 토큰증권의 장점과 시장 전망

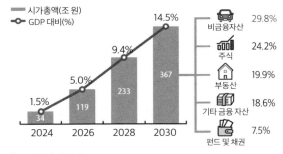

국내 **토큰증권 시장은 금융업을 중심으로**
2030년 367조 원 **규모 성장**

┃ 토큰증권의 장점

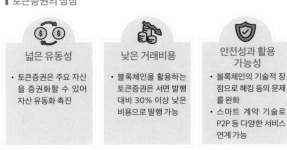

넓은 유동성	낮은 거래비용	안전성과 활용 가능성
• 토큰증권은 주요 자산을 증권화할 수 있어 자산 유동화 촉진	• 블록체인을 활용하는 토큰증권은 서면 발행 대비 30% 이상 낮은 비용으로 발행 가능	• 블록체인의 기술적 장점으로 해킹 등의 문제를 완화 • 스마트 계약 기술로 P2P 등 다양한 서비스 연계 가능

자료: BCG, 하나금융경영연구소

키도록 만든 전자계약 서비스인 셈입니다.

　IPO와 ICO 중간 형태를 띠는 STO는 블록체인을 바탕으로 자금을 비교적 쉽게 조달할 수 있습니다. 그렇지만 ICO와 STO가 근본적인 차이를 보이는 것은 아닙니다. STO는 ICO의 특징과 장점을 이어가면서 다만 규제 부재에 따른 투자자 피해를 최소화하기 위해 보완 장치를 둔 시스템이기 때문이죠. 결국 STO는 암호화폐 등 가상자산의 문제점을 보완함으로써 ICO 시장을 다시 활성화시키는 선순환 구조를 갖췄다고 봐야 합니다.

　이러한 점을 종합할 때 토큰 시장의 성장 잠재력은 큰 편입니다. 하나금융연구소는 국내 토큰증권 시장 규모가 2024년 34조 원에서 2026년 100조 원, 2030년 367조 원으로 커질 것이라고 전망했습니다.

가치를 보증하는 대체 불가능한 토큰
NFT

> - 희소성 높은 제품에 대한 디지털 '정품인증서'
> - 2014년 케빈 맥코이와 애닐 대시의 작품 〈NFT 퀀텀〉으로 처음 모습 드러내
> - 전 세계 NFT 시장 규모 2025년 105조 원에 육박할 듯

'NFT(Non Fungible Token)'라는 단어 들어보셨는지요. 최근 국내외에서 'NFT'라는 용어가 관심을 모으고 있습니다. 대표적인 예로 2021년 미국 디지털 아티스트 '비플(Beeple)'의 NFT 작품이 영국 최대 미술품 경매업체 크리스티(Christie's)에서 800억 원이 넘는 금액에 낙찰돼 눈길을 끌었습니다. 이것뿐만이 아닙니다. 국내 1위 가상자산 거래소 '업비트'를 운영하는 업체 두나무가 아이돌그룹 BTS 소속사 하이브와 손잡고 2022년 설립한 NFT 플랫폼 기업 '레벨스'를 출범시키면서 NFT에 대한 관심은 더욱 커졌습니다. 그렇다면 NFT는 무엇일까요?

'대체할 수 없는 토큰' NFT,
국내외에서 큰 관심 모아

    NFT는 '대체할 수 없는 토큰(Token, 거래할 수 있는 파일)'이라는 뜻으로, '대체불가토큰'이라고 부릅니다. 이는 특정 토큰을 다른 토큰으로 대체하는 것, 즉 바꾸는 것이 불가능한 디지털 자산을 뜻합니다. 다시 말하면 NFT는 다른 어떤 것으로도 교환할 수 없는 고유의 가치를 지닌 토큰입니다. 여기에서 토큰은 블록체인(거래에 참여한 사람 모두 거래 내역을 공유해 해킹을 막는 기술)을 통해 만들어진 암호화폐의 일종입니다. 결국 NFT는 일종의 특정 암호를 부여한 자산인 셈입니다.

    비트코인 등 기존 디지털 토큰은 수량만 같으면 다른 디지털 토큰

과 바꿀 수 있는 '대체가능토큰(Fungible Token)'입니다. 예를 들어 1000원짜리 지폐를 다른 1000원권이나 100원짜리 동전 10개로 바꿀 수 있듯이 비트코인도 같은 금액의 다른 코인과 교환이 가능하죠. 이에 비해 NFT는 토큰마다 서로 다른 인식값, 즉 ID(신분증명서)를 지녀 다른 토큰과 호환될 수 없습니다. 예를 들어 보석이 색상이나 크기, 모양이 서로 달라서 같은 가격대라 해도 1:1 교환이 불가능한 것과 같습니다. 결국 NFT는 희소성(scarcity)을 갖춘 점이 특징입니다. 희소성은 무한한 인간 욕구를 충족시킬 자원이 부족한 상태를 말하죠.

그렇다면 NFT가 최초로 적용된 상품은 무엇일까요?

최초의 NFT는 2014년 미국 미디어 아티스트 케빈 맥코이(Kevin McCoy)와 미국 소프트웨어업체 포그 크리크 소프트웨어(Fog Creek

▶ NFT가 처음 적용된 케빈 맥코이의 〈NFT 퀀텀〉

Software)의 CEO 애닐 대시(Anil Dash)가 함께 만든 비디오 클립 (video clip, 판촉용으로 짧게 제작한 비디오) 작품 〈NFT 퀀텀(Quantum)〉입니다.

이후 2017년, NFT는 가상의 고양이 육성 게임 '크립토 키티 (CryptoKitties)'가 등장하면서 또다시 화제가 됐습니다. 캐나다 블록체인 스타트업 대퍼랩스(Dapper Labs)가 개발한 크립토 키티는 온라인에서 가상 고양이를 사서 모으고 기른 후 파는 게임이죠.

소유자 정보, 발행 정보, 거래 정보 등을 복제나 위조 못 해

그렇다면 많은 이들이 NFT에 관심을 갖는 이유는 무엇일까요? 앞서 설명한 것처럼 NFT는 오직 한 개밖에 없다는 '희소성'을 지녀 작품이 진짜인지 가짜인지를 알려줍니다. 일종의 정품인증서 혹은 디지털 인증서 역할입니다. 더 쉽게 설명하면 디지털 세계의 '등기부등본'인 셈이죠.

여기에서 잠깐. 세상에 하나밖에 없는 NFT라도 복제가 가능한 것 아니냐는 의문이 들 수 있습니다. 첨단 컴퓨터 기술을 통해 얼마든지 복제할 가능성이 있기 때문입니다. 물론 현재 기술 수준으로는 NFT 복제를 100% 막을 수 없다고 합니다. 그런데 NFT로 만든 콘텐츠 내부에는 고유의 인식값과 소유권 정보가 기록돼 있습니다. 이에 따라 혹 NFT를 무단 복제하거나 바꾼다 해도 콘텐츠의 원래 소유주가 누구인지를 감출 수는 없죠. 쉽게 설명하면, 한국은행에서 발행하는 지폐에는 인물 그림 외에 각종 홀로그램(hologram, 입체 화상)과 은선(隱線, 위조를 막기 위해 지폐 내부에 삽입한 플라스틱이나 금속으로 된 선형 필름) 등이 새겨져 있어 화폐가 진짜인지 가짜인지를 알려주는 것과 같습니다.

내용을 정리하면, NFT는 소유자 정보, NFT 발행 정보, 거래 정보 등이 담긴 고유번호를 부여해서 복제나 위조를 하지 못하도록 한 점이 특징입니다.

NFT가 게임이나 미술품에만 국한되는 것은 아닙니다. 평범한 사물에도 NFT가 적용돼 제품의 진위 여부를 알려주죠. 한 예로 2021년 7월, 애플의 창업자 고(故) 스티브 잡스(Steve Jobs)가 1973년 손으로 쓴 입사지원서를 디지털화한 NFT가 경매에 나와서 2만 3000달러(약 2976만 원)에 팔렸습니다.

중요한 점은 디지털에서 기록할 수 있다면 어떤 형태든 NFT로 바꿀 수 있다는 것입니다. 콘서트 티켓, 소셜네트워크서비스(SNS) 글에도 NFT가 활용되고 있죠. NFT의 내재적인 고유성·희소성이라는 특징을 활용해서 소유권이나 판매 이력 등 모든 관련 정보를 '디지털 장부'인 블록체인에 저장하기 때문에 디지털 세계에서도 복제가 불가능한 원작을 내놓을 수 있는 것입니다.

NFT, 쪼개기 투자 가능…
그러나 자산 가치 하락 등 부작용 낳아

그렇다고 NFT가 단점이 전혀 없는 것은 아닙니다.

NFT는 부분적인 소유권을 인정해서 토큰을 'N분의 1'로 나눠 거래하거나 소유하는 '조각투자(쪼개기 투자)'도 가능합니다. 그러나 조각투자가 일반화되면 NFT 작품이 온라인에 넘쳐나서 작품 가격이 떨어질 수도 있습니다. 결국 디지털 자산 가치의 하락으로 이어질 수 있다는 얘기지요. 물론 온라인 사업이 갈수록 다양해지면서 NFT가 안고 있는 부분적인 문제도 개선될 것으로 보입니다.

▶ 전 세계 NFT 시장 규모 전망

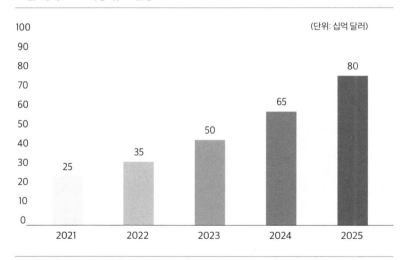

자료: 토크나이즈드

위에서 언급한 NFT의 장점들로 인해 전 세계 NFT 시장 규모는 해마다 고속성장을 거듭하고 있습니다. 글로벌 시장조사업체 스타티스타에 따르면 NFT 시장 규모는 2023년 16억 100만 달러(약 2조 637억 원)에서 해마다 18.55% 성장해 2027년 31억 6200만 달러(약 4조 758억 원)에 이를 전망입니다.

스타티스타보다 성장 전망을 더 높인 곳도 있습니다. 코인 정보업체 토크나이즈드(Tokenized)는 전 세계 NFT 시장이 2023년 500억 달러(약 65조 6000억 원)에서 2025년 800억 달러(약 105조 원)에 이를 것으로 보고 있습니다.

방향은 맞지만 아직은 글쎄…
암호화폐

> • 화폐의 전통적인 3대 조건 미비하고 가격 폭락 등 문제점 안아
> • 불법 거래, 테러단체 자금조달, 돈세탁 등 악용 우려도 커

최근 자주 등장하는 용어 가운데 하나가 '암호화폐(cryptocurrency)' 입니다. 암호화폐는 인터넷 등 네트워크에서 안전하게 거래하기 위해 암호화된 디지털 화폐를 뜻합니다. 그런데 우리가 일상생활에서 흔히 사용하는 현물 화폐는 중앙은행(한국은행)이 발행하고 통화량을 관리하지만, 암호화폐는 화폐를 발행하고 관리하는 중앙기관이 없습니다.

암호화폐 기준 놓고 관련 명칭 난무

암호화폐와 관련된 용어는 다양합니다. 암호화폐 외에 가상화폐,

가상통화, 가상자산, 암호화화폐가 등장했죠.

투자자들은 '가상'이라는 단어에 '화폐'를 붙여 가상화폐라고 부릅니다. 이는 투자자산에서 차지하는 현금의 중요성을 강조한 것입니다.

정부 측은 가상통화라는 단어를 선호합니다. 이는 '가상화폐'라는 말이 화폐 가치나 지급, 교환수단을 갖추지 못했다고 판단한 데 따른 것입니다. 정부는 '암호화폐'는 화폐의 3대 조건인 가치의 저장, 가치의 척도, 교환의 매개 기능 가운데 어떤 것도 충족시키지 못하는, 화폐 기능을 갖추지 못한 '컴퓨터 파일 조각'에 불과하다고 생각합니다. 또한 화폐를 발행할 수 있는 권한은 한국은행만 가지고 있다고 해서 '화폐'라는 용어를 기피합니다.

그러나 블록체인 업계는 가상통화라는 용어만으로 뛰어난 보안기술을 갖춘 암호화화폐를 설명하기엔 부족하다고 입을 모읍니다. 이에 따라 학계는 대체로 암호화폐라는 용어를 지지합니다. 블록체인 기반의 암호화 기술을 활용한 화폐라는 점 때문입니다.

명칭에 대한 혼란이 커지자 정부는 최근 암호화폐나 가상화폐가 아닌 '가상자산'이라는 용어를 쓰기로 했습니다.

이러한 현상은 외국도 비슷합니다. 외국에서도 '디지털통화(digital currency)', '가상통화(virtual currency)', '전자화폐(cyber money)'를 비롯해 '가상화폐(virtual money)', '암호화폐(cryptocurrency)' 등 다양한 용어가 쓰이고 있죠.

암호화폐는 비트코인(Bitcoin)과 알트코인(Altcoin) 등 크게 두 영역으로 나뉩니다. 알트코인은 '얼터너티브 코인', 즉 비트코인을 제외한 나머지 대체 암호화폐를 뜻합니다. 이더리움, 리플, 대시, 라이트코인 등이 대표적인 알트코인입니다. 그리고 비트코인을 비롯한 이더리움, 리플 등 전 세계 암호화폐는 현재 1200만 개가 넘는다고 합니다.

암호화폐의 국내 거래는 정부로부터 허가받은 업비트(Upbit), 빗썸(Bithumb), 코인원(Coinone), 코빗(Korbit), 고팍스(GOPAX) 등 5개 거래소에서 이뤄집니다. 거래소 원화 계좌에 현금을 입금한 뒤 원하는 암호화폐를 사는 방식이죠. 다만 주식처럼 1개 단위로 매매하는 것이 아니라 0.0001개 등 작은 단위로 매매할 수 있습니다. 암호화폐의 거래소는 휴장 없이 24시간 운영돼 언제든 매매할 수 있습니다.

특히 암호화폐는 원화나 달러화 등과는 달리 전 세계 어디에서나 거래할 수 있습니다. 예컨대 한국에서 저 멀리 칠레로 돈을 보내고 싶다면 '원화'를 칠레 돈 '페소(peso)'로 바꿔야 하고 그에 따른 환전수수료도 내야 합니다. 그러나 암호화폐는 교환 없이 그대로 송금하면 됩니다. 원화나 달러화는 나라의 경제 상황에 따라 가치(환율)도 달라집니다. 경제가 나빠지면 원화나 달러화는 가치가 내려가지만(환율은 상승) 암호화폐는 영향을 받지 않죠.

암호화폐의 또 다른 특징은 화폐 움직임을 면밀하게 감시하는 기술 '블록체인'을 갖췄다는 점입니다. 그래서 세계 어디에서나 안전하게 사용할 수 있죠. 블록체인은 암호화폐 거래 내역을 기록하기 위해 개발한 분산형 장부 기록 데이터베이스 기술입니다. '분산형 장부 기록'이라는 얘기는 통제하는 중앙 기관이 없이 'P2P(Peer-to-Peer, 개인 간 거래)' 방식으로 거래가 이뤄진다는 뜻입니다. 이는 새로운 거래가 이뤄질

▶ 비트코인

때마다 그 정보를 별도의 '블록(Block)'으로 만들어 그 블록을 기존 장부에 연결(체인, Chain)하는 방식입니다. 여기에서 '블록체인'이라는 용어가 탄생했습니다.

세계 최초이자 최대의 암호화폐인 비트코인 역시 '블록체인' 기술을 활용합니다. 비트코인은 2009년 1월 사토시 나카모토라는 가명을 가진 이가 선보였습니다. 디지털 정보량의 기본 단위인 '비트(bit)'와 동전을 뜻하는 '코인(coin)'이 합쳐진 말입니다. 2008년 미국발 글로벌 금융위기로 중앙은행이 발행하는 화폐에 대한 불신이 커져만 갈 때, 사토시라는 정체불명의 인물이 '화폐 탈중앙화'를 외치면서 인터넷에서만 사용하는 암호화폐 '비트코인'을 만든 것입니다.

비트코인, 암호화된 수학 문제 컴퓨터로 풀면 얻을 수 있어

비트코인은 암호화된 수학 문제를 컴퓨터로 풀어서 답을 얻는 것입니다. 이를 '채굴(mining)'이라고 합니다. 마치 광부가 광산에서 곡괭이질을 거듭해 금이나 은을 캐내는 것 같다고 해서 그런 이름이 붙었습니다. 이러다 보니 일각에서는 컴퓨터 사용자를 두고 동전이나 지폐 등을 찍어 내는 '한국조폐공사'와 같다는 우스갯소리도 나옵니다. 다만 일반 컴퓨터로 수학 문제를 푸는 데는 5년 이상이 걸린다고 합니다. 결국 대다수 사람은 다른 이가 채굴한 비트코인을 사거나 비트코인 거래소에서 실제 돈을 내고 비트코인을 구입할 수밖에 없죠.

▶ 비트코인 채굴 작업 현장

또한 비트코인은 무한정 찍어 낼 수 있는 것이 아닙니다. 총량이 2100만 개로 제한돼 있는데, 이 숫자는 사토시 나카모토가 처음부터 설정해 둔 것입니다. 지금은 비트코인 전체 발행량의 90%가 채굴되고 10%만 남았다고 합니다.

그렇다면 비트코인이 일상생활에서 쓰이는 화폐(법정화폐)를 제치고 모든 거래의 중심이 될 수 있을까요? 현재로서는 쉽지 않아 보입니다. 중앙은행에서 화폐를 발행하고 물가를 관리하는 것과 같은 통제·조절 시스템이 없기에 화폐 가격의 급등과 급락이 잦다는 점에서 화폐의 기능을 갖췄다고 보기 힘들기 때문입니다.

주식거래는 재무제표나 실적 등을 토대로 상장기업의 기업가치를 평가해서 이뤄지지만, 암호화폐는 향후 가치상승이라는 막연한 기대

▶ 테라·루나 가격이 99.99% 폭락한 모습을 보여 주는 차트

자료: investingcube.com

감에 의존하고 있습니다. 이에 따라 작은 이슈나 매수·매도 쏠림에
도 가격이 크게 오르거나 내리는 현상이 자주 발생합니다. 그만큼 투
기성이 강하다는 말이지요. 암호화폐 테라와 루나의 가격이 거래 1주
일 만에 무려 99.99% 폭락하는 사태가 빚어진 점도 암호화폐 한계
성을 보여 주는 대목입니다. 암호화폐가 가격 급등락과 시세 조작에
서 벗어나기 위해서는 일반 주식시장처럼 거래시간, 상·하한폭 제한
등을 규정할 필요가 있다는 목소리가 나오는 것도 이런 이유에서입
니다.

　또한 암호화폐는 온라인에서 컴퓨터 코드로 만들어진 화폐라는
점 때문에 해킹에 취약하고, 그 익명성 때문에 마약이나 무기의 불법
거래, 테러집단의 자금조달, 돈세탁이나 탈세 등 범죄에 악용될 수도
있습니다.

정보를 사슬처럼 연결해서 안전하게 공유하는
블록체인

- 일종의 '디지털 거래장부'로 보안성 높고 처리 속도 빨라
- 금융업계를 넘어 유통업계로까지 확산
- 시장 규모, 2030년 2092조 원 넘을 듯

가상화폐 사용이 일반화되면서 가상화폐의 초석이 되는 '블록체인(Blockchain)'에 많은 관심이 모이고 있습니다. 블록체인은 모든 거래를 기록하는 '디지털 분산원장(digital distributed ledger)'을 뜻합니다. 그리고 '분산원장 기술(distributed ledger technology)'은 거래 정보를 블록(개별 데이터)으로 만드는 것이죠. 이를 마치 자전거 체인처럼 차례차례 연결하는 것을 '블록체인'이라고 합니다.

블록체인은 거래에 참여하는 모든 사람의 개별 컴퓨터 서버(참여자 혹은 '노드[node]'라고 부릅니다)에 각종 금융거래 내역 전부를 저장합니다. 또한 새로운 거래가 이뤄질 때마다 그 거래 내역도 모든 사람의 서버에 전송됩니다. 예를 들어 홍길동(가명), 김철수(가명), 이영희(가명)가 거래를 하는 모든 당사자라고 가정하겠습니다. '홍길동이 김철수에게 100만 원 송금', '김철수가 이영희에게 50만 원 송금' 등 거래 내역이 이들 3명 서버에 똑같이 저장됩니다. 때로 이들 3명 가운데 2명만이 거래를 해도 나머지 한 명 또한 두 사람 간의 거래 내역을 전송받게 됩니다. 결국 모든 이들이 거래 내역을 감시할 수 있는 거죠.

이처럼 거래 내역을 담은 '블록(Block)'이 사용자 각자의 컴퓨터 서버에 '체인(Chain, 사슬)'처럼 묶여 저장된다고 해서 블록체인이라는 명칭이 탄생했죠. 새로운 금융거래가 이뤄질 때마다 그 정보를 별도 '블록'으로 만들어서 이 블록을 마치 '사슬'처럼 기존 장부에 연결하는 방식입니다.

간단하게 정리하면, 블록은 은행의 거래내역서, 물품구입 영수증 등 우리가 흔히 볼 수 있는 거래장부라고 생각하면 됩니다. 데이터를 저장하는 기능을 갖춘 블록은 '보디(body)'와 '헤더(header)'로 이뤄져 있습니다. 보디에는 거래 내역이, 헤더에는 머클루트(merkle root, 블록에 있는 모든 거래 내역이 요약돼 작은 크기로 보관되는 데이터)와 넌스

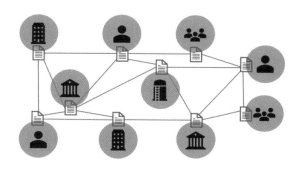

자료: 셔터스톡

(nounce, 암호화와 관련된 숫자) 등 암호코드가 담깁니다. 블록은 약 10분 주기로 거래 기록을 끌어모아 암호화한 후 보관합니다.

거래장부 '블록' 사슬처럼 연결돼
해킹이나 조작이 불가능

체인은 거래장부인 '블록'이 서로 사슬처럼 연결돼 있어 해킹이나 조작을 막을 수 있습니다. 거래 관련 정보가 촘촘하게 연결돼 있다면 외부 침입자가 네트워크에 들어와 해킹 등을 시도할 수 없죠. 그렇다면 블록체인과 일반 금융 서비스 간의 보안성을 비교해 볼까요?

예를 들어 김철수가 이영희에게 50만 원을 보낼 때 일반 은행 애플리케이션을 활용하면, 은행 시스템을 거쳐 김철수 계좌에서 이영희

계좌로 송금이 되고 '김철수가 이영희에게 50만 원 보냄'이라는 거래 내역이 은행 서버에 보관됩니다. 이때 해커가 은행 서버에 침투해서 송금 내역을 '김철수가 이영희에게 500만 원 보냄'으로 바꾸거나, 아니면 송금액 50만 원을 훔쳐 갈 수 있습니다.

그러나 블록체인 기술을 활용하면 이러한 고민거리는 사라질 수 있습니다. 앞서 얘기한 것처럼 블록체인은 당사자뿐만 아니라 블록체인의 모든 사용자와 정보를 공유합니다. 따라서 김철수가 이영희에게 50만 원을 보냈다는 내용은 김철수와 이영희 외에 홍길동의 서버에도 저장이 됩니다. 이렇게 블록체인은 모든 당사자의 금융거래 기록을 한 묶음으로 만듭니다. 만일 해커가 송금 내역을 조작하거나 송금액을 빼돌리려면 이 3명의 서버를 일일이 해킹해야 하는데, 이는 말처럼 쉬운 일이 아니죠. 물론 은행도 최근 보안 기능을 많이 갖춰 해킹에 취약하지는 않습니다.

사토시 나카모토, 블록체인 기술 활용해 세계 첫 암호화폐 개발

그렇다면 블록체인 기술은 누가 처음에 개발했을까요? 미국의 암호학자 데이비드 차움(David Chaum)입니다. 차움은 1983년 블록체인 기술을 활용해 'e-캐시(e-cash)'를 선보였습니다. 세계 최초이자 최대의 암호화폐 비트코인의 전신(前身)인 e-캐시는 '은닉 서명(Blind Singnature)' 방식으로 온라인 송금을 하는 형태죠. 은닉 서명은 돈을 보내는 사람의 신원을 숨겨 개인 정보를 보호해 주는 기능을 갖추고 있습니다.

이후 중국계 컴퓨터과학자이자 암호학자 웨이다이(Wei Dai)는 1998년 익명의 분산 전자현금 시스템(anonymous, distributed electronic cash system)인 'b-머니(b-money)'를 선보였습니다. b-머니는 비트코인 탄생에 영향을 준 것으로 알려져 있습니다.

같은 해인 1998년 미국의 컴퓨터과학자 닉 사보(Nick Szabo)는 '스마트 컨트랙트(Smart Contract)'에 기반한 '비트 골드(bit gold)'라는 암호화폐를 내놨습니다. '스마트 계약'으로 불리는 스마트 컨트랙트는 블록체인 기술을 활용해서 제3 인증기관 없이 직접 P2P(개인 간) 계약이 이뤄지는 기술입니다.

그러나 세계 최초로 블록체인 기술을 활용해서 암호화폐를 개발한 사람은 사토시 나카모토는 가명을 가진 사람입니다. 물론 일본 사람은 아닙니다. 사토시는 2009년 1월에 첫 암호화폐 비트코인을 선보여 눈길을 끌었습니다. 블록체인이 지닌 특유의 보안 기능으로 많은 이들이 은행의 도움 없이 직접 인터넷에서 돈을 보내고 받을 수 있게 된 것입니다. 블록체인을 이용해서 거래장부를 관리하는 비트코인은 새로운 거래 정보(블록)를 10분에 한 번씩 새로 만들어 이를 저장하고 연결합니다. 10분 동안 이뤄진 모든 참여자의 거래 내역이 한 개 블록에 담김으로써 보안성을 확보하게 되죠.

블록체인은 실생활에서 금융결제나 송금, 본인인증 등에 활용할 수 있습니다. 중앙서버의 인증 없이도 거래가 가능해서 각종 절차를 줄일 수 있는데, 특히 해외송금 부문에서 경쟁력을 보이고 있습니다. 예를 들어 은행에서 해외송금을 할 때는 처리 기간이 평균 2~3일 걸리지만 블록체인은 실시간으로 할 수 있죠.

금융 분야는 물론이고 최근에는 유통업계에서도 블록체인을 활용하고 있습니다. 미국 최대의 유통업체 월마트(Walmart)는 수백 종류에 이르는 각종 과일과 채소의 원산지, 가공처리 공장, 운송 내역 같은 정보들을 블록체인에 기록한 후 이를 QR코드(정보를 담은 격자무늬의 2차원 코드)에 담았습니다. 이에 따라 소비자들은 QR코드를 통해 조작되지 않은 제품 정보를 볼 수 있죠.

블록체인 트릴레마 개선 방안이 향후 과제로 남아

그렇다고 블록체인 기술이 완벽한 것은 아닙니다. 블록(거래)이 급증하면서 이를 겨냥한 해킹이 더 많아질 수밖에 없죠. 이에 따라 보안을 더 강화해야 하는 이른바 '블록체인 트릴레마(Blockchain Trilemma)'의 중요성이 커지고 있습니다.

세 가지 딜레마(dilemma, 고민)라는 뜻의 '트릴레마'는 흔히 '삼중고(三重苦)'로 불립니다. 즉 세 가지 고민거리에 휩싸여 있다는 얘기지요. 블록체인이 처한 트릴레마는 '탈중앙성(decentralization)', '보안성(security)', '확장성(scalability)'입니다.

'탈중앙성'은 정부나 중앙은행의 규제로부터 벗어나는 것을 뜻합니

2장. 미래 금융과 투자가 보이는 경제 지식

다. 블록체인 업계는 기술 자체가 지닌 특성 때문에 탈중앙성이 많이 이뤄졌지만 정부의 통제와 간섭에서 완전히 자유롭기는 쉽지 않죠.

▶ 블록체인의 세 가지 딜레마

▶ 블록체인 기술 시장 규모

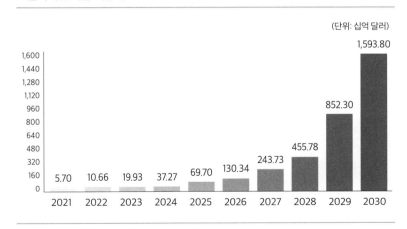

자료: 프레시던스 리서치

'보안성' 또한 해결해야 할 과제입니다. 참여자가 많아지고, 이에 따라 블록이 늘어나면서 해킹과 조작을 관리하는 데 시간이 더 걸릴 수밖에 없기 때문입니다. 이와 더불어 블록체인은 현재의 시스템과 규모를 더욱 키워야 한다는 '확장성'에도 신경을 쓰고 있습니다.

블록체인의 향후 전망은 밝습니다. 글로벌 시장정보업체 프레시던스 리서치는 전 세계 블록체인 시장 규모가 2023년 199억 달러(약 26조 1088억 원)에서 2030년 1조 5938억 달러(약 2092조 원)로 커질 것이라고 예상되고 있습니다.

미래 기후와 환경이 보이는 경제지식

지속 가능한 경제활동
순환경제

- 자원 절약하고 재사용해 지속 가능한 경제활동 펼칠 수 있어
- 순환경제 실천 위해 ESG 경영 보급 더 속도 내야
- 세계 순환경제 규모 2030년 5890조 원으로 커질 전망

최근 순환경제(Circular Economy)에 대한 중요성이 갈수록 커지고 있습니다. 그런데 경제가 '순환'한다는 얘기는 무슨 뜻일까요? 순환경제는 자원을 절약하고 재사용해서 환경을 보호하고 이를 통해 지속 가능한 경제활동이 이어지도록 하는 경제 모델을 말합니다. 그렇다면 기존의 경제 모델은 친환경적이지 않다는 얘기일까요?

현재 대다수 국가에서 제품이 탄생해서 폐기되기까지의 과정은 크게 3단계입니다. 제품에 필요한 '자원을 채취하고(take)', 이를 활용해서 '대량생산하며(make)', 제품의 용도가 끝나면 '폐기(dispose)'하는 과정입니다. 이를 흔히 '선형경제(Linear Economy)'라고 합니다. 원료

자료: www.researchgate.net

를 채취하고 상품을 만든 후 소비자가 사용하고 폐기하는 '일방통행식 선(線)' 형태의 경제구조이지요. 일각에서는 선형경제가 '생산−유통−소비−수거 및 폐기' 등 4단계를 거친다고 얘기합니다.

자원을 사용한 후 버리는 선형경제 모델은 제품 폐기에 따른 환경오염 논란에 휩싸일 수밖에 없습니다.

환경오염 논란 휩싸인 '선형경제' 벗어나 '순환경제'로 나서야

순환경제는 선형경제 구조에서 탈피해 자원을 재사용 혹은 재활용해서 환경에 미치는 영향을 최소화하는 데 중점을 두고 있습니다. 구체적으로 설명하면, 순환경제는 '생산−유통−소비−수거−재활용−디자인(기획)'의 6단계를 반복해서 순환합니다. 결국 순환경제는 제품을 폐기물로 처리하는 기존 방식에서 벗어나 '재생적인', 즉 다시 쓸 수 있는 시스템을 만드는 것이지요. 이를 통해 폐기물을 줄이고 오염물질과 온실가스 배출을 감소시켜 환경을 보호하자는 것입니다.

자료: www.wdo.org

　그렇다면 순환경제는 한때 유행했던 3R 운동과 어떤 차이가 있을까요?

　3R은 'reduce(쓰레기 줄이기)', 'reuse(버린 물건 다시 사용하기)', 'recycle(재활용하기)'의 각 첫 머리글자를 따서 만든 용어입니다. 말 그대로 오염물질의 근원인 쓰레기 배출량을 줄이고 버린 물건을 다시 사용하며 재활용에 적극 나서자는 얘기입니다. 순환경제와 3R은 대량생산으로 대량소비가 이뤄지고 이에 따른 대규모 물량이 폐기됨으로써 지구환경이 파괴되고 자원이 고갈되는 것을 막기 위한 대책이라는 점에서 공통점이 있습니다. 그러나 3R이 쓰레기를 줄이자는 데 중점을 두고 있는 데 비해 순환경제는 재활용을 통해 새로운 상품을 만들고 이익을 내며 환경도 보호하자는 취지를 담고 있죠.

그러면 여기에서 잠깐, '재사용(reuse)'과 '재활용(recycle)'은 어떻게 다를까요?

재사용은 이미 사용한 물건을 다시 쓰거나 일부 기능을 바꾸거나 고쳐 쓰는 것을 말합니다. 구체적으로 설명하면 사용한 제품을 회수해서 살균하고 세척해 원형 그대로 쓰는 것이지요. 쉬운 예를 들면 헌 옷이나 헌책, 헌 가구 등을 세척과 살균 과정 등을 통해 그대로 사용하는 것입니다. 이에 비해 재활용은 폐품 등을 가공해서 새로운 제품을 만들어 다시 쓰는 것을 말합니다. 즉 제품을 파쇄하고(깨뜨려 부수고) 녹여서 새로운 제품의 원료로 사용하는 것이죠. 신문지나 병, 캔, 우유팩 등을 분쇄해서 새 제품을 만드는 원료로 사용하는 것입니다. 재사용과 재활용을 비교하면, 원래 제품 형태를 그대로 다시 사용하는 재사용이 재활용보다 환경보호나 비용 부담 등에서 더 좋은 편입니다.

케네스 E. 볼딩, 순환경제 처음 소개해 '카우보이 이코노미' 탈피 주장

그렇다면 순환경제라는 개념을 처음 제안한 사람은 누구일까요? 이 이론은 1966년 영국계 미국 경제학자 케네스 E. 볼딩(Kenneth Ewart Boulding)이 논문에서 처음 선보였습니다. 볼딩은 경제발전을 일구고자 자원을 과도하게 소비해서 환경을 훼손하는 이른바 '카우보이 이코노미(Cowboy Economy)'에서 벗어나야 한다고 주장했습니다.

카우보이 이코노미는 자원이 무한정이기 때문에 흥청망청 써 버려도 문제가 없다는 경제 관념이죠.

하나뿐인 지구와 자연환경을 지키기 위한 순환경제의 위력은 갈수록 커지고 있습니다. 순환경제는 세계경제포럼(WEF, World Economic Forum)에서도 주요 관심사가 된 지 오래입니다. 해마다 스위스의 휴양지 다보스(Davos)에서 열려 흔히 '다보스포럼'이라 불리는 WEF는 세계 각국의 정계(政界)·관계(官界)·재계(財界) 지도자들이 한자리에 모여서 정보를 교환하고 세계 경제의 발전 방안을 논의하는 자리입니다.

최근에는 순환경제에서 한 걸음 더 나아가 환경(Environmental), 사회(Social), (기업)지배구조(Governance)로 이뤄진 ESG 경영이 주창되고 있습니다. 기업경영 활동의 원칙을 환경보호로 삼아 지속 가능한

▶ 카우보이 이코노미

자료: 셔터스톡

▶ 순환경제 활성화를 통한 산업 신성장 전략

업종	프로젝트 개요
① 석유화학	**프로젝트1 열분해유 생산 확대** • 석유사업법 개정 등 **열분해유 사업추진**에 필요한 **법령 신속 정비** • 선별설비 확충 등 **플라스틱 폐자원 확보**를 위한 **인프라 확대** **프로젝트2 고급 원료화 전환** • 폐플라스틱 해중합, 플라스마 열분해 등 **물성 업그레이드** 기술개발 • 재활용 사업전환 기업 대상 컨설팅 및 설비개선 지원('24~)
② 철강· ③ 비철금속	**프로젝트3 철스크랩 활용 극대화** • 철스크랩 '순환자원' 인정 및 고급스크랩 선별기술 등 **관련기술 고도화** • 「철자원 상생포럼」 운영, 해외 스크랩 확보 등 **체계적 관리 기반** 마련 **프로젝트4 희소금속 재자원화** • 희소금속 28종 **전 과정 물질흐름 집중 분석**을 통한 수급 파악 • 친환경 고순도 희소금속 **정제·추출 기술개발 확대** 및 **실증센터 구축**
④ 배터리	**프로젝트5 재사용·재활용 기반 구축** • 재사용배터리 안전성 검사제도, **전기차 배터리 전주기 이력관리 체계** 마련 • **민간 주도 통합 관리체계 마련** 및 대규모 실증·상용화 지원센터 확충 **프로젝트6 재생원료 생산·사용 촉진** • 사용후배터리, 공정스크랩에서 **리튬, 니켈** 등 회수·활용 기술개발 • 재활용·재사용 제품을 우수재활용제품(GR) 인증으로 **공공조달 시 우대**
⑤ 전기전자· ⑥ 섬유	**프로젝트7 에코디자인 도입·시행** • **K-에코디자인(자원효율등급제) 도입**, 지원센터, 인력양성 등 인프라 확대 • 대·중소기업 상생라운지 등을 통해 **에코디자인 사업화 모델 발굴**
⑦ 자동차· ⑧ 기계	**프로젝트8 재제조 제품 수출 활성화** • 노후화된 건설기계 및 산업기계 등을 재제조해 동남아,중앙아 등에 **직접 수출 또는 현지 생산** 지원 → **정부 간 협력사업**으로 뒷받침
⑨ 시멘트	**프로젝트9 대체 연·원료 확보** • **기술개발**: 석회석(원료) → 비탄산염부산물, 유연탄(연료) → 폐플라스틱 • 콘크리트 염화물 규제를 **총량 기준으로 변경**하는 방안 검토

자료: 산업통상자원부

기업으로 탈바꿈하라는 얘기입니다.

환경을 보호하고 기업의 사회적 책임(CSR)을 거머쥘 수 있는 순환경제는 그 규모가 갈수록 커지고 있습니다. 한 예로 2022년 말 현재 전 세계 순환경제 규모는 3390억 달러(약 443조 7510억 원)를 돌파했으며, 2030년에는 4조 5000억 달러(약 5890조 5000억 원)로 더욱 커질 전망입니다.

우리나라도 예외는 아닙니다. 2023년 6월 21일, 정부는 순환경제를 활용해 미래 성장동력을 마련하는 '순환경제 활성화를 통한 산업 신성장 전략'을 발표했습니다. 신성장 전략은 자원의 순환이용 확대, 산업별 순환경쟁력 확보, 순환경제 기반구축의 3대 분야에 초점을 맞추고 있죠. 특히 정부는 산업별 순환경제 경쟁력을 확보하기 위해 석유화학, 철강, 비철금속, 배터리, 전자, 섬유, 자동차, 기계, 시멘트 등 9대 산업 분야에서 9개 프로젝트를 추진하는 'CE9' 프로젝트를 마련했습니다. 이를 통해 이들 9개 부문의 관련 기업이 폐자원을 적극 활용하고 환경친화적인 경영을 펼칠 수 있도록 독려할 방침입니다. 이제 환경을 보호하는 정책은 정부는 물론 기업에도 '선택'이 아닌 '필수' 사항으로 자리매김하고 있는 것이지요.

사람을 위한 기술
인간안보

- 에너지 무기화·코로나19·AI·식량난으로 위기 상황, 인간안보 필요성 증대
- 'CES 2023'에서 보건위협, 식량위협, 기술위협 경고 등

'CES 2023'이 미국 네바다주에 있는 '엔터테인먼트 도시' 라스베이거스에서 2023년 1월 5일부터 8일까지 열렸습니다. 'Consumer Electronics Show(소비자 가전 쇼)'의 머리글자를 따서 만들어진 'CES'는 세계 최대 정보기술(IT) 및 가전 박람회입니다. 한마디로 세계 최대 전자제품 전시회인 셈이지요. 전 세계 유명 가전업체들이 첨단 기술 제품을 내놓으며 치열한 경쟁을 펼치는 장(場)인 CES 2023에서 뜻밖의 화두가 등장했습니다. '인간안보(Human Security)'입니다. '국가안보', '국방안보'라는 단어는 자주 듣지만 '인간안보'는 생소한 개념입니다. 어떤 개념일까요?

UNDP, 1994년 보고서에서 '인간안보' 개념 소개

　인간안보는 인간을 안보의 최정점에 두는 것입니다. 인간안보는 유엔개발계획(UNDP)이 「1994년 인간개발보고서(Human Development Report 1994)」를 발표하면서 선보인 용어입니다. UNDP는 국제연합(UN) 산하 조직으로, 개발도상국 개발을 돕는 기관입니다.

　UNDP가 강조한 인간안보는 '공포·결핍·굴욕으로부터의 자유(freedom from fear, want and indignity)'와 일맥상통합니다. 즉 탈(脫)냉전 시대를 맞아 국가나 국방의 안보에만 국한되지 말고 인간 삶의 질을 높이는 데 중점을 둬야 한다는 얘기입니다. 이는 각종 질병이나 환경오염, 지구온난화 등 인류 생존을 위협하는 요인들로부터 벗어날 수 있는 국가정책과 생태계를 마련해야 한다는 의미이기도 합니다.

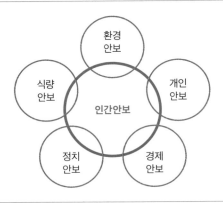

그렇다면 CES 2023에서 첨단 기술과 동떨어진 인간안보를 핵심 의제로 내놓은 이유는 무엇일까요? 우선 신종 코로나바이러스 감염증(코로나19) 영향을 꼽을 수 있습니다.

2019년 12월 중국 우한(武漢)에서 발병한 코로나19는 약 4년이 된 2023년 6월에도 확진자가 계속 나오는 등 현재진행형입니다. 2023년 6월 말까지 전 세계 코로나19 누적 확진자 수는 7억 6751만 명에 이르렀고 이 가운데 694만 명이 목숨을 잃었습니다. 전 세계 인구수가 80억이라는 점을 감안하면 10명 가운데 한 명이 이미 코로나19를 앓은 셈이지요. 우리나라도 예외는 아닙니다. 2020년 1월 20일 국내 첫 코로나19 확진자가 등장한 이래 2023년 6월 말 현재 누적 확진자 수는 2986만 명에 이릅니다. 사실상 3000만 명을 앞두고 있죠. 이는 전체 인구 5155만 명의 58%에 이르는 규모입니다. 또한 코로나19로

2023년 6월 말까지 약 3만 5000명이 세상을 떠났습니다.

코로나19는 단순히 확진자나 사망자 숫자에만 눈길을 돌려서는 안 됩니다. 코로나19는 인간의 눈에 보이지 않는 바이러스가 보건상 위기는 물론 인플레이션과 전 세계 물류 시스템의 붕괴, 전쟁 등으로 이어져 인류 생존에 위협을 주고 있음을 보여 줬죠. 즉 코로나19는 군사적 위협이 아닌 바이러스의 창궐로 인해서도 인류의 생존이 위협받을 수 있음을 증명한 사례입니다. 안보 전문가 데렉 S. 레버론(Derek S. Reveron)과 캐서린 A. 마호니-노리스(Kathleen A. Mahoney-Norris)가 함께 쓴 저서 『국경 없는 세계의 인간안보(Human Security in a Borderless World)』에서는 코로나19와 같은 팬데믹이 한 번 발생하면 걷잡을 수 없기 때문에 조기 예방만이 질병 확산을 막는 유일한 방법이라고 강조했습니다.

산업화에 따른 온실가스 대량 배출로 식량위기와 엘리뇨발 기상이변 겪어

전 세계는 산업화로 배출된 막대한 온실가스로 기상이변을 겪고 있습니다. '기후변화에 관한 정부 간 협의체(IPCC)' 회원국들은 지난 2023년 3월 13~19일 스위스에서 열린 제58차 총회에서 만장일치로 승인한 제6차 종합평가보고서(6차 보고서)에서 지구온난화에 대한 충격적인 사실을 전달했습니다. IPCC는 기후변화와 관련된 세계적인 위험도를 평가하고 그에 대한 국제적 대책을 마련하기 위해 세계기상기구(WMO)와 유엔환경계획(UNEP)이 공동 설립한 유엔 산하 국제협의체입니다.

6차 보고서에 따르면 2011~2020년 지구 표면온도는 1850~1900년과 비교해 평균 1.09도 높아졌다고 합니다. 그런데 인간이 지구온난화를 일으키는 주된 방식은 온실가스 배출입니다. 1850년부터 2019년까지의 누적 온실가스 배출량은 2400±240Gt(기가톤)으로 추산되는데, 이 가운데 58%가 1850~1989년에, 42%가 1990~2019년에 배출된 것으로 분석됐습니다. 139년간(1850~1989년) 배출된 온실가스 분량이 절반 이상이지만 불과 29년간(1990~2019년) 배출된 온실가스 분량이 절반에 가까운 42%를 차지한다는 사실은 충격적입니다.

특히 대기에 있는 온실가스 농도도 사상 최고치 수준입니다. 2019년 기준 대기 중 이산화탄소 농도는 410ppm으로 200만 년 이래 최고치입니다. 또한 대기 중 메탄과 아산화질소 농도도 1866ppm과 332ppm으로 최소 80만 년 내 최고치로 나타났습니다.

이런 가운데 엘니뇨(El Niño) 현상마저 이어져 곡물 생산에 차질을 빚고 있습니다. 스페인어로 '소년'을 뜻하는 엘니뇨는 태평양 동쪽 적도 지역의 해수면 온도가 평균치보다 0.5도 이상 높아지는 현상입니다. 해수면 온도가 올라가면 동쪽에서 부는 무역풍이 약해져서 대류 현상이 일어나지 못하게 되기 때문에 태평양 중부와 동부에 대류가 몰려 다시 온도가 올라갑니다. 그리하여 세계 곳곳에서 가뭄, 폭염, 홍수 등 자연재해가 일어납니다. 이와 같은 기상 악화는 농산물 재

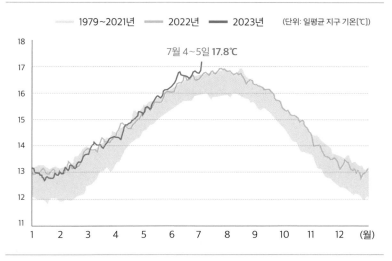

—— 1979~2021년 —— 2022년 —— 2023년 　(단위: 일평균 지구 기온[℃])

7월 4~5일 17.8℃

자료: NOAA NCEP

배에 큰 타격을 주게 됩니다.

코로나19, 엘니뇨 현상으로 전 세계가 시름을 앓고 있는 가운데 심각해지는 식량위기도 인간안보를 위협하고 있습니다. 특히 2022년 2월 24일 발발한 러시아-우크라이나 전쟁은 글로벌 식량위기를 더욱 부채질하고 있죠. 밀·보리·옥수수 등을 대량생산해서 '유럽의 곡창지대'로 불렸던 우크라이나 농업이 전쟁으로 큰 타격을 입어 세계 식량 가격이 치솟았습니다. 우크라이나는 국토의 70%가 농경지이며 전 세계 밀 수출의 12%, 옥수수 수출의 16%를 차지하는 농업대국입니다.

엘니뇨의 등장과 러시아-우크라이나 전쟁으로 농산물 공급량이 수요를 따라가지 못하면서 농산물 가격이 치솟는 '애그플레이션(Agflation)'이 갈수록 심각해지고 있습니다. 이는 불황 속에서 물가만 가파르게 오르는 '스태그플레이션(Stagflation)'을 심화시키게 되죠. 인류는 먹거리를 위협받는 위기 상황에서 좀처럼 벗어나지 못하는 모습입니다.

기상이변, 전쟁 이어 챗 GPT 등 최첨단 기술 출현 따른 파장도 우려 커져

인간안보는 기상이변과 전쟁에 이어 최첨단 기술의 출현에 따른 위협까지 받는 상황을 맞고 있습니다. 최근 관심을 모으는 생성형 인공지능 서비스 '챗GPT' 같은 인공지능(AI)이 대표적인 사례입니다.

AI는 '양날의 칼(double-edged sword)'에 비유할 수 있습니다. 손잡이 양쪽에 칼날이 달려 있다면 이는 적을 공격하는 데 그치지 않고 나를 찌르는 무기가 될 수도 있습니다. 즉 AI는 사용 목적과 방식에 따라 인류에게 큰 도움을 주는 '유토피아(Utopia)'를 만들어 줄 수도 있지만, 때로는 인간의 일자리를 빼앗고 '디스토피아(Dystopia)'와 같은 암흑세계를 만들 수도 있죠.

AI가 이끄는 4차 산업혁명은 스스로 달리는 '자율주행차', 사물에 각종 센서와 프로세서가 장착돼 인터넷으로 정보를 주고받을 수 있는 '사물인터넷(IoT)' 등 각종 첨단 기술을 쏟아 내고 있지만, 자칫 인간의 기존 일자리와 생존권을 빼앗게 될 수도 있습니다. 향후 15년 내에 AI가 인간이 가지고 있는 직업군의 40~50%를 대체할 것이라는 미국 경제잡지 《포춘》의 암울한 전망이 나오는 것도 같은 이유에서입니다.

설상가상으로 전 세계 정·재계, 학계 인사들이 스위스의 휴양지 다보스에 모여 주요 현안을 토론하는 자리인 세계경제포럼(WEF)에서는 오는 2025년까지 전 세계 8500만 개의 직업이 AI 등 자동화로 대체되고 현재 30% 정도인 기계 업무 비율이 50%까지 늘어날 것으로 내다보고 있습니다. WEF는 새로 등장하는 직업은 사라지는 직업보다 1200만 개 많은 9700만 개에 이를 것이라고 장밋빛 청사진을 제시했지만 첨단 기술이 던진 일자리 위협의 그림자는 쉽게 사라지지 않을 것 같습니다.

온실효과의 주범, 이산화탄소를 줄여라
탄소중립

31

- 지구온난화로 '대기의 강' 등에 기상이변 속출
- CCUS 등 첨단 기술 도입해 해법 마련 가속 페달

최근 자주 등장하는 용어 가운데 하나가 '탄소중립(carbon neutral)'입니다. 여기서 '탄소'는 석유 등 화석연료를 사용해서 발생하는 이산화탄소(CO_2)를 말합니다.

지구 온도를 높이는 원인에는 여러 가지가 있겠지만 그 가운데 가장 대표적인 예가 화석연료입니다. 산업화에 따른 영향으로 화석연료를 많이 사용해서 지구 온도가 올라가게 된 것입니다. 화석연료를 사용할 때 나오는 이산화탄소는 지구를 감싸서 지구 온도를 점점 높이게 되는데, 이를 '온실효과(Greenhouse Effect)'라고 부릅니다. 온실효과는 지구를 둘러싼 대기권을 거대한 온실처럼 만들어 지표면에 흡수됐던 태양열이 다시 우주 밖으로 나가지 못하게 흡수 또는 반사함으로써 지구 표면온도를 높이게 되죠.

지구 평균온도, 1750년 13.42도에서 2023년 7월 15도로 크게 올라

과학자들은 산업혁명 이후 약 2조 톤에 이르는 막대한 규모의 이산화탄소가 대기 중에 배출됐고, 이에 따른 온실효과로 지구가 점점 뜨거워지고 있다고 설명합니다. 구체적으로 설명하면, 1차 산업혁명이 일어난 1750년 지구의 연평균온도는 섭씨 13.42도였습니다. 연평균온도 혹은 줄여서 평균온도는 1년 동안 이어진 기온의 평균값을 말하죠. 그런데 이 지구 평균온도는 세계 각국에서 산업화((1850~1900년)를 시작할 무렵 섭씨 13.74도로 올라갔다가 2023년 7월 현재 15도까지 올라갔습니다.

1차 산업혁명이 일어난 지 273년, 산업화 과정 시작 이후 173년이 지난 시점에서 평균온도가 1.26~1.58도 올라갔다면 별것 아닌 게 아니냐고 여길 수도 있습니다. 그러나 지구온난화로 지구 온도가 섭씨 1도 이상 올라가면 '대기의 강(Atmospheric River)'에 유입되는 수증기가 약 7% 증가합니다.

대기의 강은 마치 강(江)처럼 대기를 지나는 거대한 수분 덩어리입니다. 대기의 강은 더운 기후 때문에 적도 근처 바다에서 엄청난 양의 수분이 증발해서 생겨납니다. 대기상에 증발한 수분은 폭 250~

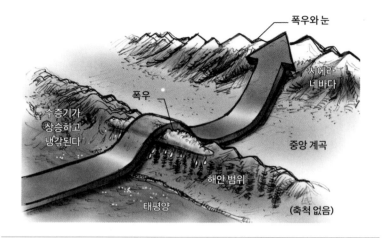

자료: LATIMES

375피트(약 76~114m)에 이르는 거대한 띠를 형성해서 강처럼 이동합니다. 하루 평균 10조 5000억 갤런의 엄청난 양의 수분이 이동하죠. 미국에서 두 번째로 긴 강(3767km)인 미시시피강 수량의 20~25배에 달하는 엄청난 규모입니다. 이 대기의 강에 수증기 밀도가 급증하게 되면 세계 곳곳에서 폭우가 발생할 수밖에 없습니다.

지구 평균온도가 1도 올라가면 폭염, 폭우, 폭설 등 기상이변만 잇따르는 것이 아닙니다. 스위스 뇌샤텔대학(University of Neuchâtel) 소속 생물학연구소는 지구 온도가 평균 1도 상승하면 곤충 번식이 늘어나서 밀, 쌀, 옥수수 등 주요 농작물 생산의 피해가 최대 25% 늘어날 것이라는 충격적인 보고서를 2022년 4월 발표했습니다. 곤충의

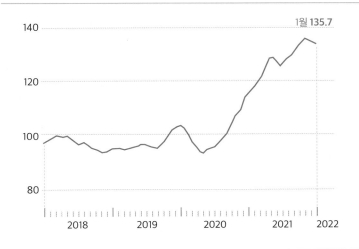

자료: 유엔식량농업기구(EAQ)

대거 등장으로 전 세계 주요 곡창지대는 큰 타격을 입을 수밖에 없죠. 특히 대규모 농작지대를 갖춘 미국은 곤충에 의한 농작물 피해가 한 해 약 10억 달러(약 1조 3190억 원)에 이를 것이라는 전망도 나왔습니다. 뇌샤텔대학 연구소 팀의 전망이 현실이 되면 인류는 기상이변에 이어 식량부족이라는 이중고에 직면하게 됩니다.

탄소중립정책 강화해 이산화탄소 배출량 '제로'로 만들어야

기후재난을 일으키는 지구온난화 주범이 이산화탄소라는 것은 이해가 되는데, '중립'이라는 용어는 왜 등장했을까요? 중립은 '플러스

(+)'도 '마이너스(−)'도 아닌 상태입니다. 그렇다면 이산화탄소 배출량을 늘리거나(+) 줄이지(−) 않는 상태로 만들겠다는 얘기일까요?

탄소중립을 정확하게 설명하면 개인이나 기업, 각종 단체 등에서 배출한 이산화탄소를 다시 흡수해서 실질적인 이산화탄소 배출량을 0(제로)으로 만들겠다는 얘기입니다. 즉 배출되는 이산화탄소 분량과 다시 흡수되는 이산화탄소량을 같게 해서 이산화탄소 '순배출이 0'이 되게 만드는 것입니다. 이에 따라 일각에서는 탄소중립을 '넷 제로(net zero)' 혹은 '탄소 제로(carbon zero)'라고도 부릅니다.

그렇다면 여기서 한 가지 질문이 있습니다. 사람 눈에 보이지 않는 이산화탄소는 시간이 지나면 사라지지 않을까요? 이에 대한 답

▶ **탄소중립 이미지**

자료: 셔터스톡

변은 암담합니다. 데이비드 아처(David Archer) 미국 시카고대학 교수는 1조~2조 톤 규모의 이산화탄소를 배출했을 때 그 가운데 29%는 1000년이 지나도 대기 중에 남아 있고 14%는 1만 년이 지나도 그대로라고 합니다. 심지어 10만 년이 지나도 인간이 배출한 이산화탄소의 7%가 대기 중에 남아 있다고 합니다. 탄소중립을 서둘러야 하는 것도 이러한 이유 때문입니다.

이에 따라 국제사회는 갈수록 심각해지는 기후변화 문제를 해결하기 위해 1997년 선진국에 환경보호를 의무화하는 '쿄토의정서'를 채택했습니다. 이에 그치지 않고 2015년에 선진국과 개발도상국이 모두 참여하는 '파리협정'을 채택한 후 2016년 11월 4일 협정을 발효했습니다.

파리협정의 목표는 지구 평균온도 상승을 산업화 이전과 비교해 1.5도 이상 낮추는 것입니다. 지구 온도가 앞으로 상승 임계점(한계)인 1.5도를 넘으면 지구환경은 '파멸의 길'로 들어설 수 있다는 우려를 반영한 것입니다. 우리나라도 파리협정에 참여했죠. 우리나라는 이 협정을 실천하기 위해 2021년 8월 탄소중립 시나리오 초안을 발표해서 오는 2050년까지 탄소중립을 실현하겠다는 청사진을 제시했습니다.

그러나 우리가 일상생활에서 쓰는 일반 자동차를 비롯해 공장 시설 등에서 쏟아져 나오는 이산화탄소를 하루아침에 모두 없앨 수는 없습니다. 그렇다면 탄소중립을 실천할 수 있는 현실적인 방법은 무엇일까요? 가장 손쉬운 방법은 산과 들에 나무를 많이 심어서 나무들이 이산화탄소를 대거 흡수하고 대기에 산소를 공급하게 하는 것입니다.

그런데 대규모 산림의 조성에는 비용이 엄청나게 됩니다. 이때 필요한 비용을 마련하기 위해 이산화탄소 배출량에 상응하는 탄소배출권을 구매하도록 법으로 정하는 것도 방법입니다. 탄소배출권은 이산화탄소 등을 배출할 수 있는 권리죠. 즉 이산화탄소 배출량을 돈으로 환산해 시장에서 거래하도록 하는 것이지요. 기업들이 탄소배출권을 구매하기 위해 낸 돈으로 숲을 조성함으로써 이산화탄소 흡수량을 늘릴 수 있습니다.

가장 어려우면서도 중요한 것은 화석연료 사용을 금지해서 대기에 이산화탄소가 배출되는 것을 막는 일입니다. 화석연료를 대체할 수 있는 무공해에너지인 태양열·풍력 등 재생에너지 분야에 투자하는 것도 방법입니다.

탄소발자국 제도화로 이산화탄소 배출 극소화 전략 강화해야

또한 '탄소발자국(Carbon Footprint)' 제도화의 목소리도 나옵니다. 탄소발자국은 개인 또는 단체가 직·간접적으로 발생시키는 이산화탄소의 총량입니다. 탄소발자국 개념은 지난 2006년 영국 의회 과학기술처(POST)에서 처음으로 제안한 것으로, 제조업체가 원료의 채취에서부터 생산·유통·사용·폐기에 이르기까지 제품의 모든 과정에서 발생하는 이산화탄소 배출량을 표시하는 탄소발자국을 적극 실천해야 한다는 얘기입니다.

우리나라도 세계적 추세에 발맞춰 정부가 탄소중립정책을 추진 중이지만 우리의 산업구조가 제조업 중심이라는 점에서 이산화탄소 배출 감축을 효율적으로 달성하는 데 어려움을 겪고 있습니다. 한 예로 우리나라는 '선진국 클럽'이라고 불리는 경제협력개발기구(OECD) 회원국 가운데 온실가스를 다섯 번째로 많이 배출합니다. 산업연구원에 따르면 국내 철강, 시멘트, 석유화학 등 3개 업종에서 탄소중립을 추진할 때 들어가는 비용은 2050년까지 최소 400조 원이 필요하고, 국내 산업계 전체로 확대하면 무려 800조~1000조 원을 투입해

▶ 탄소발자국

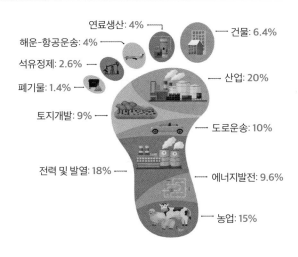

연료생산: 4%
건물: 6.4%
해운-항공운송: 4%
석유정제: 2.6%
폐기물: 1.4%
산업: 20%
토지개발: 9%
도로운송: 10%
전력 및 발열: 18%
에너지발전: 9.6%
농업: 15%

자료: 셔터스톡

▶ CCUS 설명도

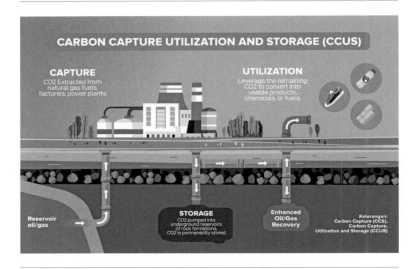

자료: 셔터스톡

야 한다고 합니다.

　최근에는 이산화탄소를 포집해서(잡아서) 흡수한 후 실제 배출량을 0으로 만드는 기술인 'CCUS'가 관심을 모으고 있습니다. CCUS는 Carbon Capture Utilization and Storage · Sequestration의 약자입니다. 말 그대로 탄소(Carbon)를 포집(Capture)해서 활용(Utilization)하거나 저장 · 격리(Storage · Sequestration)하는 기술이죠. CCUS는 포집한 탄소를 처리하는 방식에 따라 CCS와 CCU로 나뉩니다. CCS는 포집 후 저장 · 격리하는 기술로, 포집한 이산화탄소를 액체로 만든 후 지하 퇴적층에 묻어 단기간에 이산화탄소를 줄이는 현실적 방안입니다. CCU는 이산화탄소를 포집한 후 다시 이용하는 기술입니다. 우리나라는 한국중부발전 보령화력본부에 10㎿급 이산화탄소 포집 설비를 설치해서 운영 중입니다. 여기에서 포집된 이산화탄소는 농업용·공업용으로 가공된 뒤 시장에 판매됩니다.

정부는 CCUS를 활용해서 2050년까지 최대 8640만 톤까지 이산화탄소 배출량을 줄일 방침입니다. CCUS처럼 새 기술이 계속 나와서 탄소중립에 따른 비용을 줄인다면 제조업체들도 큰 부담 없이 기업활동을 할 수 있겠죠.

지구를 지키는 친환경 에너지의 유력한 대안
그린수소

- 그레이수소, 블루수소, 그린수소 등 수소 생산방식 다양
- 세계 수소 시장, 2050년 3278조 원대로 커지고 새 일자리 3000만 개 만들어져

이산화탄소가 지구온난화를 일으키는 주범으로 등장하면서 지구를 보호하는 에너지와 관련 기술을 확보해야 한다는 목소리가 갈수록 커지고 있습니다. 이런 가운데 최근 관심을 모으고 있는 대상이 수소(hydrogen, H_2)입니다. 수소는 광활한 우주 전체 질량의 75%를 차지할 정도로 무한한 양을 지니고 있습니다. 석유 같은 화석연료와 달리 앞으로도 고갈될 일은 없죠.

지구온난화 해법으로 공해 발생시키지 않는 수소에 눈길

수소는 산소와 결합하여 물(H_2O)을 만들고 사용 후 다시 물로 순환되는 특징을 지니고 있습니다. 또한 수소는 연소(燃燒, 산소와 결합하여 많은 열과 빛을 내는 현상)시키면 극소량의 질소산화물과 물로 변해 이산화탄소를 배출하지 않습니다. 이처럼 공해를 발생시키지 않아 수소는 친환경 에너지원으로 여겨지고 있습니다. 또 풍력·태양광·수력 같은 재생에너지는 지역에 따라 저장량에 차이가 나는 등 환경의 영향을 받지만 수소는 그렇지 않습니다. 결국 수소를 잘 활용하면 고갈되지 않는 무한한 친환경 에너지를 확보하게 되는 셈이지요.

수소의 이러한 장점 때문에 최근 연료전지(수소연료전지), 자동차(수소자동차), 선박(수소연료전지 추진 선박), 드론(수소드론), 건설기계(수소굴착기, 수소지게차) 등 다양한 분야에서 수소가 활용되고 있습니다.

수소는 생산방식에 따라 그레이수소, 블루수소, 그린수소 등으로 나눕니다.

그레이수소: 천연가스 추출 수소

수소를 활용한 에너지는 대부분 화석연료로부터 생산되는 그레이수소(Grey Hydrogen)입니다. 쉽게 말해 천연가스로부터 나온 수소를 말합니다. 천연가스의 주성분인 메탄에 고온·고압 수증기를 활용한 화학반응을 가하면 그레이수소가 추출되죠. 그래서 그레이수소를

'개질(改質, reforming)수소'로 부르기도 합니다. '개질'은 열이나 촉매를 활용해서 원소 구조를 바꾼다는 뜻이니, 즉 메탄이 고온·고압 수증기의 열에너지로 인해 수소로 바뀐 것을 의미합니다.

석유화학 제품을 만드는 과정에서 발생하는 부생(副生)수소(byproduct hydrogen) 역시 그레이수소에 속합니다. 부생수소는 생산 과정에서 부수적으로(따로) 나오는 수소를 말합니다(앞으로 다룰 블루수소, 그린수소도 부생수소의 일종입니다). 부생수소는 수소가 부산물로 나오기 때문에 생산량을 늘리는 데 어려움이 따르지만 수소 생산을 위한 추가 설비를 설치할 필요가 없어서 경제적이라는 평가를 받고 있습니다. 이에 따라 현재 전 세계에서 생산되는 수소의 95% 이상이 그레이수소죠.

그런데 그레이수소 1kg을 생산하는 과정에서는 이산화탄소가 무려 10kg이나 배출됩니다. 수소를 만드는 것은 좋은 일이지만 그 과

정에서 지구온난화 물질인 이산화탄소가 대거 쏟아진다면 '배보다 배꼽이 더 큰' 격이죠. 천연가스가 석유나 석탄에 비해 환경을 훼손하는 유해물질을 덜 배출하므로 큰 의미에서 '청정연료'로 여겨질 수는 있습니다. 그러나 천연가스는 엄밀하게 말해 석유나 석탄 같은 화석연료의 일종입니다. 석탄발전 비중이 높고 태양광·풍력발전 같은 재생에너지 비중이 낮은 우리나라 현실을 살펴볼 때, 천연가스가 석탄과 석유를 대체할 수 있는 에너지원이기는 하지만 지구환경을 해치는 이산화탄소 등을 여전히 배출하고 있다는 점은 짚어 보아야 할 대목입니다.

블루수소:
CCUS 활용해 탄소 배출 크게 줄인 '그레이수소'

블루수소(Blue Hydrogen)는 생산방식이 앞서 설명한 그레이수소와 같습니다. 메탄이 고온·고압 수증기를 거쳐 부수적으로 나온 부생수소죠. 그런데 블루수소는 생산 과정에서 발생하는 이산화탄소를 모아 저장하는 CCUS(Carbon Capture Utilization Storage, 탄소 포집·활용·저장 기술)을 활용한다는 점이 그레이수소와의 차이점입니다(CCUS는 탄소중립에서 이미 배웠습니다).

정리하면 블루수소는 그레이수소처럼 화석연료인 천연가스를 사용하지만, 이산화탄소를 90% 이상 잡아 주는 포집 설비를 이용하기 때문에 그레이수소에 비해 비교적 적은 양의 이산화탄소를 배출합니다. 비록 이산화탄소 배출량을 '0'으로 하지 못한다는 한계가 있기는 하지만, 블루수소는 이산화탄소 배출을 줄여 환경을 보호할 수 있고 생산비도 높지 않아서 '친환경'과 '경제성'이라는 두 마리 토끼를 잡을 수 있는 에너지원임에 틀림없습니다.

그린수소: 수전해 생산 수소

그린수소(Green Hydrogen)는 물을 전기분해(이를 '수전해'라고 합니다) 하는 방식으로 얻어지기 때문에 그린수소 생산과정에서는 이산화탄소 등 유해물질이 나오지 않습니다. 또한 그린수소를 얻기 위한 전기분해에 사용되는 에너지도 태양광, 풍력 등 친환경 재생에너지에서 나오는 전기입니다. 이러한 장점을 감안할 때 그레이수소, 블루수소

▶ 수소 생산방식 3종류

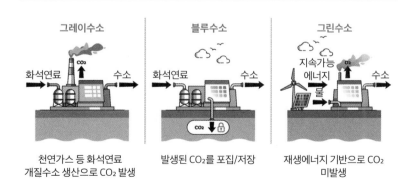

자료: 셔터스톡

에 비해 그린수소는 가장 친환경적인 수소임에 틀림없습니다.

그런데 우리나라 실정에는 잘 맞지 않은 방식입니다. 우리나라는 태양광, 풍력 등 재생에너지가 충분하지 않아서 그린수소의 대량생산에 한계가 있기 때문입니다. 또한 재생에너지 가격이 저렴하지 않기 때문에 그린수소를 만들어 내는 데 돈이 많이 듭니다. 이러다 보니 그린수소는 광활한 대지에 일조량이 풍부한 미국 등 북미나 유럽 일부 국가에서 주로 활용될 뿐이라고 합니다.

그렇다고 '친환경의 끝판왕'으로 여겨지는 그린수소 대량생산을 포기할 수는 없겠죠. 우리나라는 '2050년 탄소중립 추진 전략'을 발표해서 이산화탄소 배출을 0으로 만들겠다는 야심 찬 비전을 내놓았습니다. 이에 따라 그린수소와 같은 청정수소 활용이 의무화됩니다.

수소 시장에 대한 전망은 매우 밝은 편입니다. 정부 산하 수소경제위원회에 따르면 수소는 오는 2050년 전 세계 에너지 소비량의 18%를 차지할 것이라고 합니다. 글로벌 컨설팅업체 맥킨지(McKinsey)는 세계 수소 시장 규모가 2050년 2조 5000억 달러(약 3278조 원)로 커지

▶ 2050년 글로벌 수소 경제 시장

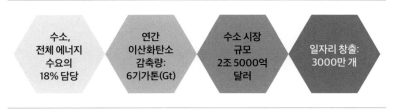

자료: 맥킨지

고 수소경제 활성화에 따른 새로운 일자리 3000만 개가 생길 것이라고 전망하고 있습니다. 이제 탄소중립과 친환경 경영은 피할 수 없는 시대적 화두가 된 셈입니다.

금융사가 날씨에 관심을 가지는 이유

기후 시나리오 분석
(CSA)

> • CSA, 일종의 기후위기 '스트레스 테스트'
> • 기상이변 대비 못 하면 은행 보유 기업자산 손실 커지고 건전성 악화 이어져

지구온난화 등 기후변화가 전 세계 모든 이에게 영향을 주는 최대 관심사로 등장한 지 오래됐습니다. 그런데 최근 기후변화로 일어날 수 있는 피해에 촉각을 곤두세우고 있는 곳이 있습니다. 바로 은행과 보험사 같은 금융사들입니다. 예금·대출 등 신경 써야 할 기존 업무가 수두룩할 텐데도 은행이 기후변화로 눈을 돌리는 이유는 무엇일까요?

은행 등 금융권, CSA에 눈 돌리는 이유

정답은 '기후 시나리오 분석(CSA, Climate Scenario Analysis)' 때문입니다. 시나리오 분석은 불확실한 상황에 대비하기 위해 여러 가지 시나리오를 작성한 후 시나리오별로 계획안을 마련하는 것을 말합니다. 여기에서 시나리오는 어떤 사건에서 일어날 수 있는 여러 가지 가상적 상황을 말하죠. 그렇다면 기후 시나리오 분석은 무엇일까요? 기상재해는 발생 시점이나 장소를 미리 알 수 없지만 한 번 발생하면 사회적·경제적 피해가 큽니다. 이 때문에 은행은 예측할 수 없는 기상재난 등 기후변화로 일어날 수 있는 피해를 미리 파악해 두고자 하는데, 이를 CSA라고 부릅니다. 즉 CSA는 기후변화가 은행이 가지고 있는 자산에 어떤 부정적 영향을 미치는지를 평가하는 작업입니다.

CSA의 출발점은 미국입니다. 미국 중앙은행 연방준비제도(Fed, 연준)는 뱅크오브아메리카(BOA), 씨티그룹, 골드만삭스, JP모건체이스, 모건스탠리(Morgan Stanley), 웰스파고(Wells Fargo) 등 미국 6대 대형은행에 2023년 연준이 추진하는 CSA 시범사업에 참여하라고 독려했습니다. 연준은 이들 6대 은행을 상대로 기후변화에 따른 물리적 리스크와 이행 리스크 등에 대한 시나리오 분석에 나섰습니다. 물리적 리스크는 쉽게 설명하면 자연재해입니다. 즉 기상이변이 미국의 주거·상업용 부동산시장에 미치는 부정적 영향을 평가하는 것이지요. 이를 통해 일반 소비자 혹은 기업의 대출 요구를 제대로 이행할 수 있는지 여부를 살펴보겠다는 뜻입니다.

TCFD, 기상이변 등에 대한 위기관리 전략 모색 독려

금융권의 기후변화에 대한 관심은 CSA에만 그치지 않습니다. '기후변화 관련 재무정보공개 협의체(TCFD, Task Force on Climate-related Financial Disclosures)'가 대표적인 예입니다. TCFD는 주요 20개국(G20)의 요청에 따라 금융안정위원회(FSB)가 기후변화 관련 정보 공개를 위해 설립한 글로벌 협의체입니다. 스위스 바젤에 본사를 둔 FSB는 미국의 서브프라임 사태, 리먼브러더스 파산 같은 글로벌 금융위기를 사전에 막기 위해 구성한 금융감독 협의체입니다.

2015년 12월에 문을 연 TCFD는 은행 등 기업이 기상이변에 따른 위험을 낮추기 위해 어떤 활동을 하고 있는지를 투자자들에게 알려 주고 있습니다. 이를 위해 TCFD는 기업이 ① 기업 지배구조(governance), ② 전략(strategy), ③ 위기관리(risk management), ③ 측량과 목표치(metrics and targets) 등 네 가지 핵심 항목을 어떻게 실천하고 있는지를 공시하도록 하고 있습니다. 항목은 4종류이지만 기후변화가 핵심 화두죠. 구체적으로 설명하면, 지배구조는 기후변화에 따른 이사회 관리감독과 경영진의 역할을 말하고, 전략은 단기·중기·장기에 걸쳐서 기후변화에 따른 위험과 사업 기회를 경영·재무계획에 반영하는 것이며, 위기관리는 기상이변 평가와 관리 같은 위기점검 능력을 말하고, 측량과 목표치는 기후변화에 따른 위험요소와 기회를 평가하고 관리해서 목표를 설정하는 것입니다.

결국 TCFD는 네 가지 핵심 항목의 공개를 통해 기업이 기후변화가 가져다줄 경영위기에 대비하고 새로운 사업 기회를 만들어 내도록 주문하고 있는 것이지요.

다시 본질적인 질문으로 돌아가서, 기후변화가 세계적 화두이지만

기업 지배구조	기후변화에 따른 이사회 관리감독과 경영진의 역할
전략	단기·중기·장기에 걸쳐서 기후변화에 따른 위험과 사업 기회를 경영·재무계획에 반영하는 것
위기관리	기상이변 평가와 관리 같은 위기점검 능력
측량과 목표치	기후변화에 따른 위험요소와 기회를 평가하고 관리해서 목표를 설정하는 것

은행이 기상이변에 이처럼 예민한 반응을 보여야 하는 근본적인 배경은 무엇일까요? 은행 등 금융산업이 갈수록 심각해지는 기상이변에 제대로 대응하지 못한다면 금융업체가 보유한 기업자산의 손실이 커지고 신용위험도 증가하며 그에 따라 건전성 악화 등이 올 수도 있다는 위기의식 때문입니다. 탄소중립, 파리기후협정 등 지구온난화에 맞선 세계적 움직임이 갈수록 본격화되고 있다는 점도 주목해야할 대목입니다.

은행, 탄소중립, 파리기후협정에 촉각 곤두세우며 위기 상황에 대비

그동안 온실가스를 배출하면서도 돈을 잘 버는 업종에 투자해 온 은행들은 친환경 추세에 자칫 재무적 위험을 맞게 될 수 있습니다. 탄소 배출이 많은 업체가 은행으로부터 대규모 차입을 했는데(돈을 많이 빌렸는데) 친환경 경영이 대세로 자리 잡아서 이들 기업의 자산가치가 떨어진다면 어떤 일이 벌어질까요? 돈을 빌려 간 기업이 경영난을 이유로 빌린 돈을 제때에 갚지 못하게 되어 돈을 빌려준 은행의 기업 담보가치가 떨어지고 신용위험이 커질 수 있습니다. 이는 은행의 건전성 악화로 이어져서 기업이나 가계에 돈을 빌려줄 여력이 그만큼 줄어들게 됩니다.

보험회사도 예외는 아닙니다. 보험사는 예상치 못한 상황에 따른 경제적 손실을 보장하는 역할을 합니다. 보험회사는 계약에 따라 보험금을 지급할 수 있을 만한 자금을 갖추고 있어야 하죠. 그런데 기상이변으로 예상할 수 없는 불확실성이 폭증해서 보험사가 감당할 위험 수준을 넘어서게 되면 보험업체의 지급 능력에 부담을 주는 요인으로 작용하게 됩니다. 이렇게 지급 부담이 커지면 보험사는 관련 부문의 보험상품을 줄이려 할 것이고, 이는 보험 혜택이 필요한 기업이나 소비자에게 손해를 입힙니다.

이처럼 지구온난화와 직접 관련이 없는 것처럼 보이는 금융업도 기상이변과 촘촘한 연결고리를 이루고 있습니다.

환경보호 기업에 자금 지원 더 해 주는 'KTSS' 등장

결국 금융사들의 지구온난화 등 환경에 대한 관심은 갈수록 커질 수밖에 없습니다. 이를 보여 주듯 국내에서도 온실가스 배출을 줄이는 등 환경보호에 앞장서는 이른바 '녹색기업'에 자금 지원을 더 해 주는 시스템 'KTSS'를 만들고 있습니다. 이와 관련해 한국의 금융감독원(금감원)은 2023년 7월 3일 금융회사들이 한국형 녹색분류체계(K-택소노미)에 따라 기업에 대출 등 자금지원을 할 수 있는 KTSS를 2023년 안에 개발하기로 했다고 발표했습니다. K-택소노미는 기업 활동이 친환경적인지의 여부를 판단하기 위해 환경부과 금융위원회가 공동 개발한 지침서입니다. 이를 위해 금감원은 KB국민·신한·하나·우리·NH농협지주 등 10개 금융사와 함께 KTSS 개발을 위한 업무 협약(MOU)을 체결하는 등 금융당국과 은행이 '기후위기 파이터'로 나서고 있죠. 금융사들은 이러한 녹색금융을 통해 기업들이 탄소 배출을 줄이고 친환경 에너지 개발에 앞장설 수 있도록 유도하겠다는 계획입니다.

역대급 폭염·장마 등 기상이변으로 지난 20년간 전 세계에서 50만 명 이상이 사망하고 경제적 피해가 3400조 원에 이르렀다는 점도 이상기후 해결에 앞장서야 하는 또 다른 이유가 되겠지요.

돈만 좇는 기업에서 공존·공생하는 기업으로

ESG

- 환경보호, CSR, 지배구조 개선 등으로 기업 운영에 친환경 경영 필요성 커져
- 가치와 공존에 관심 갖는 기업에 미래 있어

지구온난화를 막기 위한 친환경 운동의 중요성이 갈수록 커지면서 이제 거의 모든 기업이 '환경친화적 경영'에 속도를 내고 있습니다. 이러한 움직임의 대표적인 예가 'ESG'입니다. ESG는 'Environmental(환경), Social(사회), Governance(지배구조)'의 머리글자를 딴 용어로, 기업이 경영활동에 친환경, 기업의 사회적 책임(CSR, Corporate Social Responsibility), 기업 지배구조(Corporate Governance) 개선 등 투명경영을 펼쳐야 지속적으로 발전할 수 있는 기반을 갖춘다는 얘기입니다.

기업, 사회구성원으로서 지역사회와 공생하는 CSR에 가속 페달

엄밀하게 말해서 기업이 사회에 책임의식을 가져야 한다는 분위기는 ESG가 본격적으로 등장하기 이전부터 고개를 들기 시작했습니다. 대표적인 예가 CSR입니다. CSR을 학문적으로 처음 정립한 이는 미국의 경제학자 하워드 보웬(Howard Rothmann Bowen)으로, 그는 이윤 추구도 중요하지만 기업은 CSR로 눈을 돌려야 한다고 강조했습니다.

CSR은 사회구성원으로서의 기업이 지역사회의 이해관계자들과 공생하는 의사결정을 하겠다는 윤리적인 책임의식입니다. 결국 CSR은 기업이 다양한 봉사와 기부활동 등으로 사회에 기여했는지를, 지배구조는 기업 조직이 부정부패 없이 투명하게 운영되는지를 확인하

▶ CSR 개념도

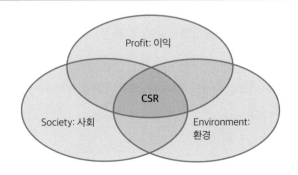

는 것이지요. 구체적으로 설명하면, 기업 지배구조는 기업 내부의 의사결정시스템, 이사회와 감사의 역할과 기능, 경영자와 주주와의 관계 등을 말합니다. 한마디로 '윤리적인 기업'인지 여부를 보여 주는 척도인 셈입니다.

그렇다면 ESG를 처음 주창한 사람은 누구일까요? 코피 아난(Kofi Atta Annan) 전 UN 사무총장입니다. UN 최초의 아프리카 출신 사무총장이었던 코피 아난은 아프리카를 비롯한 제3세계의 심각한 사회·환경 문제를 해결해야 한다고 주장했습니다. 지금은 고인(故人)이 된 아난 전 사무총장은 사회적 책임과 환경오염 문제는 각국 정부나 UN 같은 국제기구의 노력만으로 해결하기 힘들다고 하면서 글로벌 기업이나 재력가들이 전 인류의 지속 가능한 발전을 위해 동참해야 한다고 역설했습니다.

이러한 노력으로 탄생한 결과가 아난 전 사무총장이 2004년 작성한 보고서 「Who Cares Wins: Connecting financial markets to a changing world」입니다. 9개국 20개 금융사가 손잡고 만든

▶「Who Cares Wins: Connecting financial markets to a changing world」 보고서 타이틀

자료: UN

이 보고서는 자산운용, 증권중개 등 경제, 금융, 투자 분야에서 환경·사회·지배구조 문제를 잘 통합하는 방법에 대한 권장사항을 담고 있습니다. 보고서 제목이 암시하듯 글로벌 경쟁에서 승리를 거두는 것도 중요하지만 기업은 그에 못지않게 사회적 이슈와 환경문제에도 눈을 돌려야 한다는 얘기지요. 이 보고서는 ESG 경영의 효시가 됐습니다.

이후 아난 전 사무총장은 2006년 4월 뉴욕증권거래소(NYSE)에서 전 세계 주요 금융업체들과 함께 'UN 책임투자원칙(PRI, Principles for Responsible Investment)'을 출범시켰습니다. UN PRI는 투자자들이 사회적 가치와 환경적 가치를 고려한 의사결정을 하는 기업에 투자를 해야 한다는 점을 역설했습니다. 이처럼 ESG는 인류가 직면한 기후위기를 해결하기 위한 방안 가운데 하나로 등장한 셈입니다.

그렇다면 ESG는 CSR과 어떤 차이가 있을까요? CSR이 주로 기부활동이나 봉사, 문화예술 후원 등에 국한된다면 ESG는 기업에게

▶ ESG 개념도

환경　　사회　　지배구조

CSR에 그치지 않고 환경보호와 기업 지배구조까지 세심하게 챙기는 윤리의식을 강조합니다.

재무제표 등 경영성적표 외에 사회공헌과 투명경영 중요도 커져

ESG를 조금 더 자세하게 공부해 보기로 하죠.

기업이 친환경 경영을 펼쳐야 하는 이유는 앞서 '기후 시나리오 분석'과 '기후변화 관련 재무정보공개 협의체'를 통해 배웠습니다. 즉 기업은 제품을 만드는 과정에서 환경을 훼손하는 유해물질을 배출했는지, 지구온난화를 유발하는 이산화탄소의 배출을 억제하는 데 노력했는지 등을 꼼꼼하게 점검해야 합니다. 그렇다면 '사회'와 '지배구조'는 어떤 의미를 담고 있을까요?

우리는 흔히 기업을 평가할 때 매출액과 영업이익 등 그 업체의 경영 성적표를 따지는 경우가 대부분입니다. 물론 그것도 중요합니다. 기업은 좋은 물건을 최대한 싸게 만들어 팔아서 거기서 나온 이윤으로 직원의 월급과 세금을 내며 회사를 운영해야 하기 때문입니다. 이에 따라 과거에는 '좋은 기업'이란 품질 좋은 제품을 만들어서 수익을 많이 내고 직원들에게 월급을 많이 주는 업체라고 여겨졌습니다. 그래서 회사의 경영 성과가 특정 기업을 평가하는 주요 기준이 되면서 투자자들도 회사의 경영 상태를 보여 주는 재무제표(financial statement)를 눈여겨보면서 투자를 결정하곤 했습니다.

그런데 최근 기업을 바라보는 관점이 조금씩 바뀌고 있습니다. 앞서 설명한 것처럼 기업의 재정 상태를 알려주는 일종의 '건강검진표'인 재무제표도 중요하지만 이제는 기업이 그 돈을 어떻게 벌었고 또한 어떻게 쓰는지에 눈길이 모이고 있습니다. 이는 기업이 이윤을 추구하는 것은 충분히 이해할 수 있지만, 돈을 버는 과정에서 환경을 훼손하거나 산업재해를 묵인하여 근로자 인권을 침해하거나 독점적 시장구조를 만들어 특정 업체들만 유리한 '기울어진 운동장'이 되어서는 곤란하다는 뜻이지요. 특히 환경오염에 따른 지구온난화가 세계적 관심사가 되면서 기업들은 이제 친환경 경영을 통한 사회와의 공존은 물론 CSR을 통한 사회공헌, 투명경영을 통한 기업 지배구조 향상에도 신경을 써야 합니다. 이러한 움직임이 바로 ESG 경영입니다.

　소비자 의식 수준이 높아지면서 이제 소비자들은 단순히 값싸고 질 좋은 제품만을 찾는 것이 아닙니다. 친환경 경영과 CSR, 지배구조가 건강한 기업 제품을 찾고, 기업 비리 등 도덕적 논란이 불거지면 제품 불매운동까지 벌이는 시대가 된 것입니다. 한 예로 남양유업은 2013년 대리점을 상대로 '갑질 논란'이 불거져 회사 이미지가 실추되면서 매출에 큰 타격을 입은 일이 있었습니다. 또 사조산업은 2020년 회사 직급별로 선물세트 판매 목표를 정하고 임직원에게 판매를 강요했다가 공정거래위원회로부터 14억 원의 과징금을 부과받기도 했죠.

　이러한 추세를 보여 주듯 세계적 컨설팅업체 맥킨지는 이제 ESG를 외면하는 기업은 살아남을 수 없을 것이라고 강조했습니다. 결국 돈을 많이 버는 것 못지않게 사회에 도움을 주는 기업이 되어야 살아남을 수 있는 시대가 된 것입니다.

미국에 이어 한국에도 ESG 등급 도입 움직임

ESG 경영이 기업에 뿌리내릴 수 있도록 국제적 기관들도 앞장서고 있습니다. 글로벌 주가지수 산출업체 모건스탠리캐피털인터내셔널(MSCI, Morgan Stanley Capital International)에서 발표하는 세계적인 주가지수 'MSCI 지수'가 대표적인 예입니다. 미국의 투자은행 모건스탠리의 자회사 MSCI가 발표하는 이 지수는 글로벌펀드에 따른 투자활동을 할 때 중요한 지표가 되고 있습니다.

MSCI는 투자자들이 참고할 수 있도록 유명 기업을 대상으로 ESG 등급을 공개하고 있습니다. MSCI의 ESG 등급은 AAA, AA, A등급의 세 가지로 나뉩니다. 이에 질세라 국내에도 한국ESG기준원(KCGS)처럼 기업에 ESG 등급을 매기는 기관이 등장했습니다. 그리고 새롭게 등장한 ESG 평가기관들이 매긴 기업의 ESG 경영 성과는 이제 주가(기업가치)에도 큰 영향을 끼치고 있습니다. 이처럼 ESG는 기업의 미래가치를 평가하는 주요 지표로 자리매김하고 있는 것이 현실입니다.

ESG 관련 투자자산 규모도 갈수록 커지고 있습니다. 독일의 투자은행 도이치방크는 2030년이면 전 세계 ESG 투자자산이 130조 달러

(약 16경 5165조 원)까지 늘어날 것이라고 내다보고 있습니다. 이는 전 세계 투자자산의 95%가 기업의 ESG 경영 내역을 살펴본 후에 투자에 나설 것이라는 뜻이지요. 이제는 해외에서 투자자금을 끌어모으기 위해서는 ESG가 선택이 아닌 필수사항이 된 셈입니다.

무늬만 친환경?
그린워싱

35

- 그린경영이 시대적 화두이지만 '무늬만 친환경 기업' 수두룩
- 소비자, 친환경 제품만 구입하는 움직임 갈수록 커져

2023년 7월 10일 스위스에서 세계적인 기업들이 잇달아 소송당하는 일이 일어났습니다. 스위스 소비자단체 연합기구 '스위스소비자보호재단(SKS)'이 미국 음료업체 코카콜라(Coca-Cola)의 스위스법인을 비롯해 미국 렌터카 기업 에이비스(Avis)의 스위스법인, 스위스 1위 통신사 스위스콤(Swisscom), 스위스 난방유 유통업체 쿠블러 하이촐(Kübler Heizöl), 스위스 부동산 매매업체 에이전트 셀리(Agent Selly) 등 6개 업체를 환경규제 당국에 제소한 것입니다. 사라 슈탈터 SKS 이사는 소송과 관련된 성명에서 "이들 6개 업체가 내놓은 자사 온실가스 배출량 데이터가 완전하지 않아 신뢰하기 어렵다"며 "이들 기업이 온실가스 배출량을 줄이기 위해 벌이고 있는 프로젝트가 환경에

어떠한 영향을 주는지 검증되지 않는다"라고 주장했습니다. 슈탈터 이사가 지적한 '기업의 온실가스 배출량'은 탄소중립(탄소를 배출한 만큼 흡수해서 탄소의 실제 배출량을 '제로'로 만듦)을 뜻합니다(탄소중립은 앞서 이미 공부했습니다).

기업, 환경보호 정책 'GHG 프로토콜'에 촉각 세워

슈탈터 이사가 언급한 기업의 온실가스 배출량을 조금 자세히 다뤄 보겠습니다.

환경오염과 관련해 기업들이 촉각을 곤두세우는 것 가운데 하나가 GHG 프로토콜입니다. GHG 프로토콜의 정확한 명칭은 'GHG 프로토콜 코퍼레이트 스탠더드(Protocol Corporate Standard)'입니다. GHG는 '온실가스(Greenhouse Gas)'를 뜻하고, 프로토콜은 '협약'입니다. 온실가스 배출과 관련해 국제적으로 가장 널리 사용되는 GHG 프로토콜은 '온실가스 프로토콜 사업자 배출량 산정 및 보고 기준'과 '온실가스 프로토콜 사업 감축량 산정 기준'으로 구분해서 기업의 온실가스 배출과 감축 활동을 공개적으로 밝히는 제도입니다. 그렇다면 GHG 프로토콜은 어떻게 탄생했을까요?

미국 환경 비정부기구(NGO) 세계자원연구소(WRI)와 스위스 제네바에 있는 170개 다국적 기업 연합체인 세계지속가능발전기업협의회(WBCSD)를 중심으로 NGO와 각국 정부 기관, 기업 등은 1998년 국제적으로 인정받을 수 있는 '온실가스 배출량 산정과 보고를 위한 기준'을 개발하기 위해 'GHG 프로토콜 이니셔티브'를 발족했습니다. WRI와 WBCSD가 온실가스 회계 처리 및 보고에 관한 가이드라인을 만든 셈이지요.

GHG 프로토콜은 이산화탄소 등 온실가스 배출량 산출 영역(스코프, Scope)를 크게 3종류로 나눴습니다. 직접배출은 '스코프 1(Scope 1)', 간접배출은 '스코프 2(Scope 2)', 기타 간접배출은 '스코프 3(Scope 3)'입니다. 직접배출은 기업이 소유하고 관리하는 자원으로부터 직접 발생되는 온실가스를 말하고, 간접배출은 사업자의 구입 전력(다른 기업으로부터 사들인 전력)을 통해 발생하는 온실가스를 말하죠. 그리고 기타 간접배출은 사업자가 직접 소유하거나 통제하지 않는 배출원으로부터 발생하는 온실가스 배출을 뜻합니다.

슈탈터 이사의 문제 제기는 위에서 거론한 6개 기업처럼 GHG 프로토콜과 스코프 관련 상세 정보를 내놓지도 않은 채로 말로만 친환경 경영을 외치고 있는 기업들에게 경종을 울린 셈입니다.

미꾸라지처럼 친환경 경영 회피하는 그린워싱 기업 속출

지구온난화를 막기 위한 전 세계적 노력이 펼쳐지고 있는 가운데 미꾸라지처럼 친환경 경영의 도덕적 책무를 빠져나가려는 기업들이 있습니다. 실제로는 친환경적이지도 않으면서 마치 친환경적 기업인 것처럼 홍보하는 기업이나 단체를 '그린워싱(Green Washing)'이라고 부릅니다. 'Whitewash(백색 도료를 발라 불쾌한 사실을 눈가림하다)'에 자연환경을 뜻하는 '그린(Green)'을 합쳐서 만든 그린워싱은 미국 뉴욕주의 환경운동가 제이 웨스터벨드(Jay Westerveld)가 1986년 논문을 통해 처음 사용한 말입니다.

논문에서 제이 웨스터벨드는 미국 내 일부 호텔이 환경보호를 외치며 수건을 재사용해 달라는 안내 팻말을 호텔방에 붙였다고 설명했습니다. 그런데 웨스터벨드는 이들 호텔업계가 손님들에게 수건 재사용을 강력하게 요청하고 있지만 호텔 자체는 에너지 낭비를 줄이는 어떤 노력도 하지 않는다는 점을 파악했죠. 결국 호텔업계는 환경보호의 중요성을 강조하며 수건 재사용 등을 독려함으로써 자신들의 이득만 취하고 있다는 것이 그의 주장입니다.

'위장 환경주의' 혹은 '위장 친환경주의'인 그린워싱은 친환경을 외

치는 과장광고를 하면서 실제로는 환경을 계속 훼손하고 있어 비난을 받을 수밖에 없습니다. 그렇다면 특정 업계나 업체가 그린워싱 전략을 펼치고 있는지의 여부는 어떻게 알 수 있을까요?

그린워싱 판별 '7가지 기준' 등장

캐나다 공인 인증기관 ULC 스탠더즈(ULC Standards) 산하의 환경 컨설팅업체 테라초이스(TerraChoice)는 그린워싱을 크게 7가지 기준으로 판별할 수 있다고 밝혔습니다.

(1) '상충효과 감추기(Hidden Trade-off)'입니다. 상충효과 감추기는 특정 기업의 '친환경 제품' 생산에 따른 다른 환경파괴 문제를 외면한 채 친환경 제품 자체라는 점만 강조하는 전략입니다. 즉 제품이 환경에 미치는 긍정적인 면만 강조하는 방법이지요.

(2) '증거 부재(No Proof)'입니다. 기업이 친환경 제품이라고 증명할 마땅한 증거 없이 친환경만 외치고 있는 상황입니다. 이는 제품 웹사이트나 제품 라벨에 친환경 관련 정보를 제시하지 않는 것이지요.

(3) '모호함(Vagueness)'을 꼽을 수 있습니다. 뚜렷하게 정의를 내릴 수 없거나 광범위한 용어를 나열해서 소비자를 호도하는 행위입니다.

(4) '허위 라벨 부착(Worshiping False Labels)'입니다. 가짜 인증 라벨을 사용해 실제 존재하지 않는 제3자로부터 검증 혹은 인증받은 제품인 것처럼 속이는 행태를 말합니다.

(5) '무관함(Irrelevance)'도 중요한 항목입니다. 친환경 제품으로 소

개하면서 이를 뒷받침할 만한 내용을 열거하지만 친환경 제품 기준 에는 못 미치는 것을 뜻합니다.

(6) '차악(次惡, Lesser of Two Evils)' 역시 그린워싱을 판별하는 주요 항목입니다. 특정 제품을 친환경 제품 범주로 소개하면서 그 제품이 안고 있는 또 다른 환경 훼손 문제를 알아내지 못하게 하는 것입니다.

(7) '거짓말(Fibbing)'입니다. 친환경 제품이 전혀 아니지만 환경보호 상품이라고 주장하는 광고를 말합니다.

그린워싱이 범람하는 시대에 소비자들은 날카로운 눈과 냉철한 판단으로 친환경 제품 여부를 구별해야 합니다. 특히 지금처럼 돈 을 더 지불하더라도 환경친화적 제품을 구입하겠다는 '그린슈머 (Greensumer)'가 대거 등장하는 현실을 감안할 때 기업들은 친환경 경영을 펼쳐야 소비자들로부터 사랑받는 기업으로 자리매김할 수 있 습니다.

▶ **그린워싱을 판별하는 7가지 기준**

그린워싱의 7가지 기준

상충효과 감추기　　증거 부재　　모호함　　하위 레벨 부착

무관함　　차악　　거짓말

자료: 테라초이스

항공유도 곡물로 만드는 시대

지속 가능 항공연료
(SAF)

36

- 글로벌 친환경 경영에 발맞춰 항공업계도 친환경 에너지 도입 나서
- SAF 시장, 2030년에 20조 원대로 커지는 '차세대 먹거리'

최근 이산화탄소 배출을 줄이는 친환경 경영이 시대적 화두가 되면서 이제 우리 주변의 거의 모든 연료는 환경을 보호하는 에너지가 아니면 살아남기 힘든 시대가 됐습니다. 항공기에 들어가는 연료, 즉 항공연료도 예외가 아닙니다. 항공기에는 흔히 '기후 악당'이라는 꼬리표가 붙어 있기 때문입니다. 유럽환경청(EEA)이 운송수단별 1km 주행할 때 발생하는 이산화탄소 배출량을 조사해 발표한 자료에 따르면 제트여객기가 285g, 버스 68g, 기차는 14g입니다. 비행기의 탄소 배출량이 버스의 4배, 기차의 20배에 이르는 셈이죠.

조금 더 구체적으로 말해 보겠습니다. 영국 런던에서 스페인 마드리드까지 이동할 때(두 도시 간 거리는 약 1735km로 서울-부산 간 거리의 4배에 달한다) 기차의 이산화탄소 배출량은 43kg인 반면 비행기는 118kg이 넘습니다. 만일 미국 뉴욕과 영국 런던을 비행기로 왕복한다면 이산화탄소 배출량이 약 1000kg에 이릅니다. 이는 중남미 국가 니카라과에 사는 사람 1명이 1년 동안 배출하는 이산화탄소 분량보다 많죠. 이처럼 전 세계로 여객과 화물을 실어 나르는 항공기의 탄소 배출량은 기차, 자동차 등에 비해 너무 많아서 항공기에도 이산화탄소 배출을 규제해야 한다는 목소리가 힘을 실어 왔습니다.

물론 비행기의 이산화탄소 배출량이 전 세계 탄소 배출량에서 차지하는 비중은 약 3.5%에 불과합니다. 그러나 항공 분야에서 이산화탄소를 배출하는 양이 전체 운송 분야의 12%라는 점은 무시할 수 없습니다. 갈수록 항공 수요가 많아지고 있는 현실을 감안하면 더욱 그렇습니다. 그래서 유럽연합(EU)은 2025년부터 EU에서 이륙하는 모든 비행기에 '지속 가능 항공연료(SAF, Sustainable Aviation Fuel)' 사용을 의무화했습니다. EU는 또한 SAF 혼합비율(전체 연료에서 차지하는 SAF 비율)을 2025년 2%에서 2050년 63%로까지 늘릴 예정입니다. '항공업계의 유엔총회'라고 불리는 국제항공운송협회(IATA)도 SAF를 사용해서 오는 2050년까지 탄소 배출량의 65%를 줄이기로 했습니다. 그렇다면 SAF는 무엇이고 기존 항공연료와는 어떤 차이가 있을까요? 또한 SAF 혼합비율은 무슨 뜻일까요?

SAF, 해조류, 사탕수수, 옥수수 등
사용해 환경오염 논란 없어

SAF를 공부하기 전에 먼저 기존 항공연료를 짚어 보겠습니다.

항공연료는 항공기 엔진을 작동시키는 데 필요한 연료입니다. 일반적으로 항공기 엔진이 크게 두 종류로 나뉘듯이 항공연료도 역시 두 종류입니다.

경비행기에 사용되는 항공연료는 AVGAS(항공용 가솔린, Aviation Gasoline)로, 휘발유에 각종 첨가제를 넣어서 만듭니다. 사실상 자동차 가솔린과 거의 같은 구조죠.

여객기, 수송기, 전투기 등에 쓰이는 항공연료는 가스터빈 엔진을 돌리기 위한 제트연료(jet fuel)로, 제트 연료는 등유(kerosene)를 기반으로 합니다. 등유는 원유를 증류할 때 150℃에서 280℃ 사이에서 얻어지는 기름을 말합니다. 이 연료는 쉽게 얼지 않고 연소량과 발열량이 좋습니다.

그런데 AVGAS든 제트연료든 모두 화석연료를 사용하기 때문에 이산화탄소 배출량이 많을 수밖에 없습니다. 이에 따라 이산화탄소 배출을 억제해 환경을 훼손하지 않는 SAF가 환영받고 있습니다. SAF는 해조류나 폐식용유(더 이상 쓸 수 없는 식용유), 사탕수수, 옥수수, 동물성·식물성 기름 등 환경오염이 거의 없는 연료로 만들어진 항공연료입니다. SAF는 곡물이나 해조류를 발효시켜 만드는 방식과 동·식물성 지방을 추출한 후 화학처리해서 만드는 방식, 물을 전기분해한 후 이산화탄소를 결합시켜 만드는 '이-퓨얼(e-fuel)' 등으로 나뉩니다.

그렇다고 SAF가 이산화탄소를 전혀 배출하지 않는 것은 아닙니다만, SAF는 원료 수급부터 소비까지 탄소 배출량을 기존 항공연료에 비해 최대 80%까지 줄일 수 있다는 점이 장점입니다. 또한 SAF는 '드롭인 퓨얼(Drop-in fuels)'입니다. 가솔린, 제트연료 등의 엔진에 그대로 사용할 수 있다는 뜻이지요. 이는 항공기 엔진을 고칠 필요가 없다는 말이 됩니다.

이에 따라 전 세계 각국 정부와 항공업계도 SAF에 큰 관심을 보이

▶ SAF

자료: 셔터스톡

고 있습니다. 조 바이든 대통령이 이끄는 미국 정부는 각종 보조금과 세금 공제 등 인센티브를 제시함으로써 SAF 생산 확대에 가속 페달을 밟고 있습니다. 이를 통해 이산화탄소 배출을 억제해 ESG 경영에 속도를 내겠다는 뜻입니다.

우리나라 항공·정유업계도 예외는 아닙니다. 2017년 11월 시카고-인천 구간을 국내 처음으로 SAF를 사용해서 1차례 운항한 대한항공은 2022년 파리-인천 국제선 정기편에 SAF를 사용했고, 오는 2026년부터는 아시아·태평양·중동 노선에도 SAF를 도입할 방침입니다. 현대오일뱅크는 오는 2025년까지 연산 50만 톤 규모의 바이오 항공유 제조공장을 완공할 계획을 세우고 SAF 시장 공략에 나서고 있습니다.

SAF, 개발 초기 단계여서 기존 항공유에 비해 가격 비싸 '경제성' 떨어져

그런데 SAF는 전 세계적으로 생산량이 극히 적습니다. 그래서 2022년 말 현재 전 세계 항공사들 가운데 SAF를 사용한 비중은 0.05%에 불과합니다. 또한 SAF는 석유, 석탄 등 화석연료로 만든 기존 항공연료보다 가격이 3~5배가량 비쌉니다. 한 예로 국제 원자재 전문매체 '아거스 미디어(Argus Media)'에 따르면 2023년 6월 1~12일 기준 SAF 가격이 1톤당 2659.78달러인 데 비해 일반 항공연료의 가격지표인 싱가포르(MOPS) 항공연료는 1톤당 710달러입니다. SAF 가격이 일반 항공연료보다 4배 이상 비싸다는 얘기인데, 이는 SAF 제조공정이 기존 화석연료보다 더 복잡하고 시간이 많이 걸리는 데 따른 불가피한 결과입니다.

심할 경우 이것이 항공요금의 인상으로 이어질 가능성도 배제할 수 없습니다. 이에 따라 일각에서는 SAF의 경제성에 대해 회의적인 시선을 보내고 있습니다. 한 예로 정유업체 에쓰오일은 2022년 10월 말 열린 한 회의에서 SAF가 기존 항공연료에 비해 3배 이상 비싸기 때문에 일부 세액공제가 있다 해도 현재로선 경제성이 없다고 지적했죠. 이는 SAF가 항공연료 시장에서 영향력을 발휘하기 위해서는 가격 문제를 해결해야 한다는 뜻입니다.

다행인 점은 SAF가 전 세계적으로 개발 초기 단계라는 점입니다.

▶ **SAF 시장 예상 규모(2022~2032)**

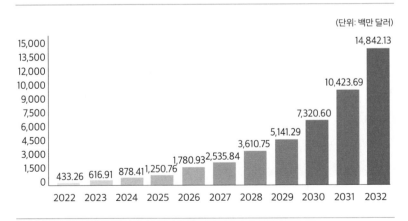

자료: 프레시던스 리서치

3장. 미래 기후와 환경이 보이는 경제지식

현재는 SAF 제조공정 같은 기술적인 문제에다 가격 부담까지 겹친 상태이지만 제조 기술이 더 발전해서 널리 보급되기만 한다면 SAF가 항공연료의 대세가 될 수 있을 겁니다.

시장 전망도 밝습니다. 글로벌 시장조사업체 프레시던스 리서치에 따르면 SAF 시장은 2023년 6억 1690만 달러(약 7853억 원)에서 2032년 148억 달러(약 18조 8404억 원)로 커질 것이라고 했습니다. 또 다른 시장조사업체 마케츠앤드마케츠는 SAF 시장이 2030년에 157억 달러(19조 9861억 원)에 이를 것이라며 더 낙관적으로 내다봤습니다.

알고 보면 엄청난 시장
폐배터리 재활용

> • 배터리 구성물질 다시 사용하는 폐배터리 시장, '도시 광산'으로 불려
> • 세계 폐배터리 재활용 시장, 2050년 600조 원대 '거대시장'으로 우뚝

최근 환경을 보호하고 자원을 절약하기 위해 제품을 재활용(리사이클링, recycling)하는 추세가 두드러지고 있습니다. 더 이상 쓰지 못하는 배터리(battery, 전지[電池])인 폐(廢)배터리도 이러한 흐름에서 예외는 아닙니다.

1차전지 vs. 2차전지 특징

일반적으로 전지는 1차전지와 2차전지로 나닙니다.

1차전지는 말 그대로 한 번 쓰면(방전하면) 충전해서 다시 사용(재사용)할 수 없는 건전지(dry cell)입니다. 1차전지의 대표적인 예는 망간전지, 알칼리망간전지(줄여서 알칼리전지) 등입니다. 주로 시계, 리모컨, 완구류 등에 사용되는 1차전지는 한 번 쓰고 나면 버려야 하기 때문에 전체 폐배터리 발생률의 90% 이상을 차지합니다. 그리고 새 전지를 만들기 위해 더 많은 자원이 소비되죠.

2차전지는 사용 후 충전해서 다시 사용할 수 있는 전지입니다. 충전이 가능한 전지를 흔히 충전지(充電池, rechargeable battery)라고 부릅니다. 충전식 면도기에 주로 사용되는 니켈카드뮴전지나 니켈수소전지 등이 대표적인 2차전지죠. 2차전지는 재충전으로 500~2000번 반복해서 사용할 수 있어 경제적이고 친환경적입니다.

니켈카드뮴전지는 값이 저렴하지만 '메모리 효과(memory effect)'라는 치명적인 단점이 있습니다. 메모리 효과는 2차전지 안의 화학에너

지(전기)를 다 쓰지 않은 채 충전할 경우 2차전지에 들어갈 수 있는 에너지양이 줄어드는 것을 말합니다. 예를 들어 충전된 배터리를 50%만 사용한 뒤 다시 충전하면 100% 다 충전되지 않고 80% 정도까지만 충전되는 현상이죠.

니켈수소전지는 '니켈 금속 수소화물 전지(nickel metal hydride battery)'의 줄임말입니다. 이 전지는 니켈카드뮴전지에서 음극재로 사용하는 카드뮴을 수소저장합금으로 바꿨습니다. 이에 따라 이 배터리는 대표적 중금속 오염 물질인 카드뮴이 없고 메모리 효과도 없습니다. 다만 가격이 니켈카드뮴전지보다 비쌉니다.

니켈카드뮴전지나 니켈수소전지 뒤를 이어 등장한 2차전지가 리튬이온전지입니다. 1991년 일본에서 처음 상용화하고 우리나라에서는 2000년대에 본격 양산된 리튬이온전지는 현재 전체 2차전지 시장에서 차지하는 시장점유율이 60%가 넘습니다. 리튬이온전지는 양극에 리튬코발트산화물을, 음극에 탄소를 사용하고 이들 사이에 유기전해질을 넣어 충전과 방전을 반복하죠. 그러면 양극의 리튬이온이 중간의 전해액을 지나 음극으로 이동하면서 전기를 발생시킵니다.

리튬이온전지는 다른 2차전지에 비해 무게와 부피를 줄여 소형화할 수 있고 카드뮴, 납, 수은 같은 환경규제 물질이 없습니다. 또한 충전 가능 용량이 줄어드는 메모리 효과가 없어 다른 2차전지에 비해 수명이 더 길고 고용량의 전력을 낼 수 있습니다. 그 때문에 리튬이온전지는 휴대전화, 노트북, 디지털카메라는 물론 전기자동차에도 많이 쓰입니다.

그렇다고 리튬이온전지에도 문제가 전혀 없는 것은 아닙니다. 리튬은 공기 중의 수분과 반응해서 폭발하기 쉽고 전해액은 과열에 따른 화재의 위험성이 있습니다. 그러나 전체 성능을 감안할 때 리튬이온전지는 기존 2차전지에 비해 신뢰성이 높아서 미래 모빌리티(이동수단)로 등장한 전기자동차와 로봇 등에 쓰입니다. 특히 절반 이상이 전기차에 사용됩니다.

2차전지, 내부에 양극재 등 4가지 소재 갖춰… 자원 부족 따른 재활용 시급

2차전지 내부를 들여다보면 양극재, 음극재, 전해액, 분리막의 네 가지 소재로 이뤄져 있습니다. 양극재가 약 39%, 음극재 18%, 분리막 19%, 전해액 13%이며, 그 밖에 양극재를 감싸는 알루미늄, 음극재를 감싸는 동박(銅箔) 등이 약 11%를 차지합니다. 구리를 얇은 종이처럼 만든 동박은 전지에서 전자가 이동하는 경로로, 전지에서 발생한 열을 외부로 내보내는 역할을 합니다.

양극재는 배터리의 플러스극(+극, 양극)을 만드는 소재로, 리튬이온을 만드는 양극재는 배터리 용량과 출력을 결정합니다.

음극재는 양극재에서 나오는 리튬 이온을 보관하고 방출해서 전기에너지를 만듭니다.

액체인 전해액은 리튬이온이 양극재와 음극재를 오갈 때 이를 신속하게 실어 나르는 역할을 합니다.

분리막은 2차전지 내부의 양극과 음극을 분리하는 얇은 막으로, '포어(pore)'라는 미세 가공을 통해 리튬이온만 들어오도록 하는 역할을 합니다. 양·음극 접촉을 차단해서 리튬이온만 통과하게 하는 일종의 검문소입니다. 만약 분리막에 결함이 생겨 양극과 음극이 만나면 불이 나게 되죠.

2차전지 수요가 폭증하면서 전기차에서 쏟아져 나오는 폐배터리에도 관심을 가져야 합니다. 환경부에 따르면 우리나라 전기자동차에서 나오는 폐배터리 배출 규모는 오는 2030년이면 연간 10만 개가 넘을 것이라고 합니다. 전 세계 시장으로 계산하면 연간 폐배터리 배출량은 2030년 414만 개, 2040년 4636만 개에 이를 전망입니다.

2차전지는 최대 2000번까지 사용할 수 있으며 그 후 폐배터리 수순을 밟습니다. 폐배터리는 전지 상태에 따라 재사용(reuse) 혹은 재활용(recycle)의 길을 걷습니다.

재사용은 말 그대로 전지를 다시 사용하는 것입니다. 일반적으로 전기차 배터리는 평균 수명이 6~10년입니다. 그런데 배터리를 계속 사용하면 에너지 저장 용량(재충전했을 때의 용량)이 60% 이하로 떨어지게 됩니다. 이처럼 에너지 효율이 떨어지면 새 전기차 배터리로 교체해야 하는데, 이때 교체된 폐배터리는 에너지저장시스템(ESS)이나 전기차충전소, 전기자전거 배터리 등에서 다시 사용할 수 있죠. ESS는 말 그대로 에너지를 저장하는 장치(시스템)입니다. 이 시스템은 전력을 미리 저장해 두었다가 필요할 때 공급합니다. 그렇다면 재활용은 무엇일까요?

3장. 미래 기후와 환경이 보이는 경제지식

재활용은 폐배터리를 재충전했는데 충전율이 30% 이하일 경우 전지를 분해한 뒤 그 속의 코발트, 니켈, 리튬 등 다양한 원재료를 추출해서 다시 사용하는 것을 말합니다. 코발트, 니켈, 리튬은 양극재의 원료인데, 이를 다시 양극재 생산 단계에 투입해서 새 배터리를 만드는 데 활용하는 것입니다. 재활용은 전처리 공정과 후처리 공정으로 나뉩니다. 전처리 공정은 폐배터리를 모두 분쇄해서 가루(블랙파우더) 형태로 만드는 일을 합니다. 블랙파우더는 일종의 금속혼합물입니다. 후처리 공정은 블랙파우더를 녹여 여기에서 원하는 금속(원료)을 뽑아내는 것이죠.

양극재 원료 광물 부족해서 폐배터리 재활용 갈수록 관심 커져

폐배터리 재활용이 주목받는 것은 양극재 원료가 되는 광물 자원이 한정돼 있기 때문입니다. 매장된 니켈과 코발트 등 자원이 한정돼 있는 데 비해 전기차 등의 배터리 수요가 폭증해서 배터리 소재 가격은 천정부지로 치솟고 있습니다.

국제에너지기구(IEA)는 2030년이면 전 세계 전기차가 현재 기준 전체 차량의 10%에 달하는 2억 4000만 대까지 늘어날 것으로 보고 있습니다. 이에 따라 배터리 만드는 데 필요한 광물의 수요도 급증할 수밖에 없죠. 대표적인 예가 전기차 배터리 생산 원가의 40% 이상을 차지하는 양극재의 핵심 광물인 리튬입니다. IEA는 2040년까지 전 세계 리튬 수요가 2020년 대비 42배 치솟을 것으로 예측해 2030년부터 리튬 공급난이 가시화될 것이라는 암울한 전망을 내놨습니다. 이에 따라 유럽연합(EU)은 전기차를 만들 때 재활용 원료를 사용할 것을 의무화했습니다. EU는 오는 2030년부터 새 배터리를 만들 때 니켈과 리튬은 각각 4%, 코발트는 12% 이상 재활용 소재를 쓰도록 의무화할 예정입니다.

또한 전기차 배터리에 들어가는 양극재 원료를 중국에 크게 의존하고 있다는 점도 주목해야 할 대목입니다. 미국과 중국이 국제무대에서 격돌하는 이른바 '신냉전 시대'가 열린 가운데 미국과 EU는 중국 의존도를 낮추기 위해 폐배터리 재활용에 속도를 내고 있죠.

폐배터리 재활용 시장 전망은 밝습니다. 글로벌 시장조사업체 프레

▶ **전 세계 폐배터리 재활용 시장 규모(2021~2030)**

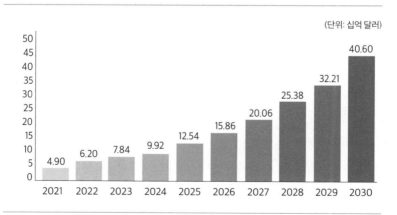

(단위: 십억 달러)

연도	규모
2021	4.90
2022	6.20
2023	7.84
2024	9.92
2025	12.54
2026	15.86
2027	20.06
2028	25.38
2029	32.21
2030	40.60

자료: 프레시던스 리서치

시넌스 리서치에 따르면 세계 폐배터리 재활용 시장 규모는 2023년 78억 4000만 달러(약 10조 5997억 원)에서 2030년 406억 달러(약 54조 8912억 원)으로 5배 이상 늘어날 전망입니다.

썩지 않는 플라스틱은 가라
분해성 플라스틱

38

> • 플라스틱 사용량 기하급수적으로 늘어나면서 미세플라스틱 문제까지 불거져
> • 자연 훼손하지 않고 사탕수수 등 곡물을 사용한 대체 플라스틱 관심 커져

플라스틱(plastic)은 인류의 위대한 발명품 가운데 하나입니다. 플라스틱이라는 용어는 '원하는 모양으로 쉽게 만들 수 있다'는 뜻을 지닌 그리스어 '플라스티코스(plastikos)'에서 유래했습니다.

영국의 화학자 겸 발명가 알렉산더 파크스(Alexander Parkes)는 1855년 최초의 플라스틱 '파크신(Parkesine)'을 발명하였고, 그다음 해인 1856년에 플라스틱 특허를 획득했습니다. 파크신은 '셀룰로스(cellulose)'로 불리는 물질에 질산을 용매로 사용해서 만들었습니다. 셀룰로스는 고등식물의 세포벽을 만드는 주성분으로, 흔히 '섬유소'로 불립니다. 쉽게 설명하면 파크신은 식물에 있는 셀룰로스라는 물질을 가공해서 만든 플라스틱입니다.

미국 화학자 레오 배클랜드, 최초의 인공합성 플라스틱 '베이클라이트' 발명

플라스틱의 진화는 여기에서 멈추지 않았습니다.

벨기에 출신 미국인 화학자 레오 헨드릭 배클랜드(Leo Hendrik Baekeland)는 1907년 페놀(phenol) 수지를 이용해서 최초의 인공합성 플라스틱 '베이클라이트(bakelite)'를 개발했습니다. 페놀 수지는 페놀류와 알데히드를 합쳐 만든 것으로, 일종의 석유 부산물입니다.

베이클라이트는 단단하고 가볍지만 값이 싸고 불연성(불에 잘 타지 않음)이 있으며 특히 열과 압력을 가해 다양한 형태로 만들어 낼 수 있습니다. 베이클라이트의 출현은 플라스틱의 대량생산을 가능하게 만들었고 인류는 석기시대, 청동기시대, 철기시대를 넘어 명실상부하게 플라스틱 시대로 접어드는 신호탄을 쏘아 올리게 되었습니다. 이제 플라스틱은 일반 생활용품은 물론 가전제품, 건축물, 자동차, 항공기 등 우리 생활 깊숙이 자리 잡고 있죠. 이러한 공로로 배클랜

▶ 레오 헨드릭 배클랜드

드는 '플라스틱 산업의 아버지(The Father of the Plastics Industry)'라는 별명을 얻었습니다.

썩는 데 100년 이상 걸리는 플라스틱, 2060년에 연간 생산량 12억 톤 넘을 듯

인류 앞에 등장한 지 170여 년 가까이 된 플라스틱은 1980년 중반 이후 철을 제치고 일상생활에 가장 보편적인 소재가 됐습니다. 그러나 이는 인류에게 새로운 숙제를 던져 주고 있습니다. 플라스틱 생산량이 기하급수적으로 늘어났기 때문입니다. 유엔환경계획(UNEP) 자료에 따르면 전 세계 연간 플라스틱 생산량은 1950년 150만 톤이던 것이 2020년 3억 6700만 톤으로 70년 사이에 약 245배 증가했습니다. 이러한 추세가 이어지면 오는 2060년에는 연간 생산량이 12억 3100만 톤에 달할 것으로 보입니다.

그런데 플라스틱은 거의 썩지 않는다는 단점을 지니고 있습니다. 농업용 투명필름, 일회용 제품, 장난감, 식품 용기 등 우리 주변에서 쉽게 접하는 폴리에틸렌(PE)은 분해되는 데 약 50년 이상이 걸리고, 주방용품, 화장품 병, 파이프, 포장재, 샤워커튼, 끈, 전선피복, 절연재(전류나 열이 통하지 못하게 만드는 소재), 어망 등에 주로 쓰이는 고밀도 폴리에틸렌(HDPE)의 분해 과정은 100년이 넘게 걸립니다.

설상가상으로 플라스틱을 다시 활용하는 비율이 9%에 불과합니다. 이에 따라 폐(廢)플라스틱(더 이상 쓰지 않는 플라스틱)은 79% 이상

▶ 연도별 전 세계 플라스틱 생산량

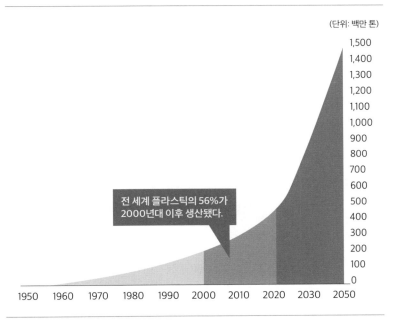

(단위: 백만 톤)

전 세계 플라스틱의 56%가
2000년대 이후 생산됐다.

1,500
1,400
1,300
1,200
1,100
1,000
900
800
700
600
500
400
300
200
100
0

1950 1960 1970 1980 1990 2000 2010 2020 2030 2050

자료: plasticsoupfoundation

이 땅에 묻히거나 쓰레기로 방치되고 12%가 소각(불에 태움)되는데, 플라스틱의 주원료가 석유인 만큼 소각 과정에서 온실가스가 발생하게 됩니다. 국제 환경단체 '그린피스'가 2021년에 발간한 보고서에 따르면 플라스틱을 소각하면 1톤당 평균 약 5톤에 이르는 온실가스가 배출된다고 합니다. 이는 환경파괴로 이어질 수밖에 없습니다.

직경 5mm 이하 미세플라스틱, 환경 파괴하고 인류 건강 위협

미세플라스틱(microplastics)도 심각한 위협이 되고 있습니다.

미세플라스틱은 직경(지름) 5mm 이하의 작은 플라스틱 조각을 뜻합니다. 공업용 연마제(표면을 갈고 닦아 반질반질하게 만드는 소재), 치약, 각질제거제, 비누, 화장품, 세탁세제 등에 들어 있죠. 옷을 세탁할 때 떨어지는 합성섬유 조각도 미세플라스틱의 일종입니다. 이 물질은 너무 작아서 폐수처리 과정에서 걸러지지 않고 강이나 호수, 바다로 그대로 유입됩니다. 이렇게 흘러들어 간 미세플라스틱을 생선 등 바다 생물이 먹이로 오인하여 섭취하게 되고, 인간은 다시 그 바다 생물을 섭취합니다. 이런 먹이사슬 과정을 통해 미세플라스틱은 인체에 남게 됩니다. 플라스틱의 유해한 화학성분을 그대로 지니고 있는 미세플라스틱은 소화 장애 등을 유발시키거나 몸속에 상처를 남김으로써 인류 건강을 위협합니다. 생수병을 열 때 병뚜껑에 있는 미세플라스틱이 물에 들어갈 수 있다는 점도 미세플라스틱의 심각성을 보여주는 대목입니다.

플라스틱의 문제점이 속속 드러나고 있지만 그렇다고 하루아침에 플라스틱 사용을 모두 멈추게 할 수는 없습니다. 이에 따라 플라스틱 기능을 갖추고 있으면서 환경이나 인체에 해를 끼치지 않는 '친환경 플라스틱'을 요구하는 목소리가 높아지고 있습니다. 친환경 플라스틱은 흔히 '분해성 플라스틱(degradable plastic)'이라고 불립니다. 분해가 잘되는, 즉 '썩는 플라스틱'이라는 뜻이죠.

'썩는' 분해성 플라스틱, 크게 네 가지로 나뉘어

'분해성 플라스틱'은 크게 빛(자외선)에 의해 분해되는 '광(光)분해성 플라스틱', 미생물에 의해 분해되는 '생분해성 플라스틱', 사탕수수·옥수수·콩 등 식물을 원료로 만드는 '바이오플라스틱', 제조과정에서 분해될 수 있도록 가공된 '화학합성 플라스틱'의 네 가지로 나눕니다. 분해성 플라스틱은 분해되면 저분자 화합물로 변하여 이산화탄

▶ 바이오플라스틱 제조과정

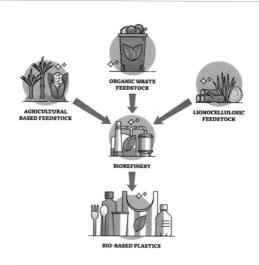

자료: 셔터스톡

소와 물이 나옵니다. 분해성 플라스틱 가운데 생분해성 플라스틱과 바이오플라스틱의 연구가 가장 활발합니다.

생분해성 플라스틱의 대표적인 예는 '폴리부틸렌 아디페이트 테레 프탈레이트(PBAT, Poly-Butylene Adipate Terephthalate)'입니다. 일종의 석유 기반 생분해 플라스틱이죠. PBAT는 화석연료인 석유를 이용해 만든 플라스틱이지만 땅에 묻으면 산소와 열, 빛, 효소 등과 반응해서 6개월 안에 90% 이상 분해됩니다. 이는 재활용이 쉽지 않은 농업용·일회용 필름, 택배 포장재 필름 등으로 주로 사용됩니다.

바이오플라스틱도 마찬가지입니다. 바이오플라스틱으로는 옥수수, 사탕수수 등 식물성 원료에서 뽑아낸 포도당을 젖산으로 가공해서 만든 '폴리락틱산(PLA, Polylactic acid)'을 꼽을 수 있는데, 친환경 수지 인 PLA는 섭씨 58도 이상의 고온이 되면 미생물이 작용해서 수개월 내에 물과 이산화탄소로 분해되므로 친환경적입니다.

'화이트 바이오', 환경오염 훼손 해결사로 등장

바이오 기술은 응용 분야에 따라 ① 레드(Red) 바이오, ② 그린 (Green) 바이오, ③ 화이트 바이오, ④ 블루(Blue) 바이오의 네 가지로 나뉩니다. 레드 바이오는 보건·의료, 그린 바이오는 농업·식량, 화이트 바이오는 친환경 및 재생에너지, 블루 바이오는 해양·수산물 분야에 적용되죠. '레드'는 혈액의 붉은 색, '그린'은 녹색식물, '화이트'는 깨끗함, '블루'는 청정 해역을 각각 의미합니다.

레드 바이오　　　그린 바이오　　　화이트 바이오　　　블루 바이오

자료: 셔터스톡

'화이트 바이오(White Biotechnology)'는 분해성 플라스틱처럼 미생물이나 효소 등을 이용해서 플라스틱 같은 화학산업 소재를 친환경 바이오 소재로 대체하는 것을 뜻합니다. 생분해성 플라스틱은 분해 기간이 5년 정도여서 분해에 무려 450년이 걸리는 페트병보다 훨씬 친환경적입니다.

이에 따라 세계 각국도 화이트 바이오를 실천하기 위한 움직임을 보이고 있죠. '2050년 탄소중립' 달성을 선언한 유럽연합은 일회용 플라스틱 사용을 금지하고 플라스틱세를 신설했습니다. 일본도 2050년 탄소중립을 실천하기 위한 '녹색성장 전략'을 세워 바이오 연료 육성에 나서고 있죠. 우리나라는 오는 2030년까지 온실가스 배출량을 35% 이상 줄이는 탄소중립 계획을 발표했는데, 특히 플라스틱 같은 폐기물의 매립량을 줄이고 생활폐기물을 재활용하는 방안을 추진 중입니다.

화이트 바이오 산업의 전망도 매우 밝은 편입니다. 시장조사업체

어드로이트 마켓리서치(Adroit Market Research)에 따르면 세계 화이트 바이오 시장은 2019년 2378억 달러(약 306조 5242억 원)에서 연평균 10.1% 성장해서 2028년에 약 5609억 달러(723조 1억 원)로 2배 이상 커질 전망이라고 합니다.

미래 라이프스타일이
보이는 경제 지식

기술과 만나서 더욱 풍성해지는 먹거리
푸드테크

- 국제정세 불안으로 먹거리 안정적 확보 '발등의 불'
- 푸드테크, 식량난과 정정불안 해결해 줄 해결사로 등장
- 세계 서비스로봇 시장, 2030년 206조 원대로 커질 전망

이른바 '먹거리'가 지금처럼 세계적인 관심을 받은 적도 드물 겁니다. 지구온난화에 따른 기상이변으로 곡물 작황이 어려움을 겪고 있는 가운데 러시아-우크라이나 전쟁으로 인해 전 세계 곡물 시장은 심각한 타격을 입었습니다. 우크라이나는 국토 대부분이 편편한 평지로 전체 토지의 가운데 60%가 농사를 지을 수 있는 비옥한 흑토지대여서, 러시아와의 전쟁을 치르기 전까지만 해도 전 세계 밀과 옥수수, 보리 시장점유율의 10% 이상을 차지하는 세계 3대 곡창지대 가운데 하나로 꼽혀 왔기 때문입니다(물론 전쟁을 일으킨 러시아도 밀과 비료를 대량생산하는 나라입니다).

우크라이나, 프레리·팜파스와 함께 세계 3대 곡창지대

세계 3대 곡창지대는 우크라이나를 비롯해 미국과 캐나다를 잇는 북미의 '프레리(Prairie)', 아르헨티나의 '팜파스(Pampas)'를 일컫습니다. 프레리는 캐나다 중남부에서 미국 텍사스주까지에 걸쳐 있는 방대한 초원으로, 이곳에서 옥수수·밀·목화 등을 재배합니다. 팜파스는 아르헨티나 부에노스아이레스를 중심으로 한 초원지대로, 천혜의 자연환경을 갖추고 밀 등의 곡물을 대량생산합니다. 팜파스 인근에는 볼리비아-파라과이를 잇는 광대한 평원 그란차코(Gran Chaco)를 비롯해 남미대륙에서 두 번째로 긴 파라나(Parana)강, 지구상에서 가장 긴 산맥인 안데스(Andes)산맥 등이 있습니다.

▶ 국제 밀 가격 동향

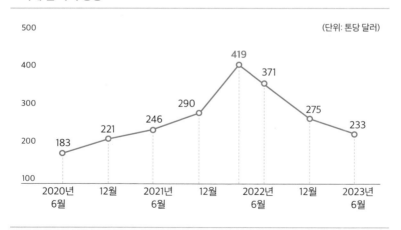

(단위: 톤당 달러)

자료: 시카고선물거래소(CBOT)

4장. 미래 라이프스타일이 보이는 경제 지식

가뜩이나 코로나19 팬데믹으로 농산물 공급에 차질을 빚어 가격이 고공행진을 거듭하고 있는 가운데 러시아-우크라이나 전쟁은 농산물 가격을 더욱 가파르게 올려놓고 있습니다. 이에 따라 전 세계 곡물 선물거래의 80~85%를 차지하는 세계 최대 선물거래소 시카고상품거래소(CBOT)의 선물시장에서는 2023년 7월 25일 국제 밀 가격이 5개월 만에 최고치를 갈아치웠습니다. 이날 밀 가격은 전날(7월 24일)보다 2.6% 오른 부셸(bushel, 밀 무게를 나타내는 단위로, 1부셸은 27.2kg)당 7.7725달러를 기록했습니다. 이는 2023년 2월 21일(부셸당 7.36달러) 이후 최고 가격입니다.

러시아가 우크라이나를 침공해서 벌어진 전쟁으로 곡물 가격이 치솟으면서 '푸틴플레이션(Putinflation)'이라는 용어까지 등장했습니다. 푸틴플레이션은 러시아 대통령 '블라디미르 푸틴(Vladimir Putin)'과 물가상승을 뜻하는 '인플레이션(Inflation)'을 합성한 단어죠.

푸드테크, 음식배달 앱-산업용·서비스용 로봇- 대체육-배양육 등 다양

기상이변과 코로나19, 러시아-우크라이나 전쟁 등으로 전 세계 식품 가격이 크게 오르는 '푸드플레이션(Food+Inflation)'이 식탁을 덮치게 되자 사람들에게는 먹거리를 안정적으로 확보하는 일이 최대 관심사가 됐습니다. 이러한 흐름에 따라 등장한 것이 '푸드테크'입니다. 푸드테크는 '푸드(Food, 음식)'와 '테크놀로지(Technology, 기술)'의 합성

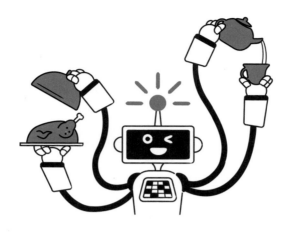

어로, 음식산업에 첨단 IT 인프라를 접목한 새로운 산업 분야입니다. 구체적인 예로는 각종 음식배달 애플리케이션을 비롯해서 산업용·서비스용 로봇, 대체육, 배양육 등을 꼽을 수 있습니다.

스마트폰 배달 앱을 통해 추천 맛집을 검색하고 주문하는 이들이 늘어나면서 이들을 겨냥한 음식배달 앱이 인기를 모으고 있습니다. 현재 국내 음식배달 앱 '빅3'는 배달의민족, 요기요, 쿠팡이츠입니다. 이들 배달 앱은 코로나19가 맹위를 떨친 2000년 전후로 맹위를 떨치기 시작했습니다. 통계청 자료에 따르면 온라인 음식배달 시장 규모는 코로나19 이전인 2019년에 9조 7353억 원이던 것이 2020년에는 17조 3370억 원으로 무려 78% 증가했습니다. 2021년에는 26조 1596억 원으로 전년 대비 약 50% 성장했으며, 2022년에도 26조 5939억 원으로 증가세가 이어지고 있는 모습입니다. 이런 잇따른 성공으로 배달 앱 업체들은 국내 푸드테크 시장에서 확고하게 자리 잡아 가고 있는 모습입니다.

푸드테크 시장에서는 인력을 대체하는 로봇의 등장도 두드러진 추세입니다. 고령화에 따른 인구감소, 최저임금 상승과 산업공정 자동화 등으로 인해 산업현장에서의 인력난이 갈수록 심각해지고 있습니다. 이에 따라 로봇이 식당에서 음식을 제공하고 로봇 바리스타가 카페에서 커피를 만들어 주는 등의 모습은 이제 더 이상 낯선 광경이 아닙니다. 로봇이 공장에서 인력을 대체하는 데 그치지 않고 우리 생활 깊숙이 파고들게 되면서 로봇 시장 규모는 갈수록 커지고 있죠.

로봇 산업에 대한 전망은 밝습니다. 글로벌 컨설팅기업 보스턴컨설팅그룹(BCG)에 따르면 전 세계 로봇 시장은 2020년 250억 달러(약 32조 원)에서 2023년 400억 달러(51조 원), 2030년 1600억~2600억

▶ **전 세계 서비스로봇 시장 규모 전망(2021~2030)**

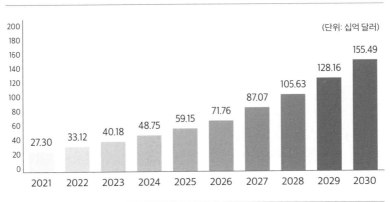

(단위: 십억 달러)

연도	규모
2021	27.30
2022	33.12
2023	40.18
2024	48.75
2025	59.15
2026	71.76
2027	87.07
2028	105.63
2029	128.16
2030	155.49

자료: 프레시던스 리서치

달러(약 204조~331조 원) 등으로 커질 전망이라고 합니다. 글로벌 시장조사업체 프레시던스 리서치는 로봇 바리스타 등 서비스로봇 시장의 규모가 2023년 401억 달러(약 53조 2127억 원)에서 2030년 1555억 달러(약 206조 385억 원)로 4배 가까이 급증할 것이라고 내다보고 있습니다.

대체육(meat substitutes) 시장도 푸드테크 산업의 총아로 급부상하고 있습니다. 대체육은 동물을 도축하지 않고 얻을 수 있는 고기입니다. 더 구체적으로 설명하면, 대체육은 식물성 재료를 이용해 고기처럼 만든 인공 고기를 말합니다. 대체육은 건강을 중시하고 동물복지(동물이 배고픔이나 질병 따위에 시달리지 않고 행복하게 살아갈 수 있도록 만든 정책이나 시설)의 가치를 높이 평가하며 환경을 보호하고자 하는 소비 트렌드와 맞물려 미래 먹거리로 주목받고 있습니다.

특히 대체육은 채소, 과일, 해초 등 식물성 음식 외에 아무것도 먹지 않는 채식주의자 '비건(vegan)'을 겨냥한 식품이기도 합니다. 현재 전 세계적으로 비건이 늘어나고 있는 추세입니다. 세계동물재단(World Animal Foundation)에 따르면 2023년 8월 현재 전 세계 비건은 8800만 명에 이르는 것으로 나타났습니다. 우리나라도 비건 인구가 2008년 15만 명에서 20022년 현재 약 200만 명으로 크게 늘어났습니다.

물론 세계 인구수 80억 가운데 비건은 아직 1.1% 정도에 불과합니다. 그러나 건강관리와 친환경 추세 등을 감안할 때 비건을 위한 대체육 시장은 갈수록 커져 갈 것으로 예상됩니다. 이를 보여 주듯 미국의 경제매체 블룸버그(Bloomberg)에 따르면 전 세계 식물성 식품 (plant-based food) 시장은 2020년 294억 달러(37조 5879억 원)에서 2030년 1620억 달러(약 207조 360억 원)로 5.5배 이상 늘어날 것이라고 합니다.

대체육 시장은 2020년 40억 달러(약 5조 1120억 원)에서 2030년 740억 달러(약 94조 5720억 원)로 무려 18배 급증할 것으로 예상돼 시장 전망이 밝습니다. 국내 대체육 시장 규모 또한 2022년 1930만 달러(약 246억 원)이던 것이 2025년에는 2260만 달러(약 289억 원) 규모로 커질 것으로 보입니다.

싱가포르, 2020년 세계 최초로 배양육 닭고기 생산과 판매 허용

배양육(cultured meat 혹은 in-vitro meat)도 향후 고속성장이 예상되는 분야입니다. 배양육은 세포공학 기술을 활용해 축산농가 없이 소나 돼지 등 살아있는 가축 세포를 키워서(배양해) 만들어 낸 고기를 일컫습니다. 가축의 세포(구체적으로는 줄기세포)를 스테인리스강으로 만든 바이오리액터(생물반응기)에 보관한 후 여기에 영양분과 산소를 공급해서 배양한 고기이죠.

이와 관련해 싱가포르 정부는 2020년 세계 최초로 배양육 닭고기(cultured chicken)의 생산과 판매를 허용해 눈길을 끌었습니다. 싱가포르 식품청(SFA, The Singapore Food Agency, 우리나라의 식품의약품안

전처 격)은 미국 푸드테크 스타트업(startup, 신생 벤처기업) 잇저스트(Eat Just)가 내놓은 배양육 닭고기의 안전성을 점검해서 식품 품질에 문제가 없다는 것을 확인했죠. 이에 따라 잇저스트는 싱가포르 유명 레스토랑 '1880'에 배양육 닭고기를 판매하게 됐습니다.

배양육 또한 대체육 못지않게 성장 잠재력이 큽니다. 글로벌 컨설팅업체 AT커니는 전 세계 배양육 시장의 규모가 2040년이면 4500억 달러(574조 6500억 원)로 성장해서 전체 육류 시장의 35%를 차지하게 될 것이라고 내다보고 있습니다.

이처럼 푸드테크 시장은 성장 잠재력이 무궁무진합니다. 특히 세계 인구가 계속 늘어나고 가축 사육에 따른 환경오염 우려가 커지고 있으며 IT 인프라가 갈수록 첨단화되어 가고 있는 현실을 감안하면 푸드테크의 수요는 갈수록 늘어날 것입니다.

경제적 자유인가, 불안정한 미래인가
긱 이코노미

- 코로나19 팬데믹, 재택근무 등 직장문화 대격변 불러
- 긱 이코노미, 온디맨드 경제의 결과물

최근 전 세계 기업을 살펴보면 예전에는 볼 수 없었던 신(新)풍속도가 펼쳐지고 있습니다. 한 예로 대학을 졸업한 이들 가운데 기업의 정규직이 아닌 촉탁직에 스스로 지원하는 사례도 등장합니다. 촉탁직은 임시로 일을 맡는 일종의 계약직입니다. 계약직은 정규직에 비해 월급이 적고 각종 혜택이 거의 없어 근로조건이 열악합니다. 그런데도 이러한 결정을 내리는 데는 여러 가지 이유가 있겠지만, 무엇보다도 자신이 원하는 시간만큼만 일하고 나머지 시간은 다른 일을 할 수 있기 때문입니다.

이처럼 한 직장에만 올인하지 않고 계약직으로 여러 직장에서 일하는 이른바 'N잡러'가 새로운 추세로 등장하고 있습니다. N잡러는 두 가지 이상의 복수를 뜻하는 'N'과 직업을 의미하는 단어 '잡(Job)', 사람에게 붙는 접미사 '~러(-er)'가 합쳐진 신조어입니다. 한마디로 '여러 직업을 가진 사람'을 말하죠. 본업과 다른 여러 부업을 통해 생활비를 마련하면서 자신만의 취미활동도 하는 사람들이라는 얘기입니다. 이에 따라 오전에만 직장 생활을 한 뒤 퇴근 후에는 다른 일을 하는 이들이 두드러지게 늘어나고 있습니다.

그렇다면 N잡러가 등장한 이유는 무엇일까요? 예전에는 충분한 만큼의 월급을 받지 못하는 사람들이 부족한 돈을 마련하기 위해 부업을 가지는 경우가 많았습니다. 본업 외에 다시 부업을 갖는 '투잡러(Two-jobrer)'가 여기에 해당하죠. 그런데 최근 근로 시장은 과거와 다르게 크게 바뀌고 있습니다. 코로나19 팬데믹으로 촉발된 재택근무와 주 52시간 근무제로 여가시간이 예전보다 크게 늘어났습니다. 이에 따라 촉탁직 등 계약직으로 다른 일을 할 수 있는 여건이 마련된 것이지요.

N잡러는 또한 이른바 '긱 이코노미(Gig Economy)' 등장에 따른 자연스러운 현상이기도 합니다. 긱 이코노미의 '긱(Gig)'은 원래 인기 음악이나 재즈를 연주하는 음악가 혹은 악단이 펼치는 라이브 공연을 말합니다. 1920년대에 미국에서 재즈를 공연할 때 공연장 주변에

서 필요에 따라 연주자를 섭외해서 공연한 데서 비롯된 말입니다. 그런데 긱은 음악 연주 외에 '단기 혹은 불특정 기간 동안 하는 직업'을 뜻하기도 합니다. 여기에서 유래한 긱 이코노미는 기업이 인력을 필요에 따라 단기계약직이나 임시직, 프리랜서로 고용하여 급여를 주는 경제를 뜻합니다. '긱 근로자'는 임시직·단기 계약직 근로자인 셈이지요.

정리하면 긱 이코노미는 급속한 시대 변화에 대응하기 위해 비정규 프리랜서 근로 형태가 늘어나는 경제적 현상을 말합니다. 긱 이코노미가 근로 시장의 화두가 된 것은 이 체제에서 근로자가 회사에 얽매이지 않고 자유롭게 독립적으로 일을 할 수 있기 때문입니다. 기존의 직장 분위기를 싫어하거나 집 등 편안한 곳에서 일하려는 이들에게 특히 적격이죠.

제품-서비스가 소비자 요구에 따라 정해지는 온디맨드 경제 등장

또한 긱 이코노미는 이른바 '온디맨드 경제(On-demand Economy)' 등장에 따른 결과물이기도 합니다. 온디맨드 경제는 기술기업이 재화나 서비스를 곧바로 소비자 수요에 부응해서 공급하는 경제활동을 말합니다. 쉽게 설명하면 제품이나 서비스가 소비자 수요에 따라 정해진다는 뜻입니다.

까다롭고 예측하기 어려운 소비자의 다양한 요구에 재빠르게 대응할 수 있는 것은 바로 ICT, 즉 첨단 기술 덕분입니다. 소비자가 원하는 상품이나 서비스를 파악하기 위해 빅데이터나 인공지능(AI) 기술을 적극 활용하는 경제가 바로 온디맨드 경제의 특성이지요. 빅데이터나 AI를 통해 소비자 수요 패턴을 축적해 두었다가 소비자가 제품이나 서비스를 원해 오면 지체하지 않고 곧바로 제공하는 시스템입니다. 이처럼 온디맨드 경제는 온라인 등을 통해 고객의 요청을 즉시 들어줄 수 있다는 장점이 있습니다.

온디맨드 경제가 활성화되면 기업은 사업 영역을 더욱 넓힐 수 있고 긱 근로자는 일할 수 있는 기회를 더 많이 가질 수 있겠죠. 세상이 급변하면서 새로운 직업도 늘어나서 한 가지 직업만으로 충분치 않다고 생각하는 이들이 N잡러로서 긱 이코노미에 적극 참여하고 있습니다.

긱 이코노미, 실업률 하락 기여하지만 임금 상승으로 이어지지 못해

그러나 긱 이코노미는 적지 않은 문제점을 안고 있습니다. 긱 이코노미로 긱 근로자가 가파르게 늘어나면 실업률을 떨어뜨릴 수는 있지만 비정규직 증가로 고용의 질이 저하되고, 이것이 임금상승 둔화로 이어지게 되기 때문입니다. 이는 실업률과 임금상승률은 역(逆)의 상관관계를 가진다(즉 서로 반대 방향으로 간다)는 이른바 '필립스 곡선(Phillips Curve)'으로는 설명이 되지 않는 대목입니다. 뉴질랜드 출신의 영국 경제학자 올번 윌리엄 하우스고 필립스(Alban William Housego Phillips)가 제시한 필립스 곡선에 따르면 실업률이 낮아지면 임금은 올라가고 반대로 실업률이 높아지면 임금은 낮아집니다.

결국 긱 이코노미 체제에서 실업률이 급락해도 임금이 상승하지 못하는 이유는 바로 임시직 고용이 늘어났기 때문입니다. 그동안 고(高)임금을 받아 왔던 이른바 '베이비붐 세대(1955~1963년에 태어난 세대)'가 은퇴함에 따라 긱 근로자 위주의 고용시장이 형성되면서 임금이 크게 오르지 못하고 있는 것입니다.

긱 이코노미의 등장으로 직업전선에 명암이 엇갈리고 있지만 온디맨드 경제의 핵심인 긱 이코노미는 앞으로도 계속 확산될 전망입니다. 한 예로 미국의 경우 2023년 7월 말 현재 풀타임 근로자 수가 1억 3586만 명에 이르는 데 비해 같은 기간 내 긱 근로자 수

▶ 긱 이코노미 추이 전망 그래프

(단위: 십억 달러)

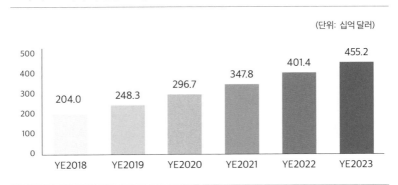

자료: HR Forecast

는 2752만 명에 그쳤습니다. 긱 근로자 수가 풀타임 근로자 수의 20% 수준이지요. 그러나 현재의 긱 이코노미 인기를 반영하면 오는 2027년에는 미국 근로자 가운데 약 8560만 명이 프리랜서와 같은 계약직 근로자로 일할 것으로 전망됩니다.

우리나라는 어떨까요? 지금과 같이 고(高)물가, 고금리에 경기둔화까지 겹치는 이른바 '스태그플레이션'이 이어진다면 월급만으로 살기 힘든 이들이 앞다퉈 긱 근로자가 될 가능성이 큽니다. 우리나라에서도 긱 이코노미가 속도를 낼 수 있다는 얘기지요.

소유보다 공유에 가치를 두는
세컨슈머

- 현재의 편리함 아닌 지속 가능한 삶이라는 대안
- MZ세대, 레스 웨이스트 등 환경과 건강 중요성 강조

최근 소비 패턴 가운데 두드러진 점이 한 가지 있습니다. 이른바 '세컨슈머(Seconsumer)'입니다. 즉 '두 번째 소비자'라는 뜻이지요. 세컨슈머는 '제2의'라는 뜻의 '세컨드(second)'와 소비자를 의미하는 '컨슈머(consumer)'를 합친 신조어입니다. 세컨슈머는 현재의 편리함을 추구하기보다는 지속 가능한 삶을 위한 대안을 찾아 이를 즐기는 소비자죠. 이들은 제품의 소유가 아닌 공유에 관심이 많습니다.

또한 이들은 자신이 지닌 제품의 효용이 끝나면 이를 미련 없이 처분하고 현금화해서 더 나은 제품으로 갈아타려는 속성을 지니고 있습니다. 나중에 되팔려는 생각으로 제품을 포장했던 빈 박스까지도 모아 두죠. 이들은 제품을 값싸게 구매해서 사용한 후 다시 중고거

래 플랫폼에 올려서 되파는 이른바 '리셀(Resell)테크' 문화를 이끌고
있습니다.

세컨슈머, 가치소비 추구하는 MZ세대 중심으로 활발

세컨슈머를 좀 더 살펴보면, 이들은 거의 대부분 MZ세대 중심으
로 이뤄져 있습니다. 세컨슈머와 MZ세대의 공통점은 가치 있는 일
에 돈을 쓰려는 이른바 '가치소비(value conscious consumption)' 성향
이 강하다는 것입니다. 가치소비는 광고나 기업 브랜드 이미지에 따
라서가 아닌 소비자 본인의 판단으로 제품을 구매하는 합리적인 소
비 방식을 말합니다.

이러한 가치소비를 최근에는 '미닝아웃(meaing out)'이라고 부릅니
다. 미닝아웃은 제품을 단순히 구매하는 행위에서 벗어나 소비자 자
신의 명확한 가치관으로 소비활동을 펼치는 것이지요. 미닝아웃은
'뜻, 의미, 믿음'을 뜻하는 '미닝(meaning)'과 '~에서 나오다'는 의미의
'커밍아웃(coming out)'이 합쳐진 용어입니다. 쉽게 설명하면 미닝아웃
은 사회현상에 자신의 가치관이 반영된 소비활동을 하는 모습을 말
합니다.

세컨슈머와 MZ세대의 또 다른 공통점은 '환경보호'에 촉각을 곤
두세우고 있다는 것이지요. 대학내일20대연구소가 2021년 MZ세대
600명을 대상으로 조사한 「MZ세대 친환경 실천 및 소비 트렌드」 연
구보고서에 따르면, MZ세대의 88.5%가 환경문제의 심각성을 인식

하고 있었으며 71%는 가격과 조건이 같다면 친환경 활동 기업의 제품을 고르겠다고 대답했습니다. 이는 최근 수년간 전 세계를 뒤흔든 코로나19 팬데믹의 여파로 MZ세대들이 환경과 그에 따른 건강에 관심이 많아졌다는 점을 보여 주는 대목입니다.

세컨슈머, CSR 중요시… 로컬 소비 권장해 지역경제 발전 지원

세컨슈머와 MZ세대는 제품의 무해성, 경영인의 도덕성, 기업의 사회적 책임(CSR) 등 다양한 항목을 토대로 소비활동에 나섭니다. 만약 특정 기업이 환경보호와 CSR에 소홀하면 비윤리적 기업으로 간주해서 불매운동도 마다하지 않는 성향을 보입니다.

세컨슈머는 또한 로컬 소비를 선호하는 편입니다. 로컬 소비는 자신이 현재 살고 있는 지역에서 생산된 상품과 서비스를 구입하는 것을 말합니다. 이는 로컬푸드(local food) 소비와도 관련이 있습니다. 로컬푸드는 대체로 반경 50km 이내에서 생산되는 농산물로, 장거리 운송을 거치지 않는 지역 농산물이죠. 로컬푸드 구입에 대해 세컨슈머는 생산자의 소득이 안정적으로 유지될 수 있게 해서 지역경제의 발전을 돕고 동시에 소비자가 안전한 먹거리를 확보할 수 있게 하는 일석이조의 효과를 지니고 있다고 여깁니다.

세컨슈머의 또 다른 특징은 중고제품 거래에도 적극적이라는 점입니다. MZ세대를 주축으로 하는 세컨슈머는 중고제품에 대한 거부감이 적어서 중고거래에 적극적으로 나서고 있습니다. 한 예로 국내 중고거래 플랫폼 '번개장터'가 2023년 3월 18일 발표한 「미래 중고 패션 트렌드 분석」 리포트에 따르면 중고 패션 분야 거래 이용자 가운데 78% 정도가 MZ세대인 것으로 집계됐습니다. 연령별로 살펴보면 35세 이하 고객이 62%로 절반을 넘었는데, 26~35세 고객이 전체의 33%이고 25세 이하가 29%였습니다. 이어 44세 이상이 22%, 36~43세가 16%로 그 뒤를 이었습니다.

이처럼 MZ세대들은 저렴한 가격으로 제품을 구입하고 중고품에 대한 거래도 적극 나섬으로써 친환경 소비를 직접 실천하고 있습니다.

세컨슈머, 고물가 등 생활고 따른 대안으로 등장

또한 세컨슈머에 MZ세대가 대거 몰려 있는 배경으로는 고(高)물가 기조를 꼽을 수 있습니다. MZ세대는 물가가 치솟아 기존 수입만으로는 생활하기 어렵다는 점을 절감하고 있습니다. 그래서 이들에게서는 현재의 삶에 충실하려는 경향이 두드러집니다. 물가 급등으로 생활비 마련조차 쉽지 않은 팍팍한 현실로 인해 값싼 제품이나 중고제품으로 눈을 돌리는 것이지요. 이들은 중고제품을 구입하면 돈도 아끼고 제품 제조에 따른 환경 훼손도 막을 수 있다고 생각합니다. 이는 재사용을 강조하는 최근의 사회적 흐름과도 일맥상통합니다.

세컨슈머가 중고거래에 관심을 보임에 따라 이른바 'N차신상'이라는 신(新)풍속도도 펼쳐지고 있습니다. N차신상은 N차(N번)에 걸쳐

거래됐음에도 마치 신제품처럼 여겨지는 상품입니다. 즉 여러 차례 거래된 중고제품을 아무런 하자 없는 '신상품'으로 받아들이는 추세를 뜻합니다. 비싼 가격으로 새 물건을 구입하지 않고 싼 가격에 깨끗한 중고제품을 구매하는 것이 돈도 아끼고 환경에도 좋은 합리적인 판단이라고 생각하는 것이지요. N차신상에 대한 관심이 커지면서 중고나라, 당근마켓, 번개장터 등 중고거래업체들도 대거 등장하고 있습니다. 이에 따라 국내 중고거래 시장 규모도 무려 20조 원으로 커지고 있습니다.

MZ세대의 소비패턴이 세컨슈머로 바뀌면서 한때 MZ세대의 소비 스타일을 대변해 왔던 이른바 '욜로(YOLO)'도 이제는 옛날이야기가 됐습니다. 욜로는 "You Only Live Once(인생은 한 번뿐)"라는 말의 약어로, 자신의 현재적 행복을 중시하고 고가품 등을 적극 구입하는

소비 풍조를 말합니다. 욜로는 내 집 마련이나 노후 준비보다는 지금 당장의 삶의 질을 높여주는 취미생활, 명품 구입, 자기계발에 더 많이 투자하는 특징을 지니고 있습니다.

세컨슈머의 중고품 거래 열기는 '레스 웨이스트(Less Waste)'로 이어집니다. 레스 웨이스트는 완벽하지는 않더라도 실천 가능한 범위 내에서 쓰레기를 줄이는 것을 뜻합니다. 이것은 '제로 웨이스트(Zero Waste, 폐기물이 전혀 발생되지 않음)'에까지는 이르지 못하지만 환경보호와 경제적 이득을 모두 거머쥘 수 있는 활동입니다.

지역밀착형 서비스가 뜬다
하이퍼로컬 플랫폼

- 영국의 혁신재단 네스타 보고서 통해 처음 소개
- 불황형 소비에 중고제품 주저하지 않는 소비 풍조 두드러져

최근 유통업계에서 두드러진 추세 가운데 하나가 이른바 '하이퍼로컬
(Hyperlocal)'입니다. 하이퍼로컬은 '하이퍼(hyper, 극도로 과도하거나 지
나친)'라는 접두사에 '로컬(local, 자신이 살고 있는 특정 지역의)'이 합쳐져
서 탄생한 용어입니다. 즉 하이퍼로컬은 '엄청 가까운 동네의 특성에
따르는 맞춤형 생활권'을 의미합니다. 이 용어는 영국의 혁신재단 네
스타(NESTA)가 2012년 발간한 보고서에서 처음 소개됐습니다. 여기
에서 유래된 표현이 '하이퍼로컬 플랫폼'이죠.

하이퍼로컬 플랫폼, 지역밀착형 서비스 제공

하이퍼로컬 플랫폼은 주로 애플리케이션을 통해 자신이 사는 지역에 기반을 두고 있는 각종 업체 정보를 접하고 활용할 수 있게 하는 것을 뜻합니다. 쉽게 설명하면 지역밀착형 서비스를 제공하는 것입니다. 조금 더 구체적으로 설명하면, 하이퍼로컬 플랫폼은 소비자가 거주하는 지역 인근의 상권 서비스를 알려 줌으로써 지역 주민들 간에 중고거래를 할 수 있도록 합니다. 그렇다면 여기에서 질문 하나, 최근 하이퍼로컬 플랫폼이 각광받게 된 이유는 무엇일까요?

바로 코로나19 팬데믹 때문입니다. 코로나19가 2020년 유행해 지구촌을 강타하면서 사람들의 생활 반경이 좁아지고 사람과 사람이 직접 만나는 기존의 대면(對面) 방식도 주춤해졌지요. 이에 따라 업무 방식 또한 직장이 아닌 집에서 근무하는 원격근무로 바뀌게 되었습니다. 이처럼 사람 간 접촉이 기피되고 장거리 외출이 급감하면서 하이퍼로컬 플랫폼이 큰 인기를 끌게 된 것이지요.

우리나라 또한 예외가 아니었습니다. 국내에서도 하이퍼로컬 플랫폼이 크게 두각을 나타냈지요. 그 대표적인 예가 당근마켓이라는 업체입니다. 지난 2015년 문을 연 당근마켓은 '위치'에 토대를 둔 이른바 '로컬 C2C 중고거래 플랫폼'으로 자리매김했죠. C2C(Consumer to Consumer, 소비자 간)는 다른 중개기관을 거치지 않고 소비자들이 인터넷을 통해 직거래하는 방식을 뜻합니다. 쉽게 설명하면 당근마켓은 거주지 안에서 주변 사람들과 중고상품을 거래하는 플랫폼이라는 뜻입니다. 이에 따라 소비자들이 '슬리퍼 차림의 편한 복장으로 다른 소비자와 직거래하거나 인근의 각종 업체를 이용할 수 있는 정도의 주거권역'이라는 의미의 개념이 등장했습니다. 이를 흔히 '슬세권'이라고 부릅니다. 슬세권은 '슬리퍼'와 '역세권'의 합성어로, '슬리퍼를 신고 다니면서 각종 편의·여가시설을 이용할 수 있는 주거권역'을 줄인 말입니다.

결국 하이퍼로컬 플랫폼이 지향한 사업 목표는 지역 맛집 추천이나 구인·구직 등 지역 생활에서 필요한 내용을 소통할 수 있는 '정보의 광장'을 만들어서 지역 주민 간 직거래를 활성화시키려는 것이었지요. 코로나19 엔데믹(endemic, 감염병의 풍토병화)에도 하이퍼로컬 플랫폼이 성장을 거듭하고 있는 것은 최근 2~3년 새 급성장한 '슬세권 경제'의 영향력이 여전히 위력을 발휘하고 있음을 보여 줍니다.

이와 함께 리커머스(Recommerce) 산업의 급성장도 하이퍼로컬 플랫폼의 성장을 돕고 있습니다. 리커머스는 '다시'라는 뜻의 접두사 '리((re)'와 거래를 뜻하는 '커머스(commerce)'를 합친 단어로, 소비자가 자신이 보유하거나 사용했던 기존 제품을 다시 거래한다는 뜻입니다. 이 용어는 글로벌 시장조사기관 포레스터 리서치(Forrester Research)의 대표 조지 F. 콜로니(George F. Colony)가 2005년 2월에 처음 사용했습니다.

소비자가 보유하거나 사용했던 제품 다시 거래하는 '리커머스' 급성장

'리버스 커머스(Reverse Commerce)'의 일종인 '리커머스'는 명품이나 한정판 의류, 가방 등 다양한 상품을 취급합니다. 리버스 커머스는 중고제품을 전자상거래를 통해 거래하는 것을 말하는데, 리버스 커머스가 발전할 수 있었던 배경에는 IT기업의 발전을 꼽을 수 있습니다. 과거에는 소셜네트워크서비스나 온라인 커뮤니티를 통해 일부 소비자들만이 중고거래에 참여할 수 있었는데, 지금은 IT기업이 지닌 기술 인프라를 활용해 리커머스만을 취급하는 플랫폼이 늘어남으로써 더 많은 소비자들에게 원하는 중고물품을 쉽게 거래할 수 있는 기회를 주게 된 것입니다.

결국 리커머스 산업의 급성장으로 인해 지역·동네를 기반으로 형성된 온라인 커뮤니티 및 SNS 등이 중고거래, 지역정보 교류와 같은 비즈니스 모델과 결합함으로써 탄생한 하이퍼로컬 플랫폼이 급물살을 타고 있습니다. 그렇다면 새 상품이 아닌 남이 쓰던 물건을 사고파는 움직임이 거세지고 있는 이유는 무엇일까요?

우선 경제적 이유를 꼽을 수 있습니다. 코로나19 팬데믹의 어두운 그림자에서 벗어나는 과정에 있던 세계 경제는 2022년 2월 러시아가 우크라이나를 침공해 벌어진 러시아-우크라이나 전쟁의 여파로 다시 위기를 맞고 있습니다. 전 세계 물가가 크게 치솟아 이른바 고금리·고물가·고환율의 '3고' 위기에 놓이게 된 것입니다. 미국 중부 프레리, 아르헨티나 팜파스와 함께 세계 3대 곡창지대에 속하는 우크라이나가 전쟁에 휩싸이자 세계 곡물 가격이 오를 수밖에 없었고, 산유국 러시아가 우크라이나와의 전쟁으로 원유 생산에 차질을 빚자 국제유가 또한 오름세를 보이고 있습니다. 국제유가가 치솟으면 농산물 재배에 필요한 비료는 물론이고 공장의 제품 생산비용, 운송비용 등에 이르기까지 물가가 광범위하게 치솟을 수밖에 없죠. 이에 따라 구매를 미루거나 최대한 알뜰하게 구매하려는 이른바 '불황형 소비'가 이어지면서 지갑이 얇아진 소비자들은 리커머스로 눈을 돌리고 있습니다.

이와 함께 MZ세대가 중고제품에 대한 거부감이 거의 없다는 점도 주목할 만한 대목입니다. 한 예로 중고거래 앱 번개장터가 2023년 3월 16일 밝힌 자료에 따르면 최근 중고 브랜드 패션을 찾는 이들이 MZ세대를 중심으로 가파르게 늘어나고 있는 것으로 나타났습니다. 번개장터는 중고 브랜드와 카테고리를 쉽게 검색할 수 있는 사이트 '브랜드 팔로우'를 선보였는데, 이 사이트 이용자의 약 75%가 MZ세대라고 합니다. 이는 MZ세대가 다른 세대에 비해 중고 브랜드 거래를 '합리적인 소비'로 여기는 성향이 강하다는 것을 보여 줍니다. 이처럼 중고제품이라도 자신이 추구하는 물품이라면 적극 사려는 소비 추세가 두드러지면서 리커머스 열풍은 좀처럼 식지 않을 전망입니다.

그렇다면 하이퍼로컬 플랫폼은 앞으로도 유망한 트렌드로 자리 잡을 수 있을까요?

전망은 밝은 편입니다. 하이퍼로컬 플랫폼은 접근성, 편리함, MZ세대라는 두터운 팬층 확보, 실시간 정보 제공, 지역공동체 강화 등의 장점에 힘입어 앞으로도 계속 성장 가도를 달릴 것으로 보입니다. 이를 보여 주듯 글로벌 시장조사업체 리서치앤드마켓츠(Research and Markets)에 따르면 글로벌 하이퍼로컬 서비스 규모는 2022년 13억 4470만 달러(약 1조 8180억 원)에서 2030년 46억 8130만 달러(약 6조 3291억 원))으로 크게 성장할 것으로 보입니다.

▶ 전 세계 하이퍼로컬 시장 규모

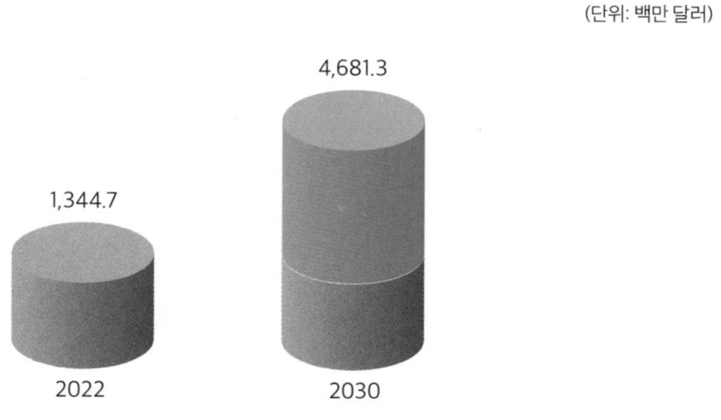

(단위: 백만 달러)

4,681.3

1,344.7

2022   2030

자료: 리서치앤드마케츠

리퀴드 소비·솔리드 소비

- 흐르는 물처럼 소비문화도 예측 불가능한 시대 열려
- 정보기술 발전, 브랜드 충성도 쇠락, 짧아진 제품 주기, 공유경제 일반화 등과 연관

"여자의 마음은 갈대와 같다"라는 말이 있습니다. 바람에 나부끼는 갈대처럼 여성의 변덕이 심하다는 얘기입니다. 이 표현은 19세기 이탈리아 오페라에 가장 큰 영향력을 발휘했던 이탈리아의 작곡가 주세페 베르디(Giuseppe Verdi)의 1851년작 오페라 《리골레토(Rigoletto)》에서 나왔습니다. 《리골레토》의 유명한 아리아 〈여자의 마음(La donna è mobile)〉에서였죠. 〈여자의 마음〉에는 "Women are as fickle as feathers in the wind(여자는 바람에 날리는 [새의] 깃털처럼 변덕스럽다)"라는 가사가 담겨 있는데, 원곡의 '깃털'이 번역 과정에서 '갈대'로 바뀌게 되었다고 합니다.

그런데 이 가사는 이제 더 이상 설득력이 없습니다. 변덕스러움이 여성에게만 국한되는 특성은 아니기 때문입니다. 특히 경제활동에서 남녀노소 누구나 자신이 좋아하는 제품을 얻기 위해 마음을 바꾸는 '변덕스러움'이 일상화된 지 오래입니다.

소비 패턴, 고정적이지 않고 자주 바뀌는 '리퀴드 소비' 두각

소비 패턴도 예외는 아닙니다. 특정 제품이나 브랜드만 고집하지 않고 가격이나 최신 유행에 민감해하는 모습이 흔해졌습니다. 이처럼 고정적이지 않고 변화가 많은 소비 흐름을 '리퀴드 소비(Liquid Consumption)'라고 부릅니다. 반면 특정 제품만의 구입을 선호하는 소비 패턴을 '솔리드 소비(Solid Consumption)'라고 합니다. 마치 고체(solid, 솔리드)처럼 정형화되어 쉽게 변하지 않는 소비 형태죠. 솔리드 소비는 우리가 일상에서 자주 보게 되는 소비 행위입니다. 리퀴드 소비와 솔리드 소비라는 용어는 영국 베이즈 경영대학원(Bayes Business School) 소속의 경제학자 플로라 바디(Fleura Bardhi) 교수와 지아나 M. 에커트(Giana M. Eckhardt) 교수가 2017년 3월 7일 공동 논문을 통해 처음으로 소개했습니다.

'리퀴드(liquid)'는 '액체'를 뜻합니다. 그렇다면 소비가 액체와 같다는 것은 무슨 의미일까요? 액체는 유동적이며 상황에 따라 바뀌게 마련입니다. 얼리면 얼음이 되지만 열을 가하면 기체가 돼서 사라지

는 것이 액체죠. 이와 같은 수명이 짧고 불안하며 예측할 수 없다는 액체의 특성이 반영돼 있는 소비 패턴을 리퀴드 소비라고 부르게 된 것입니다.

두 교수는 폴란드 출신의 사회학자 지그문트 바우만(Zygmunt Bauman)이 제시한 '액체 근대(liquid modernity)' 이론에서 리퀴드 소비의 영감을 얻었다고 밝혔습니다. 지그문트 바우만은 "마치 흐르는 물처럼 현대사회는 안정성과 확실성이 떨어지며 유연하고 신속한 변화 과정을 겪고 있다"라면서 가볍고 예측하기 힘든 시대가 됐다고 지적했습니다.

리퀴드 소비의 또 다른 핵심은 이른바 '액세스(접근성) 기반 비즈니스 모델(access-based business model)'이라는 점입니다. 액세스 기반 비즈니스 모델은 제품을 소유하지 않고 공유하거나 빌려 쓰는 것을 말합니다. 이것은 최근 관심을 모으고 있는 '공유경제(Sharing Economy)'나 '구독경제(Subscription Economy)'와 맥락을 같이합니다.

공유경제 체제에서 특정 제품은 한 소비자만의 소유물이 아닙니다. 여러 사람이 특정 제품을 함께 사용하는, 즉 공유(共有, 공동으로 소유)하는 경제 형태입니다. 쉽게 말하면 '나눠 쓰기'라고 할 수 있죠.

이에 비해 구독경제는 정액제(기간에 관계없이 사용 금액을 미리 정해 놓는 방식)를 통해 물건이나 서비스를 일정 기간 사용하고 나서 그에 따른 비용을 내는 경제 모델이죠. 신문을 집이나 사무실에서 구독하거나 신선한 우유를 매일 아침 집에서 받는 것, 월말이면 매번 이동통신 서비스 요금을 내는 것도 일종의 구독경제입니다.

정액제를 통해 물품이나 서비스를 계속 받는 특성을 감안해서 구독경제를 흔히 '구독형 서비스'라고 부릅니다. 엄밀하게 말하면 구독형 서비스는 정수기나 렌트카 등에 적용되는 기존의 렌탈 서비스와 출발점이 같습니다. 그렇다면 질문 하나, 구독 서비스는 렌탈 서비스에 비해 어떤 차이점이 있을까요?

정답은 '해지 등 이탈이 자유롭다'는 점입니다. 렌탈은 제품 구입액을 모두 지불하거나 위약금을 내야만 계약을 해지할 수 있는 데 비해 구독 서비스는 해지를 자유롭게 할 수 있다는 점이 차이점입니다. 렌탈이 제품 구입대금에 대한 부담을 없애는 데 무게중심이 있는 데 비해 구독은 제품에 대한 경험을 넓히는 데 중점을 두고 있기 때문이지요. 이러한 액세스 기반 모델 특징을 감안하면 리퀴드 소비 체제에서 소비자의 제품 혹은 서비스에 대한 선택과 사용주기는 짧을 수밖에 없습니다.

리퀴드 소비, 주로 MZ세대가 선호

그렇다면 리퀴드 소비는 주로 어떤 계층이 선호할까요? 바로 MZ세대입니다. MZ세대는 다른 세대에 비해 소유가 아닌 공유를 좋아하고 특정 제품이나 브랜드의 충성고객이 되는 것을 주저하는 모습을 보입니다. 이들은 또한 제품의 가격이나 최신 유행에도 민감하게 반응하죠. 이처럼 제품의 구매 패턴이 일정하지 않아서 예측하기 쉽지 않는 소비 추세를 리퀴드 소비라고 합니다.

리퀴드 소비가 새로운 추세로 등장하면서 국내 주요 기업들도 달라진 소비문화에 발맞춰 대응하고 있습니다. 2011년 출시돼 품절대란 사태를 빚었던 팔도 '꼬꼬면'이나 2014년 출시된 해태제과의 '허니버터칩', 2015년 출시된 농심 '수미칩 허니머스타드', 2021년의 오리온 '꽈삭칩'과 '섬섬옥수수', 2022년 출시된 SPC삼립의 '포켓몬빵', 2023년의 농심 '먹태깡' 등이 대표적인 예입니다.

만일 이들 제품이 출시 첫 달의 판매량이 수백만 봉에 이르고 연일 품절대란이 빚어지더라도 제조업체들은 숨 고르기에 나서야만 합니다. 특정 제품의 소비가 폭증하는 '품귀현상'이 생겨나더라도 MZ세대의 예측하기 힘든 '리퀴드 소비' 트렌드 때문에 대뜸 생산설비를 증설하는 것은 어렵기 때문입니다. 거액의 돈을 들여 생산량을 늘리자마자 제품에 대한 열기가 식어서 판매량이 급감하게 되면 이는 판매 부진에 따른 재고량 급증과 생산설비 투자손실이라는 결과로 이어질 수밖에 없죠.

실제로 해태제과 허니버터칩은 2014년 출시 직후 월 매출 70억 원을 찍으며 품귀현상까지 일어났습니다. 이에 힘입어 해태제과는 2016년에 360억 원을 투자해서 새 공장을 세우고 허니버터칩 생산라인을 2배로 늘렸지만, 곧바로 제품 수요가 줄어들어 월 매출이 50억 원 수준으로 떨어졌죠. 2011년 등장한 팔도 꼬꼬면도 출시 첫해에 8000만 개 이상이나 팔리는 기염을 토하면서 한국야쿠르트(현 팔도)는 500억 원을 투자해 공장을 증설했습니다. 그러나 꼬꼬면 판매량은 오히려 급감했고, 팔도는 파격적인 할인판매로 재고를 팔아치우는 굴욕까지 겪어야 했습니다.

앞으로도 리퀴드 소비는 정보통신(IT) 기술의 발전, 제품이나 브랜드 충성도가 비교적 약한 MZ세대의 소비관, 갈수록 짧아지는 제품 유행 주기, 공유·구독경제 일반화 등의 요인에 의해 우리 삶에 더욱 깊숙이 파고들 것으로 보입니다. 기업이 예측 불가능한 시대에 맞서 싸우기 위해서는 소비자의 수요를 읽는 것에 그치지 않고 항상 위기의식을 지닌 채 경쟁업체가 추격할 수 없는 기술로 혁신해야 합니다.

특정 수요층을 집중적으로 공략하는
버티컬 커머스

44

- 기존 유통업계, 규모의 경제 활용해 소비자 수요 즉각 대응에 초점
- 버티컬 커머스, 호리전틀 커머스의 장점을 일부 도입하는 모습도

기업을 얘기할 때면 수직적(vertical, 버티컬) 혹은 수평적(horizontal, 호리전틀)이라는 용어를 자주 사용합니다. 이는 기업의 조직문화를 일컫는 말이지요.

위에서 아래로 향하는 수직적 기업문화는 이른바 '상의하달(上意下達, 윗사람의 뜻이나 명령을 아랫사람에게 전함)'식 특성상 대부분 권위주의적이고 조직원 간 소통이 원활하지 못하다는 단점을 지니고 있습니다. 서열로 나눠진 수직적 기업문화 때문에 자신의 생각이나 방식이 항상 옳다고 여기는 권위적 사람을 뜻하는 '꼰대' 논란이 끊이지 않게 마련입니다. 결국 조직 분위기는 딱딱해질 수밖에 없죠.

이러한 문제점을 해결하기 위해 등장한 기업문화가 수평적 조직입니다. 같은 선(線)에서 넓게 펼쳐진 수평선처럼 회사 내 기존 직급이나 호칭 제도를 없애어 조직원 간의 벽을 무너뜨리는 것이지요. 조직문화를 바꿔 회사 구성원 개개인의 의견이 자유롭게 표출됨으로써 집단지성(구성원 전체가 서로 협력하고 경쟁하면서 얻어진 지성)이 형성되고 기업과 조직 발전에 도움을 줄 수 있기 때문입니다.

유통업계, 한 업체가 거의 모든 품목 다뤄야 한다는 '호리전틀 커머스' 주력

최근 수많은 기업이 회사 내 호칭 파괴, 직급 체계 간소화 등 조직 개편을 통해 기업 혁신을 추진하는 분위기입니다. 확실히 기존의 수직적 리더십이 아닌 수평적 인간관계에 토대를 둔 조직문화가 더 필요해진 시대인 것은 분명합니다. 유통 업종 또한 이 '수직적', '수평적' 개념의 영향을 받고 있습니다. 그런데 이번에는 기존 기업문화에서와는 개념에 차이가 있습니다.

세계 최대 전자상거래업체 아마존 등 대다수 기업은 분야를 가리지 않고 온갖 다양한 품목들을 팝니다. 이런 업체를 '수평적 기업'이라고 부릅니다. 일상생활에 필요한 모든 물건을 파는 가게를 뜻하는 '만물상(萬物商)'인 셈이지요. 수평적 기업의 정확한 명칭은 '호리전틀 커머스(Horizontal Commerce)'입니다. 그동안 유통업계에서는 한 업체가 거의 모든 품목을 다뤄야 하는 게 중요하게 여겨 왔습니다. 이는 생산량이 늘어나 평균 비용도 줄이는 이른바 '규모의 경제(Economy of Scale)'를 확보할 뿐만 아니라 고객의 다양한 수요에 빠르게 대응할 수 있다는 장점이 있기 때문이죠.

그러나 특정 업체가 거의 모든 품목을 다루는 것은 말처럼 쉽지 않습니다. 이를 관리하기 위해 더 많은 인력을 채용해야 하고 인프라에도 더 많은 돈을 써야 합니다. 그럼에도 예측하기 힘든 수많은 소비자의 욕구를 특정 업체가 모두 다 만족시킬 수는 없다는 현실적 한계가 있습니다. 소비자 입장에서도 호리전틀 커머스가 대거 등장함으로써 제품 구입의 선택지는 늘어났지만 선택의 폭이 너무 넓어져서 제품 구입의 피로도가 커지게 됐죠.

특정 고객 중심으로 영업 펼치는 '버티컬 커머스' 관심 모아져

이에 유통업계에서 눈길을 주고 있는 분야가 바로 '버티컬 커머스 (Vertical Commerce)'입니다. 버티컬 커머스는 특정 제품만을 전문적으로 판매하는 경영방식을 말합니다. 복합몰에 입점해 있는 '전문판매점', 줄여서 '전문몰'인 셈이지요. 결국 '버티컬'은 '특정 고객군 중심'이라는 뜻과도 같습니다.

버티컬 커머스는 일종의 '카테고리 킬러(category killer)'입니다. 카테고리 킬러는 단일 품목만 취급하는 할인 전문 매장을 뜻합니다. 우리에게 잘 알려져 있는 어린이 완구판매점 체인 '토이저러스(Toys "R" Us)'가 카테고리 킬러의 원조입니다. 특정 계열의 상품만 판매함으로써 다른 업체가 경쟁할 수 없는 전문성과 다양한 상품 구색을 갖춘 점이 특징이죠. 소비자 입장에서는 전문성을 갖춘 플랫폼을 접할 수 있어 제품 구입에 따른 결정과 선택이 훨씬 쉬워진 셈입니다.

소비자 취향이 잘 반영되는 화장품이나 패션 제품은 기존 호리전틀 커머스가 아닌 버티컬 커머스가 더 위력을 발휘할 수 있습니다. 특정 분야 상품을 전문적으로 판매하는 버티컬 커머스는 상품 포트폴리오의 전문성을 키우고 전문몰의 가치도 높일 수 있다는 장점이 있기 때문입니다. 이에 따라 국내에서는 신선식품 분야에서 '컬리', 패션 부문에서 '무신사', '지그재그', '에이블리', '29CM', 'W컨셉' 등이 대표적인 버티컬 커머스로 자리매김하고 있습니다. 이들 버티컬 커머스는 소비자들에게 TPO(시간[Time]·장소[Place]·상황[Occasion])에 맞는 상품 큐레이션(콘텐츠를 수집해서 목적에 따라 분류하고 배포하는 것)을 통해 실제 제품의 구매로 이어지도록 하는 소비자 맞춤형 마케팅을 펼칩니다.

버티컬 커머스, 충성고객 끌어들이는 '락인 효과' 지녀

또한 버티컬 커머스는 특정 제품에 대한 충성고객을 끌어들이는 이른바 '락인 효과(Lock-in Effect, 잠금 효과)'를 지니고 있습니다. 락인(lock-in)은 원래 '감방에 가두다'라는 의미로 시작된 용어입니다. 이후 영국에서 '술집이나 클럽에서 마감 시간이 지난 뒤 문을 닫아걸고 손님이 계속 있게 하는 것'이라는 뜻으로 사용되고 있지요. 결국 고객이 다른 곳이나 다른 상품으로 발길을 돌리지 못하도록 막는 것을 뜻합니다.

　버티컬 커머스는 고객 입맛에 맞는 특정 제품의 카테고리를 만들어서 고객 이탈을 막고자 합니다. 물론 신규 고객도 확보할 수 있죠. 그래서 버티컬 커머스는 특히 브랜드 경쟁력이 중요합니다. 품질과 소비자 만족도는 말할 것도 없지만 제품의 명성이 높아야 특정 브랜드에 충성하는(브랜드를 찾는) 고객이 늘 수밖에 없습니다.

　그렇다면 질문 하나, 버티컬 커머스는 기존의 사업 포트폴리오를 계속 유지해 갈 수 있거나 호리전틀 커머스의 장점을 일부 반영할 수 있을까요? 정답은 최근 들어 버티컬 커머스 역시 호리전틀 커머스의 사업 일부를 벤치마킹하는 움직임이 일어나고 있다는 것입니다. 버티컬 커머스가 취급하는 제품의 종류와 카테고리가 협소해서 매출을 늘리는 데 걸림돌이 되고 있기 때문입니다. 결국 전문몰이라는 버티컬 커머스의 강점을 잃지 않는 선에서 부분적인 사업 확대가 필요한 셈입니다.

평균의 함정에서 벗어날 것
팻 테일 리스크

- 평균 실종 외치지만 소비 행태 평균치 내기 어려워
- '평균주의' 시대 끝나고 '개성' 시대 개막

온라인 자동차 전문매체 오토블로그(www.autoblog.com)는 지난 2012년 6월 21일 흥미로운 기사를 다뤘습니다. '새 똥(droppings)을 가장 많이 맞는 자동차 색깔은?(What car colors attract the most bird droppings?)'이라는 제목의 기사입니다. 영국의 자동차부품 소매업체 해포즈(Halfords)가 차량 1140대를 대상으로 새똥과 차량 색상과의 관련성을 조사한 결과, 새똥을 가장 많이 맞은 차량의 색깔은 빨간색으로 전체 차량의 18%를 차지했습니다. 파란색 차량이 14%로 뒤를 이었고 검은색 차 11%, 흰색 차 7%, 회색 차 3%, 녹색 차 1%의 순이었습니다. 새들은 인간처럼 색상을 인식할 수 있고 심지어 사람의 눈에는 보이지 않는 자외선까지도 볼 수 있다고 합니다. 그렇다면 해포즈 조사 결과를 토대로 새들이 대체로(아니면 평균적으로) 빨간색 차량을 좋아하거나 싫어한다는 결론을 내릴 수 있을까요? 그저 빨간색 차량이 가장 많았다거나 가장 자주 새들의 둥지 밑에 차를 주차했던 데 따른 결과는 아닐까요?

또 다른 예를 하나 살펴보겠습니다. 군부대가 행군 도중 강을 만났습니다. 수심이 평균 1m라는 정보를 접한 장군은 도하(渡河, 강을 건넘)를 지시했습니다. 장군의 명령에 부대원들은 물에 들어갔지만 특정 지점에 이르자 수영하지 못하는 많은 군인이 물에 빠져 숨졌습니다. 알고 보니 강의 최대 수심은 2m가 넘었던 것이었습니다. 이 이야기는 평균에만 의존하면 돌이킬 수 없는 결과를 가져올 수도 있다는 교훈을 담고 있죠.

이면의 숨겨진 모습 보지 못하는 '평균의 함정'에서 벗어나야

평균은 각 항목 값을 모두 더해 항목 수로 나눈 값입니다. 두 번째 예처럼 강의 깊이가 평균 1m라 해도 어떤 곳은 80cm가 될 수도 있고 어떤 곳은 2m가 될 수도 있다는 뜻입니다. 키가 170cm인 병사가 깊이가 2m인 지점에 이르렀다면 위험할 수밖에 없죠. 이처럼 평균 자체로 모든 것을 평가할 수는 없습니다.

통계 관련 그래프를 얘기할 때 완만한 형태의 종(鐘) 모양이 등장합니다. 중심이 되는 평균 주변 수치가 제일 높고, 중심에서 멀어질수록 낮아지죠. 이를 통계학에서는 정규분포라고 일컫습니다.

통계학적으로 말하면 수심이 평균 1m인 강에서 수심이 가장 깊은 2m인 곳을 '아웃라이어(outlier)'라고 합니다. '특이값'으로 불리는 아웃라이어는 평균치에서 크게 벗어나 다른 대상과 구분되는 표본을 뜻하죠. 이는 통계에서 가운데 숫자 '중앙값(median)' 및 가장 자주 나타나는 숫자 '최빈값(mode)'과 더불어 아웃라이어까지 함께 파악해야 전체 그림을 알 수 있다는 얘기입니다.

중앙값은 정규분포에서 가운데에 있는 값입니다. 그렇다고 중앙값이 평균이라는 얘기는 아닙니다. 숫자 '1, 3, 3, 6, 7, 8, 9'를 예로 들어 보겠습니다. 이 숫자군에서 중앙값은 '6'입니다. 말 그대로 숫자군의 가운데에 자리해 있기 때문이죠. 이 숫자군의 평균은 무엇일까요? 7개 숫자를 모두 더해 7로 나눈 5.28이 평균입니다. 최빈값은 통계에서 가장 자주 나오는 숫자입니다. 예를 들어 '1, 2, 3, 5, 5, 5, 5, 7, 7, 9'의 최빈값은 5입니다.

평균은 절대적으로 따라야 할 기준은 아닙니다. 오히려 평균 이면에 숨겨진 모습을 잘 살펴야 현상을 정확하게 파악할 수 있죠. 평균이라는 개념에 푹 빠져서 현실을 제대로 알지 못하는 것을 흔히 '평균의 함정'이라고 부릅니다.

평균의 함정을 극복하기 위해 등장한 트렌드가 바로 '평균 실종'입니다. 래리 토드 로즈(Larry Todd Rose) 미국 하버드대학 교수가 『평균의 종말(The end of average)』에서 밝혔듯이 정규분포상의 한 점으로 평가되는 이른바 '평균주의(averagarianism)' 시대가 끝나고 '개성(Individuality)' 시대가 활짝 열린 셈이지요.

　최근 전 세계적으로 두드러진 양극화 등으로 평균주의 시대가 빠르게 사라지면서 평균주의를 지향하던 '매스티지(Masstige)'가 사라지고 초고가품이나 값싼 가성비 상품으로 소비자들이 몰리는 '소비 양극화'가 두드러지고 있습니다. 매스티지(Masstige)는 대중(mass)과 명품(prestige product)을 조합한 신조어로, 중산층 소비자도 쉽게 구입할 수 있는 저렴한 명품 브랜드를 말합니다. 평균이 이처럼 더 이상 위력을 발휘하지 못하는 또 다른 이유는 이른바 '팻 테일 리스크(Fat Tail Risk)' 때문입니다. 팻 테일 리스크는 '뚱뚱한(fat, 팻) 꼬리(tail, 테일)에 숨어 있는 위험(risk, 리스크)'이라는 말입니다. 이것은 무슨 뜻일까요?

　정규분포는 일반적으로 평균값을 중심으로 종 모양 형태를 띱니다.

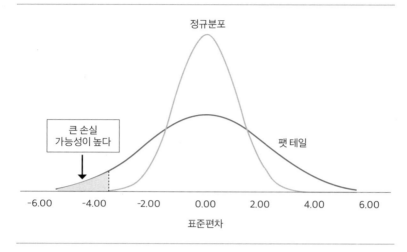

가운데 부분이 두껍고 양쪽 꼬리 부분은 얇게 마련이죠. 얇은 꼬리 부분은 평균과 차이가 큰 이상 현상인데, 일반적으로 이런 이상 현상은 발생할 가능성이 크지 않습니다. 그런데 꼬리 부분이 두꺼워진다면 어떤 일이 일어날까요? 이상 현상이 현실이 될 수 있다는 뜻입니다. 이를 흔히 팻 테일 리스크라고 부릅니다.

'팻 테일 리스크'와 '롱테일' 등 '꼬리의 반란' 일상화

'꼬리의 반란'은 여기에서 그치지 않습니다. 롱테일 전략이라는 말을 들어본 적 있으신가요? 롱테일(Long Tail)이라면 '긴 꼬리' 혹은 '꼬리가 길어졌다'는 뜻인데, 도대체 무슨 의미일까요?

롱테일은 미국 인터넷비즈니스 잡지 《와이어드(Wired)》의 편집장 크리스 앤더슨이 처음 주장한 개념입니다. 롱테일 전략을 쉽게 풀이하면, 커다란 머리에만 신경 쓸 것이 아니라 소외된 긴 꼬리에도 주목해야 한다는 것입니다. 인터넷서점 아마존의 조사 결과 1년에 단 몇 권밖에 팔리지 않는 흥행성 없는 책들이 무려 80%에 달했는데, 이들의 매출 합계가 상위 20% 베스트셀러의 매출을 능가한다는 의외의 결과로부터 롱테일 전략은 시작됐습니다. 이는 마케팅의 기본 원칙으로 잘 알려진, 20%의 소수 히트상품이 매출액의 80%를 이끌어 간다는 '파레토의 법칙'과 반대되는 개념이지요. 이 때문에 롱테일 전략을 흔히 '역(逆)파레토 법칙'이라고도 합니다.

마치 거대한 공룡의 상당 부분을 차지하는 긴 꼬리처럼 수요와 관심이 적은 부분도 잘 공략하면 매출을 늘려 주는 효자가 될 수 있습니다. 팻 테일 리스크와 롱테일 전략이 갈수록 힘을 얻고 있듯이 기업들은 평균의 함정에서 벗어나서 고객의 다변화된 취향과 선택에 더욱 촉각을 곤두세워야 합니다.

기후변화가 부동산 명당을 바꾼다
기후 젠트리피케이션

- 경제적 '둥지 내몰림(젠트리피케이션)' 이어 기후 젠트리피케이션 부각
- 탄소중립 등 지구온난화 대책 못지않게 저소득층 주거불안도 해결 과제로 등장

경리단길, 망리단길, 송리단길…. 요즘 SNS상에서 뜨거운 관심을 받고 있는 지역들입니다. 경리단길은 서울 용산구 이태원동에 있는 남산 하얏트호텔 인근을 말합니다. 이 지역은 원래 이태원과 용산 미군기지의 베드타운(Bed Town)이었습니다. 베드타운은 도심 지역으로 일하러 나갔던 사람들이 밤이 되면 잠자기 위해 주택지역으로 돌아온다는 데서 생겨난 용어죠. 6·25전쟁 이후, 이태원 시장을 중심으로 경리단길에는 미군기지에서 나오는 물품으로 장사하는 사람들이 거주했습니다. 이들은 일반 주택이나 빌라형 주택을 만들어 미군이나 외국인들에게 월세를 받고 생활했습니다. 그런데 지금은 미군의

4장. 미래 라이프스타일이 보이는 경제 지식

모습을 거의 찾아보기 힘들고 카페, 프랜차이즈 음식점 등이 대거 들어서면서 경리단길은 20~30대가 주로 찾는 명소가 됐죠.

이처럼 예전에는 발전이 더뎠던 지역이 어느 날 갑자기 핫플레이스가 된다는 것은 지역 발전 차원에서 볼 때 바람직한 현상입니다. 관광객을 유치해서 지역이 발전하면 지역경제가 활성화되기 때문이죠. 그러나 이런 갑작스런 발전은 과거 낙후지역 시절 낮은 임대료를 내고 장사를 하거나 낮은 월세를 내던 사람들을 곤경에 빠뜨립니다. 임대료와 월세가 크게 오르면서 돈을 더 내거나 다른 지역으로 이사를 가야 하는 신세가 되었기 때문입니다.

낙후된 지역 발전하면서 원주민 내몰리는 '젠트리피케이션'

이렇게 낙후된 지역이 발전하면서 원주민들이 다른 지역으로 내몰리게 되는 현상을 젠트리피케이션(Gentrification)이라고 부릅니다. 젠트리파이(gentrify)에는 '특정 지역이나 사람을 고급으로 바꾸다'라는 의미가 담겨 있습니다. 그래서 젠트리피케이션을 '고급주택화'라고 표현하기도 합니다. 역사학자들은 젠트리피케이션의 시초가 고대 로마 시대로 거슬러 올라간다고 말합니다. 서기 3세기 고대 로마와 로마의 식민지 브리타니아(현재의 영국)에서 있었던, 소형 상점이 대저택으로 바뀌는 현상이 바로 젠트리피케이션의 출발점이었다는 얘기죠.

20세기 이후의 가장 대표적인 젠트리피케이션은 영국 사회학자 루스 클래스(Ruth Glass)가 예로 들었던 1964년의 이즐링턴(Islington)입니다. 런던 동쪽에 있는 이즐링턴은 런던 주변에서 가장 쇠락한 주거지역 중 하나였습니다. 그런데 이 지역이 중산층 주거지역으로 바뀌면서 다른 지역에 살던 중산층들도 대거 이곳으로 몰려오게 되고, 그 결과 원주민이던 이곳의 저소득층은 다른 지역으로 주거지를 옮겨야만 했습니다.

이 예에서 보듯이 젠트리피케이션은 기존 거주자들이 급등하는 주거비용을 감당하지 못해서 살던 곳을 떠난다는 다소 부정적인 의미를 담고 있습니다. 이 때문에 젠트리피케이션은 '둥지 내몰림'이라는 표현으로 쓰이기도 합니다.

최근에는 '투어리스티피케이션(Touristification)'이라는 용어도 등장하고 있습니다. '관광객(tourist)'과 '젠트리피케이션'의 합성어인 투어리스티피케이션은 주거지역이 관광명소로 바뀌면서 거주민들이 다른 곳으로 떠나는 현상을 말합니다. 서울시 종로구의 이화동 벽화마을과 북촌 한옥마을이 대표적인 사례죠.

지구온난화 따른 수면 상승으로 '기후 젠트리피케이션'도 극심

그런데 젠트리피케이션은 부동산 개발이나 관광지 명소 계획 외에 다른 이유로도 일어나고 있습니다. 최근 빈번해진 기상이변이 바로 그것입니다. 기상이변에 의한 젠트리피케이션의 대표적인 예가 바로 미국 플로리다주의 마이애미비치(Miami Beach)와 리틀 아이티(Little Haiti)입니다.

해변가 마을인 마이애미비치는 맑은 공기와 뛰어난 경관으로 유명한 곳이지요. 이러다 보니 이곳에는 콜롬비아 출신의 유명 팝가수 샤키라를 비롯해 가수 겸 배우 제니퍼 로페즈 등 유명 인사들이 많이 사는 휴양지이자 부자 동네가 됐습니다. 그런데 이런 마이애미비치가 해수면(바다물의 표면) 상승에 따른 침수 가능성이 높은 지역으로 지목된 것입니다. 미국 과학자 단체 '참여 과학자의 모임(the Union of Concerned Scientists)'은 해수면 상승으로 오는 2045년을 전후하여 마이애미비치에 있는 1만 2000가구가 해수면 아래로 사라질 수도 있다는 섬뜩한 전망을 내놓았습니다.

지구온난화로 북극과 남극에 있는 빙하가 녹고 있는 게 현실입니다. 그런데 빙하가 사라지면서 태양에너지 반사가 줄어 복사열을 우주로 내보내지 못하고 있습니다. 또한 빙하가 줄면서 면적이 늘어난 바다는 복사열을 흡수해서 바닷물 온도를 올라가고 만들죠. 수온 상승은 바닷물 밀도를 낮추고 부피를 늘려 결국 해수면이 높아지게 됩니다.

리틀 아이티는 중미(中美) 카리브해에 있는 나라 아이티 난민들이 대거 몰려와 살고 있는 저개발 지역입니다. 이 때문에 그간 별다른 관심을 받지 못하던 곳이지요. 그런데 리틀 아이티는 마이애미비치에서 내륙으로 12km 떨어진 곳에 자리해 있고 고도(지표면의 높이)가 마이애미 전체 평균보다 1.5배 정도 높아서 바닷물 침수에 따른 위험이 거의 없습니다. 이에 따라 해안가 인근인 동시에 침수 위험도 적은 리틀 아이티로 사람들의 관심이 모이기 시작했습니다. 마이애미비치에 거주하던 부유층들도 리틀 아이티로 둥지를 옮겼죠. 이렇게 부유층들이 대거 유입해 오자 리틀 아이티 지역의 임대료가 껑충 뛰어오르면서 원주민들은 다른 지역으로 이사할 수밖에 없게 됐습니다. 결국 기후변화에 따른 침수 위험 등의 이유로 그동안 해안가에 살던 부자들이 고지대로 이동해 오면서 그곳 원주민이 밀려나는 '기후 젠트리피케이션(Climate Gentrification)' 현상이 일어나고 있는 것이지요.

기후 젠트리피케이션이 리틀 아이티에만 그치지는 않을 것입니다. 지구온난화로 해수면이 상승하고 허리케인이 갈수록 강력해져서 바닷물 침수가 더욱 늘어날 것으로 예상되기 때문입니다. 이와 관련해

▶ 지구온난화 따른 해수면 상승으로 해안가 젠트리피케이션이 새로운 추세로 등장하고 있다.

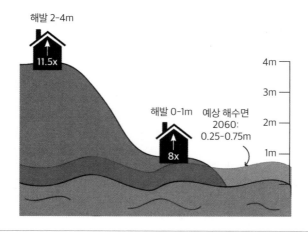

자료: 하버드대학교

4장. 미래 라이프스타일이 보이는 경제 지식

기후변화를 연구하는 미국의 비영리단체 '클라이밋 센트럴(Climate Central)'은 지구 온도가 지금보다 3도 더 오르면 호주의 시드니, 중국의 상하이 등 세계 주요 도시 50여 개가 물에 잠길 수 있다는 경고를 내놔 눈길을 끌었습니다. 클라이밋 센트럴은 산업화 이전보다 지구 평균기온이 3도 높아졌을 때 물에 잠길 주요 도시의 모습을 가상 이미지로 제작해 공개하기도 했습니다. 연구팀은 각 도시의 고도와 인구 데이터 등을 활용해 해수면이 상승하면 입게 될 피해를 분석했죠.

다시 우리나라로 돌아오겠습니다.

앞서 설명한 젠트리피케이션의 부작용을 어떻게 해결해야 할까요? 정부는 도시개발에 따른 젠트리피케이션 문제를 해소하기 위해 상가 임대차보호법을 강화하고 공공임대상가를 의무화하며 상생협약 제도를 도입하는 등 '3중 안전장치'를 도입할 계획이라고 합니다. 이를 통해 세입자의 생활이 안정되도록 하겠다는 얘기지요. 특히 정부는 임대료 인상을 억제하도록 상가 임대차보호법을 고쳐서 세입자가 불이익을 받는 일을 최소화하겠다는 방침을 내놨습니다. 젠트리피케이션이 임대료뿐만 아니라 기후변화에도 영향을 받는 시대가 됐습니다. 정부가 서민들의 삶을 보호할 수 있는 꼼꼼한 대책을 내놔야 하는 시점입니다.

다품종 소량생산 시대에 안성맞춤
CMO vs. CDMO

- 분업 장점 발전시킨 아웃소싱으로 업무 효율성과 생산성 높여
- 글로벌 CDMO 시장, 2023년 26조 원대 돌파 예정

'경제학의 대부'로 불리는 애덤 스미스(Adam Smith)는 1776년 3월 9일 출간한 『국부론(The Wealth of Nations)』에서 분업(division of labor)의 중요성을 역설했습니다. 분업은 생산과정을 여러 사람이 나눠서 일하는 것을 뜻합니다. 애덤 스미스는 업무를 여러 사람이 나누는 분업을 통해 한 사람이 한 공정만 맡으면 한 사람이 모든 제품 공정 과정을 맡는 데 비해 제품의 생산 속도가 훨씬 빨라지고 업무의 전문성도 높아져서 결국 1인당 생산성이 크게 개선될 수 있을 것이라고 강조했습니다.

이를 설명하기 위해 스미스는 핀(pin) 공장을 예로 들었습니다. 그는 핀 공장에서 직원 10명이 각자 일할 경우 한 사람이 하루에 많

▶ '경제학의 대부' 애덤 스미스

아야 20개 정도의 핀을 생산하는 데 그치지만, 작업 과정을 20단계로 나눠 업무를 세분화하면 이들 10명이 하루에 무려 4만 8000개의 핀을 만들 수 있다고 설명했습니다. 이처럼 어떤 일을 한 사람이 모두 하지 않고 각 분야의 전문가가 나눠서 하게 되면 시간도 절약하고 작업도 수월하게 이뤄져 놀라운 성과를 거둘 수 있습니다. 분업이 혼자 모든 것을 하는 것보다 더 효율적이라는 얘기입니다.

아웃소싱, 네 가지 장점으로 업무 효율성과 생산성 향상

분업의 장점을 파악한 기업들은 이를 적용해 첨단 분야에서 업무 효율성과 생산성을 높이는 길을 찾았습니다. 바로 '아웃소싱(Outsourcing)'입니다. 아웃소싱은 기업 업무의 일부 혹은 전체 과정을 제3자에게 맡겨 처리하는 것이지요. 아웃소싱은 경영 효율을 극대화하기 위해 활용합니다. 아웃소싱은 크게 네 가지 장점을 지니고 있습니다.

우선, 비용절감을 꼽을 수 있습니다. 외부에 아웃소싱하면 업무에 필요한 생산설비 등 인프라를 갖출 필요가 따로 없기 때문에 비용을 줄이고 생산성도 높일 수 있죠.

두 번째, 전문성 활용입니다. 전문 지식과 기술을 갖춘 각 분야의 전문업체와 협력함으로써 제품 개발, 생산, 유통 등 다양한 작업을 효율적으로 처리할 수 있죠. 이를 통해 품질과 업무 효율성을 높일 수 있습니다.

세 번째, 핵심 업무에 주력할 수 있다는 점을 꼽을 수 있습니다. 아웃소싱을 함으로써 기업은 자신들의 핵심 역량에 더 많은 시간과 자원을 투입할 수 있겠죠.

네 번째, 시장 변화에 신속하게 대응하는 유연성을 확보할 수 있습니다.

분업과 아웃소싱 개념은 서로 일치하지 않습니다만, 아웃소싱의 출발점은 분명 분업이라고 할 수 있습니다. 분업은 특정 조직이나 시스템 안에서 업무를 전문화하는 것입니다. 기업들은 초기에 제품 또는 서비스를 제조하거나 제공하는 모든 단계를 내부에서 처리하는 방식이 일반적이었습니다. 복잡한 일이나 업무 과정을 더 작고 전문화된 영역으로 세분화해서 개인에게 나눠 줍니다. 이를 통해 각자가 전문화된 분야에 집중하게 해서 효율성과 생산성을 높일 수 있었죠. 그러나 산업화와 글로벌화가 진행되면서 비용절감과 전문성 확보의 필요성이 커졌습니다. 이에 따라 기업들은 자체 생산능력을 유지하는 가운데 특정 작업을 외부 업체에 아웃소싱하는 전략을 채택하게 됐습니다.

아웃소싱은 앞서 설명한 것처럼 특정 업무나 과정을 외부 기업이나 다른 회사 조직에 위탁(남에게 책임을 맡김)하는 것입니다. 아웃소싱은 국내 혹은 외국의 기업과도 함께할 수 있습니다. 아웃소싱은 크게 두 가지 방향으로 이뤄집니다. 하나는 회사의 핵심 업무가 아닌 분야를 외부에 맡기는 방향이고, 다른 하나는 외부의 전문 업무 제공 업체에 위탁해서 효율성을 높이고 비용을 줄이는 방향입니다. 기업은 비핵심 영역을 외부 전문가의 전문성에 맡기고 핵심 역량에 집중함으로써 회사의 생산성을 극도로 향상시킬 수 있죠.

바이오의약품업계, 아웃소싱 특징 활용한 CMO-CDMO 본격화

아웃소싱은 지금껏 제조업 생산 분야에서 주로 활용돼 왔습니다. 그런데 최근에는 바이오의약품 분야에도 아웃소싱을 도입하고 있습니다. 그 대표적인 예가 위탁생산(CMO)과 위탁개발생산(CDMO)입니다.

CMO(Contract Manufacturing Orgainzation)는 제조업체 의뢰를 받아 제품을 생산하는 일종의 위탁생산 전문 공장입니다. 의약품 생산 능력이 떨어지거나 경영 효율화를 원하는 제약업체들은 CMO를 활용함으로써 공장 건설에 필요한 초기 투자비용을 줄이고 생산원가도 낮출 수 있습니다.

CMO의 이런 장점에 '개발(development)' 기능을 더해 의약품을 위탁 개발생산하는 방식이 CDMO입니다. CDMO(Contract Development & Manufacturing Orgainzation)는 CMO를 뛰어넘어 연구개발 단계에서부터 임상, 제조 등의 모든 과정을 제공합니다. 최신 의약품인 세포 및 유전자 치료 관련 의약품 가운데 절반 이상이 CDMO를 통해 생산됩니다. 그렇다면 CDMO는 구체적으로 어떻게 진행될까요?

일반적으로 신생 제약업체들은 의약품이 될 만한 후보 물질을 발굴해야 하고 이를 임상실험을 통해 제약으로 만들어 내야 한다는 점이 고민입니다. 이러한 업무를 대신해 주는 것이 바로 CDMO입니다. CDMO가 의약품의 후보 발굴에서부터 생산까지 모두 다 해 주기 때문에 신생 제약업체들은 생산시설을 따로 지을 필요가 없죠. 우리나

▶ **세계 CDMO 시장 규모 전망치(2022~2032)**

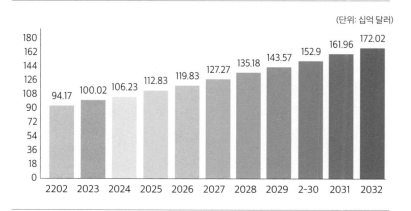

(단위: 십억 달러)

자료: 프레시던스 리서치

라에서는 삼성바이오로직스를 CDMO 사업의 대표적인 예로 들 수 있습니다. 삼성바이오로직스는 국내 바이오벤처들과 CDMO 계약을 체결해서 바이오의약품 개발을 처음부터 추진하고 있습니다.

CDMO의 전망도 밝은 편입니다. 첨단 바이오의약품 기술이 쏟아지고 있는 가운데 각종 전염병이 등장하고 인구 고령화가 심각한 사회문제로 등장했기 때문입니다. 세계는 지금 지구촌을 뒤흔든 코로나19 팬데믹과 고령사회 진입 등으로 인한 바이오의약품 수요를 충당해야 하는 상황입니다. 이에 따라 특화된 기술을 갖춘 CDMO 기업에 대한 의존도는 더욱 커질 수밖에 없습니다. 한국생명공학연구원 산하 국가생명공학정책연구센터에 따르면 글로벌 CDMO 시장은 2017년 93억 달러(약 13조 원)에서 연평균 12.9% 성장해서 2023년에는 195억 달러(약 26조 원) 규모로 커질 전망이라고 합니다.

새로운 질병의 출현과 고객 맞춤형 상품 수요의 증가로 바이오의약품 산업은 다품종 소량생산 시대를 맞이하고 있습니다. 특정 제약업체가 모든 분야에서 전문성을 갖추는 것은 현실적으로 불가능합니다. 이에 따라 CDMO의 위력은 갈수록 커질 전망입니다.

진짜 인생은 80부터 시작된다

옥토제너리언

- 은퇴하지 않는 '불퇴족' 옥토제너리언 등장으로 산업 풍속도 바뀌어
- 80대의 복귀로 노하우 전수와 노동력 부족 해소 등 긍정적 평가 이어져

옛날에는 60세까지 삶을 유지하는 게 쉽지 않았습니다. 영양부족과 각종 질병에 대한 치료약이 많지 않았기 때문이죠. 그러다 보니 만 60세가 되는 환갑(還甲)이 되면 온 동네가 떠들썩한 잔치를 벌일 정도로 축하할 만한 일이었습니다. 그러나 이른바 '인생 백세시대'에 접어든 요즘은 '인생은 환갑부터'라는 말이 나올 정도입니다. 60대에도 왕성한 활동을 펼치는 이들이 많아진 데 따른 것이지요.

이러다 보니 만 70세를 뜻하는 '고희(古稀)'라는 단어도 이제 바꿔어야 할 시점이 됐습니다. 고희는 '고래(古來)로(예로부터) 드문 나이'라는 뜻입니다. 이 말은 중국 당(唐)나라의 시인 두보(杜甫)가 쓴 「곡강(曲江)」이라는 시에서 처음 사용됐습니다. 「곡강」에는 "인생칠십고래

4장. 미래 라이프스타일이 보이는 경제 지식

희(人生七十古來稀)"라는 구절이 있습니다. '사람이 칠십까지 산다는 것은 옛날부터 드문 일이다'라는 의미입니다. 그러나 이제 고령화 추세로 나이 70은 노인 사회에서 명함도 못 꺼낼 정도가 됐습니다. 환갑은 물론 고희가 돼도 경로당에 가면 청년 취급을 받습니다.

기대수명 상승으로 80대 연령층 관심 모아져

우리나라 기대수명(출생자가 앞으로 생존할 것으로 기대되는 평균수명)은 2022년 말 현재 여성이 86.6세, 남성이 80.6세로, 전체 평균 기대수명은 83.6세입니다. 유엔(UN)은 65세 이상 인구가 7%를 넘으면 고령화사회, 14%를 넘으면 고령사회, 20%를 넘으면 초고령사회로 분류하고 있습니다. 선진국인 영국, 독일, 프랑스는 1970년대에 고령사회가 됐으며, 일본은 1994년에 고령사회로, 2005년에 초고령사회로 진입했죠. 우리나라도 예외는 아닙니다. 통계청 자료에 따르면 한국은 2000년에 고령화사회(65세 인구 7.2%)로 진입한 뒤 18년 후인 2018년에 고령사회(14.3%)로 들어섰으며, 7년 뒤인 2025년이 되면 초고령사회(20.6%)로 진입할 것으로 보인다고 합니다. 쉽게 설명하면 한국은 2025년에 국민 5명 가운데 1명이 노인인 나라가 된다는 얘기입니다.

지금 세계는 70대를 넘어 80대가 왕성하게 활동하는 시대를 맞이했고, 그래서 '팔순(八旬)' 고령층은 새로운 경제적 화두가 됐습니다. 이른바 '옥토제너리언(Octogenarian)' 시대가 막을 올린 셈이지요. 옥토제너리언은 '80세부터 89세에 이르는 노년층'을 말합니다. '옥토

(octo)'는 라틴어로 숫자 '8'을, '제너리언(generian)'은 '세대'를 뜻합니다.

인간의 기대수명이 갈수록 늘어나는 것은 첨단 의학이 발달하고 식생활 개선 등으로 충분한 영양공급이 이뤄졌기 때문입니다. 이에 따라 예전 같으면 고령으로 온갖 병마에 시달렸을 옥토제너리언이 지금은 체력과 정신력을 유지하며 여전히 일하고 있죠.

은퇴가 아닌 복귀, 옥토제너리언 경제활동에 눈길

은퇴하지 않는 '불퇴족(不退族)' 옥토제너리언은 이미 세계적 추세가 됐습니다. 미국 경제신문 《월스트리트저널(WSJ)》에 따르면 미국에서 일하는 옥토제너리언이 1980년대에는 11만여 명에 그쳤지만 2022년에는 69만 명으로, 40여 년 사이에 6배 이상 늘어났습니다. 일본은 75세 이상 노년층 가운데 2022년 취업률이 11%로, 2017년(9%)과 비교해 5년 사이에 2%포인트 증가했습니다.

우리나라도 비슷한 행보를 보이고 있습니다. 우리나라는 65~79세 노년층의 절반 정도가 일을 하고 있는데, 일하는 고령인구는 더욱 늘어나는 모습입니다. 우리나라 80대 고용률은 1982년에 2.2%에 불과했지만 2022년에는 18.7%로 늘어나 40년 사이 8배 이상 급증했습니다. 이에 따라 '80세 직원'이 일하는 직장 풍속도는 이제 더 이상 낯선 광경이 아닙니다.

일하는 옥토제너리언은 더 늘어날 전망입니다. 세계보건기구(WHO)에 따르면 2023년 현재 전 세계 인구는 80억 명을 넘었는데이 가운데 80대 연령층이 전체 인구의 2% 수준인 약 1억 6000만 명이라고 합니다. 그러나 지금과 같은 고령화 추세가 이어지면 30년 후인 2053년에는 80대가 5억 명을 넘어 세계 인구의 5.1%를 차지할 것으로 보입니다. 이에 따라 전 세계는 옥토제너리언이 경제활동에 기여하는 새로운 국면을 맞이할 것으로 전망됩니다.

기업에서도 이미 옥토제너리언 채용에 앞장서고 있습니다. 미국 노동통계국 자료에 따르면 경제활동을 하는 75세 이상 인구가 2002년 46만 4000명에서 2022년 144만 5000명으로 3배 이상 증가했다고 하죠. 평균수명이 세계에서 가장 긴(84.3세) 일본 역시 옥토제너리언 활용에 적극 나서고 있습니다. 일본 총무성 조사에 따르면 75세 이상 일본인 취업률은 2012년 8.4%에서 2022년 11%로 2.6%포인트 늘어났다고 합니다. 한국도 이러한 추세에 발맞추고 있죠. 한국노동연구원 집계에 따르면, 1982년의 80대 고용률은 2.2%였지만 10년마다 약 3%포인트 늘어나 2022년에는 18.7%를 기록했습니다. 이는 80대 연령층 5명 가운데 한 명이 일하고 있다는 얘기입니다.

옥토제너리언, 기피 업무 투입과 내수시장 활성화 등 경제발전에 기여

그렇다면 여기에서 질문 하나, 80대 고령층이 기업이나 사회 혹은 국가에 기여하는 것은 무엇일까요?

우선 '지식 전달'을 꼽을 수 있습니다. 수십 년간 근무하며 터득한 노하우와 경륜을 젊은 직장 동료들에게 전수해서 업무 생산성을 높일 수 있습니다. 이는 기업 혁신 방안을 만들 때에도 도움을 줍니다.

또한 젊은 직장인들이 기피하는 업무 영역에 투입될 수 있습니다. 이를 통해 옥토제너리언이 노동력 감소에 직면한 업종에 활기를 불어넣는 계기를 마련해 줄 수도 있습니다.

그리고 내수경제에도 도움을 줍니다. 80대 연령층이 일하면서 소비활동에도 나서게 되면 제품 판매도 증가하고 서비스 시장도 더 활성화될 수 있습니다. 이는 세수증대 효과를 가져다줍니다.

의료 분야에도 청신호가 켜질 수 있습니다. 옥토제너리언이 업무 현장에서 활동하면 이들을 겨냥한 신약 개발과 복지 확대 등이 이어질 수 있기 때문이죠.

옥토제너리언의 이러한 활동은 고령층에 대한 그릇된 인식을 바로잡고 기존의 정년 시스템을 고쳐 고령층이 기업과 국가 경제에 기여

할 수 있는 계기를 마련해 줄 것입니다.

　일각에서는 옥토제너리언의 등장으로 젊은 층의 일자리가 줄어들 것이라는 우려의 목소리도 내고 있습니다. 그러나 기존의 젊은 층 일자리와 옥토제너리언 업무가 겹치거나 대체되는 일은 거의 없을 것입니다. 오히려 옥토제너리언은 젊은 층에게 직장생활에 필요한 통찰력을 전달해 주고 젊은 층이 기피하는 업종의 빈자리를 채워 주는 순기능을 할 수 있을 것으로 보입니다.

　옥토제너리언 가운데 금전적인 어려움 때문에 일을 하는 이들도 없지 않을 것입니다. 그러나 중요한 대목은, 고령의 나이에도 일을 하는 옥토제너리언은 스스로에 대해 만족감을 느끼고 있으며 직장과 사회에 도움을 주려는 의식을 지니고 있다는 점입니다. 자신에게 정신적인 자극을 주기 위해 일손을 놓지 않겠다는 점도 간과할 수 없는 부분입니다. 결국 세계적인 초고령화 추세에 옥토제너리언은 각국이 처한 경제적 어려움을 해소하는 데 도움을 주는 경제활동의 원동력이 될 수 있습니다. 옥토제너리언이 건강을 유지하면서 사회활동을 펼치다 보면 나이가 100세가 넘는 '센티너리언(Centenarian)' 시대까지 와 있을지도 모릅니다.

저출산·저성장 시대의 든든한 지원군
부머쇼퍼

49

- 구매력 높고 고객 충성도 강한 베이비붐 세대의 경제활동에 눈길
- 젊은 층 겨냥한 매장에 부머쇼퍼 몰리는 등 소비문화 다변화

세계적으로 근대화 과정에서 큰 관심을 받는 연령층이 있습니다. 이른바 '베이비붐 세대(Baby Boomer Generation)'입니다. 영어로는 '베이비부머(Baby Boomers)' 혹은 줄여서 '부머(Boomers)'라고 불립니다. 베이비붐 세대는 제2차 세계대전(1939~1945년)이 끝난 1946년부터 1964년(미국은 1965년) 사이에 출생한 사람들을 뜻합니다. 이들 세대의 연령대는 60~77세죠. 세계대전 기간 떨어져 있던 부부들이 전쟁이 끝난 후 다시 만나고, 젊은 층 가운데 결혼을 미뤘던 이들이 한꺼번에 화촉을 밝히면서 수많은 아이들이 대거 등장하게 되어 이와 같은 명칭이 등장했죠. 이를 입증하듯 미국에서는 1940~1950년대 사이에 인구가 약 2820만 명이 증가했습니다. 1940년대 기준으로 미국

인구가 1억 3000만 명 안팎이었는데, 불과 10년 사이에 약 3000만 명에 육박하는 베이비붐 세대가 태어난 셈입니다.

우리나라는 6·25전쟁 이후인 1955년부터 1963년 사이, 일본은 1947년부터 1949년 사이에 출생한 세대를 베이비붐 세대라고 합니다. 베이비붐 세대는 각국 상황에 따라 연령대에 다소 차이가 있습니다만, 세계대전에 이은 혹독한 경기불황이 끝난 후 사회와 경제가 안정되어 가는 시기에 태어나 비교적 혜택을 많이 입은 세대입니다.

60~77세 베이비부머, 은퇴하지만 경제발전에 기여

베이비부머라는 용어는 언제 등장했을까요? 미국 버지니아주 일간지 《데일리 프레스(Daily Press)》 소속의 기자 레슬리 J. 네이슨 (Leslie J. Nason)이 1963년 1월 기사에서 "베이비부머 세대가 성인이 되면서 대학 등록이 급증했다(a massive surge of college enrollments approaching as the oldest boomers were coming of age)"라는 내용을 다루면서 처음 사용했죠.

베이비붐 세대는 전쟁을 겪은 이전 세대와 달리 상대적으로 풍요로움을 만끽했습니다. 이들은 교육 수준이 높아 경제발전의 핵심 축으로 등장했죠. 또한 시민사회의 권리운동 등 사회운동에도 참여하였고 과학기술의 발전과 1980~1990년대 경제성장에 힘입어 소비의 주체가 됐습니다. 그러나 세월이 흘러 세대교체의 바람이 불면서 베이비붐 세대는 대거 은퇴하고 이제 경제활동은 대부분 MZ세대를 비

▶ 《데일리 프레스》의 레슬리 J. 네이슨 기자가 베이비부머에 대해 다룬 1963년 1월 기사

롯한 젊은 층이 이끌고 있는 추세입니다.

여기에서 질문 하나, 한국의 사회와 경제 무대에서 베이비붐 세대가 물러나게 되면 이들의 소비 역시 크게 줄어들까요? 그에 대한 답은 "아닙니다"입니다. 국내 유통업계가 경제활동인구인 만 15세 이상 소비자 가운데 사회활동이 왕성한 2030세대 혹은 MZ세대를 주로 공략하는 것은 맞습니다. 그런데 유통업계가 고령화 시대의 개막에 발맞춰 2030세대나 MZ세대가 아닌 '부머쇼퍼(Boomer Shoppers)'를 대상으로 활발한 마케팅 활동을 펼치고 있다는 점도 주목할 만한 대목입니다.

그렇다면 부머쇼퍼는 무엇일까요? 부머쇼퍼는 베이비부머(1955~1963년 출생자) 세대와 쇼퍼의 합성어로 '5060세대 소비자'를 뜻합니다. 베이비부머는 경제활동을 수십 년간 이어 왔기 때문에 구매력이 높습니다. 또한 이들은 '고객 충성도(customer loyalty)'가 강해서 특정 제품이나 서비스에 한 번 만족하면 쉽게 이탈하지 않는 편입니다. 이는

최근의 어린 세대 고객과 차이를 보이는 점이지요. 이들 베이비부머
는 탄탄한 경제력을 바탕으로 전 세대에 걸쳐 가장 많은 소비와 지출
을 하는 '큰손 고객'으로 자리매김해 있습니다. 가전제품·식품·생활
용품은 물론 패션 등 다양한 분야에서 거래를 주도하고 있죠.

부머쇼퍼, 코로나19 따른
언택트 문화로 전자상거래에 눈떠

부머쇼퍼는 스마트폰·컴퓨터 등 디지털 기기에 익숙하지 못해서
2030세대나 MZ세대에 비해 그것을 폭넓게 사용하지 못한다는 단점
이 있습니다. 이러다 보니 부머쇼퍼는 온라인이 아닌 오프라인 매장
을 직접 방문해서 제품을 구매하는 성향이 두드러지죠.

그런데 이런 추세도 점점 바뀌는 중입니다. 2020년 1월부터
2023년 5월까지 3년간 지구촌을 뒤흔들었던 코로나19 팬데믹으로
언택트(비대면) 문화가 자리 잡게 됨으로써 부머쇼퍼들도 MZ세대 자
녀들로부터 온라인 쇼핑 방법을 익히기 시작했죠. 부머쇼퍼의 가세
로 국내 전체 소비자의 온라인 침투율(온라인 시장을 한 번 이상 이용한
사람의 비율)이 급증해서 2019년 29%에서 2022년에는 36%가 되었습
니다. 이제 부머쇼퍼는 모바일과 인터넷 환경에 익숙한 계층으로 탈
바꿈하며 인터넷쇼핑·온라인동영상서비스(OTT) 등 다양한 디지털
플랫폼에서 핵심 구매자로 발돋움해 있습니다.

부머쇼퍼는 또한 최신 트렌드에도 민감하게 반응합니다. MZ세대

를 겨냥해서 창업한 식당이나 커피숍, 패션매장 같은 핫플레이스를 넉넉한 자금력을 갖춘 부머쇼퍼들이 방문하는 진풍경도 펼쳐지고 있습니다. 이에 따라 'MZ세대 놀이터'로 알려져 있던 매장과 업체들도 앞다퉈 부머쇼퍼를 끌어들이기 위한 다양한 마케팅 전략을 내놓고 있습니다.

과거에는 노년층 하면 늙고 병들어 힘없는 계층으로 여기는 선입견이 강했죠. 그러나 첨단 의학의 발달과 경제발전에 따른 식생활 개선에 힘입어 평균수명이 늘어나면서 은퇴 이후에도 건강하게 사는 이들의 숫자가 급증하는 추세입니다. 이에 따라 '젊은 노인(Young Old)'이라는 뜻의 '욜드(YOLD)' 세대라는 신조어까지 등장하고 있습니다. 욜드는 65세에서 79세 사이의 인구를 뜻합니다.

다가오는 초고령사회에서 우리나라의 소비 주축은 부머쇼퍼가 될 것이라는 전망도 이러한 시대적 분위기를 반영한 대목입니다. 지금 부머쇼퍼를 공략하기 위해 유통업계와 가전업계는 물론 주택업계, 의료업계, 금융업계 등도 노령인구 맞춤형 상품을 내놓기 위해 치열한 경쟁을 펼치고 있습니다. 특히 경기침체의 어두운 그림자를 드리우고 있는 국내 경제의 현실을 감안하면 부머쇼퍼는 저출산·저성장 장기화의 늪에서 허우적대고 있는 내수시장에 활력을 불어넣는 든든한 지원군 역할을 해 줄 것으로 전망됩니다.

| 찾아보기 |

미래 경제
지식 사전

1판 1쇄 인쇄 | 2023년 11월 30일
1판 1쇄 발행 | 2023년 12월 8일

지은이 김민구
펴낸이 김기옥

경제경영팀장 모민원
기획 편집 변호이, 박지선
마케팅 박진모
경영지원 고광현, 임민진
제작 김형식

표지 디자인 투에스디자인 **본문디자인** 푸른나무디자인
인쇄 · 제본 민언프린텍

펴낸곳 한스미디어(한즈미디어(주))
주소 04037 서울특별시 마포구 양화로 11길 13(서교동, 강원빌딩 5층)
전화 02-707-0337 | **팩스** 02-707-0198 | **홈페이지** www.hansmedia.com
출판신고번호 제 313-2003-227호 | **신고일자** 2003년 6월 25일

ISBN 979-11-6007-977-7 (03320)